on

ild

'cause I'm coming

in a little blind

dreaming of a lighthouse

in the woods

shinning a little light

to bring us

back home.

t myself.

places.

time

I know I idealize;

iende was easier.

'memory is the means by which an individual
builds up patterns of personal significance to
which to anchor his or her life and secure
~~it against 'the # lash of the random unheeding~~
it against 'the lash of the random unheeding flail'

方尖碑
OBELISK

探知新视界

穿破黑暗

灯塔的故事

[意大利] 维罗妮卡·德拉·多拉◎著

马睿◎译

译林出版社

图书在版编目（CIP）数据

穿破黑暗：灯塔的故事 /（意）维罗妮卡·德拉·多拉著 ; 马睿译. -- 南京 : 译林出版社, 2024. 11. -- ISBN 978-7-5753-0297-5

Ⅰ. U644.42

中国国家版本馆 CIP 数据核字第 2024TK1950 号

著作权合同登记号　图字：10-2022-76 号

穿破黑暗：灯塔的故事　［意大利］维罗妮卡·德拉·多拉 / 著　马睿 / 译

责任编辑　许　丹
装帧设计　iggy
版式设计　吴　悠
校　　对　戴小娥
责任印制　董　虎

原文出版　Reaktion Books, London, UK, 2022
出版发行　译林出版社
地　　址　南京市湖南路 1 号 A 楼
邮　　箱　yilin@yilin.com
网　　址　www.yilin.com
市场热线　025-86633278
排　　版　南京新华丰制版有限公司
印　　刷　南京爱德印刷有限公司
开　　本　890 毫米 ×1240毫米　1/32
印　　张　9.75
版　　次　2024 年 11 月第 1 版
印　　次　2024 年 11 月第 1 次印刷
书　　号　ISBN 978-7-5753-0297-5
定　　价　98.00 元

献给我的精神之父，
佐希亚里奥斯修道院的阿波罗修士，
他为我指明了方向

目　录

“灯塔是人生，天堂可以等待”
意大利威尼斯湾利多岛的圣尼科洛灯塔

序　言

在我自幼生长的岛屿威尼斯利多岛的东北边缘，有一道窄窄的防波堤直入大海。它的尽头是一个神秘的所在，悬浮于海天之间。这条由岩石与混凝土组成的临时道路连着一座圆形人造小岛，其间伫立着一座小小的鲜红色灯塔。严格说来，它应该叫作“光源”，但我们当地人亲切地称之为“灯塔”。[1]

对那些来自海上的人而言，这座地标是进入环礁湖的北部入港口。而对于从陆地走来的人，它标志着一段长距离的散步或骑行接近终点。一进入这座怪异的小岛，人们立刻置身于一种不真实的景致中，仿佛被猛然投进了一幅超现实主义画作。从远处的没影点来看，灯塔变成了一个神秘的实体。防波堤上的岩石变成了奇怪的多边形和巨大的混凝土块。黄昏的暖光进一步凸显出它们的几何轮廓。灯塔拉长的暗影像一支巨大的表针，以缓慢的圆周运动触碰每一块石头。在漫长的夏日傍晚，整座小岛沐浴在宁静的金光下。四周包裹着寂静之声，以及大海深沉的呼吸。

圣尼科洛灯塔规模不大，但它那饱满的鲜红色与海天的碧蓝乃至粗糙混凝土的灰白色形成鲜明的对比，自然而然地吸引着来客的目光，令其不忍稍离。这座小小的地标是为了指引船只而建的，却吸引了一代又一代从利多和大陆前来的访客，像一个强力的磁场或某种神秘的圣地。和那些古老圣地的朝圣者一样，他们中的有些人也喜欢在环绕灯塔的混凝土块上留下自己的印记。他们的涂鸦记录过往的爱情，赞美夏日的远足，或者干脆思考起人生的意义。

无论多么深刻或真诚，人类的思考或语词总是短暂易逝的。那些涂鸦被海浪和雨水冲刷，其上总会有新的涂鸦掩盖或彻底取代它们，仿佛一张仍在使用的复写纸。然而有两处涂鸦却经历了多年的风吹日晒留存下来。我记得孩童时期跟家人一起周日远足时，还有少年时代某个晴朗的春日午后骑车到灯塔看书时，就曾见到过它们。我记得它们漂亮的草书，每个字母都写得很用心。那些黑色的字母仍在那里，欢迎着偶尔来到这个奇异世界之门的游客：

灯塔是人生，天堂可以等待。

托尼　1985 年 7 月 24 日

欢迎来到灯塔。请尊重这片和平的绿洲。

托尼　1982 年 7 月 11 日

过去这几年，我曾多次回到圣尼科洛。有时，那小小的红色灯塔变成了我在某个术后恢复期日常散步的目的地。“到灯塔去”变成了一种下午的仪式。仿佛在清冷的冬风中去往那个红色地标有一种抚慰的功效，或是某种神秘的疗愈特性：或许是漫步于宛在水中央的那道窄窄的混凝土路上这一有规律的行为，是我有规律的脚步声或呼吸声融入风中；或许是亚得里亚海咸香的气味，是刺痛我的面颊和手指的凛冽海风。也或许，就是因为想到了我将走到陆地边缘去向大海的怀抱。那些散步启迪我写下了这本书。

我开始将阅读关于灯塔的书变成解药，缓解即将失去亲人的悲伤，以及最终的丧痛。当过去 20 年里一直照亮我人生的那个人的引导之光即将熄灭时，阅读灯塔之书或许是一种本能的疗愈之法。读者或许能从中读出某种寓意——绝望地、下意识地试图让那盏灯继续照亮。事实上，虽然散步到圣尼科洛总会让我陷入安静的反思，阅读灯塔故事却有相反的效果。它帮助我的思维走向外面的世界。它照亮了那一个个忧郁的下午，它打开了宽阔的视野。它把我从（我工作和生活的）英格兰萨里乡下带到了遥远的海边。它让我再度感受到大海的呼吸。它让我想起家的存在。因为某种原因，阅读灯塔之书令我快乐。

墨西哥随笔作家哈斯米娜·巴雷拉说，灯塔的反面是水井。前者是“固态的光明之塔”，后者是“逆向的液态的黑暗之塔”。[2] 她写道，有人喜欢凝视水井，在其中寻找月亮的倒影。然而她坦白，那么做会让她眩晕。而灯塔就全然不同了。

我不再顾影自怜。我在空间维度走开，去往遥远的别处。我也在时间维度走开，去往某个我深知自己将其理想化的过去，那时离群索居还没有那么难。最后，我也不再沉溺于思索我自己的时代，因为如今灯塔看起来就像是浪漫和崇高的人物，而那是两个早已过时的词汇。[3]

如果你来自一座海滨城镇或岛屿，必然会对灯塔有某种天然的依恋。灯塔可能是童年的一个个里程碑；是安静的避世之处或沉思的贴心伴侣；是非正式的纪念碑，整个社区围绕着它建立起认同感。然而每次我跟亲戚、朋友、同事或者学生谈起想写这样一本书时，总会惊奇地发现，他们每个人都有一座最爱的灯塔、一个灯塔的故事或者一些有关灯塔的感想，无论他们来自城市还是岛屿，海滨还是内陆。有时那是他们曾在某个短途旅行或暑期假日里探访过的灯塔。而更多的则是某个“心灵的灯塔”：他们读到或听说过的某个灯塔；他们在某本杂志或童书中偶遇的灯塔；他们在电影、互联网或电子游戏中见到的灯塔；或许根本不存在，只是他们想象出来的灯塔。所有这些故事的基础，是大家都莫名地对这一主题充满迷恋。我继而发现，有一个名为灯塔学（关于灯与灯塔的科学研究）的完整学科；发现全世界有无数

宣传灯塔遗产的协会；发现甚至还有“灯塔收集者”——他们收集的不是灯塔主题纪念品（虽然这样的人也不少），而是实际存在的灯塔。“看看登临苏格兰的全部 284 座芒罗峰①的徒步者们，也就不难比照那些迎接这一最终挑战的人：去探访苏格兰海滨最危险角落里的全部 209 座仍在照亮海面的灯塔。”[4]而这一趋势似乎还在增长。

人类对灯塔的着迷到底源自何方？为什么灯塔，一如静谧沉默的、有着古怪涂鸦的圣尼科洛灯塔，对人类的思想和人类的想象有着如此难

① 芒罗峰（Munro），指苏格兰境内高度超过 3000 英尺（约合 914 米），并被列入苏格兰登山俱乐部官方清单的山峰。——本书脚注均为译者所加

马耳他瓦莱塔的大港入口处的灯塔

以摆脱的吸引力？本书就是一个谦卑的尝试，想执一盏孤“灯”，对这两个简单却又复杂的问题一探究竟。

1 严格说来，灯塔的可视距离为 5—8 海里，用于引导公海上的航行和登陆。“光源”的结构与灯塔相似，但光照范围较小（低于 5 海里）；它可以用于引导船只靠近和进入港口或海峡，或发出危险信号。

2 Jazmina Barrera, *Cuaderno de faros* (Logroño, 2019), p. 80.

3 Ibid., p. 19.

4 Patrick Barkham, 'Light Fantastic', *The Guardian*, 15 July 2008.

1

孤寂与联结

灯塔总会带给人无限遐想，它们是人类相隔万里以及最终彼此联结的标记。

灯塔是特殊的所在。它们孤悬在静海与高天之间，牢牢扎根于陆地边缘，终年遭受风吹浪打，自身就标志着自然界各种元素的遭遇和碰撞。它们守卫着人类世界与海洋的原始混沌之间，显而易见的稳定与不稳定之间，已知与未知之间的边界。如此就赋予了它们一种奇异而普遍的吸引力，鲜有其他人造建筑能与之相比。

灯塔是充满矛盾的实体。这些技术工程在构想时既要与周遭的景观共生，又要从中脱颖而出。世界各地的功能性建筑大都标准化了，唯有它们作为鲜明独特的当地或国家地标建筑而被铭记和珍视。虽然在地图上，它们一般显示为抽象的几何空间中大小相同的点，但从海平面（或地平线）单独望去，灯塔总能产生一种独特的地域意识，就像某座教堂或人们心爱的纪念碑。事实上，有些灯塔从很久以前就被当成著名的城市标志——想想热那亚灯笼塔吧，多少个世纪以来，它一直从那冷峻的细柱之上守护着这座城市和它的港口；再想想希腊北部的亚历山德鲁波利石灯塔，在周围都是拥挤的公寓楼、喧闹的咖啡馆和餐桌的海边，它像个知交故友，露出欢乐而熟悉的笑容。

灯塔是时空中的静物。唯其静止，它们才能用一闪一闪的灯光和坚定不移的存在为所引导的船只导航。它们在地形上的坚守看似与机动性相抗衡，但也正是它们的坚守实现了这种机动性。灯塔既是孤寂的化身，同时也是庞大沟通网络上的关键节点，对水手而言，它们是孤独而又亲密的固定装置。它们是“那个永恒航行的宇宙的边界”，人们总是在眺望之后与它们擦肩而过，却很少以它们为航行的终点。[1] 用常常被归功于弗吉尼亚·伍尔夫的话说，灯塔“总会带给人无限遐想，它们是人类相隔万里以及最终彼此联结的标记”[2]。

在最基本的字面意义上，灯塔就是“安放灯盏”的建筑。它是固体物质与瞬息微光的奇妙组合。不过浏览一下它过去和现在的定义，不难感知到这一建筑及其灯光的演化，技术上也越来越复杂。在 18 世纪英国词典编纂家、诗人和散文作家塞缪尔·约翰逊的眼中，灯塔不过是一个“高高的建筑，顶上悬着灯光，引导海上的船只航行”[3]。而按照最新版韦伯词典的解释，灯塔是“一种顶部配有强烈灯光的建筑（如塔形建筑），为航行者提供持续或间歇的信号”。

如果说在古代和整个中世纪，灯塔是靠简单的系统完成使命的，比方说在塔顶或可移动的绞车上放置火盆，那么数千年来，它们的功能越来越复杂，灯光也越来越强大和可靠了。不断有新的燃烧材料发挥作用，从木头和煤炭到植物油和动物油，最终到 19 世纪末开始使用燃气和电力。抛物面反射镜和特殊透镜等光学新技术的引入最大限度地增加了灯光的照亮面积，并将其向一个方向传送，提高了光照强度。尤其值得一提的是，1822 年，法国物理学家奥古斯坦－让·菲涅耳制造出一种复合透镜，能够从光源获取更多的斜射光，从而使灯塔的光束可以照得更远。[4] 在那以前大约 40 年，瑞典数学家和工程师约纳斯·努尔贝里开创性地研究出旋转系统，这一灯光革命产生了间歇光。[5]

英语中的 lighthouse 与它的德语同源词 *Leuchtturm*（“有光的塔”）以及阿拉伯语 *manāra*（“有光之处”）一样，都在表达这种建筑的功能，而在罗曼语系的各个语种中，这个词传达出了灯塔在古代的起源。意大利语和西班牙语中的 *faro*，葡萄牙语中的 *farol* 和法语中的 *phare* 都源于古希腊语词 *pharos*，那是亚历山大港离岸不远处一座小岛的名字，那里曾经伫立着传说中埃及的灯塔，也是人类历史上的第一座灯塔。

亚历山大的法罗斯灯塔于公元前 3 世纪由尼多斯的索斯特拉特建造，1500 年后毁于一场地震，塔高约 100 米，是那个时代最高的建筑之一。该灯塔被称为世界七大奇迹之一，地中海地区其他地方的罗马人纷纷效仿。比方说，老普林尼就曾提到过意大利奥斯蒂亚和拉韦纳的灯塔，提醒读者说：“当这些火光不遗余晷地熊熊燃烧，总会被误当作天上的星，远远看去，那火焰就像永恒的星辰。”[6]

拜占庭词典编纂者将 *pharos* 一词与名词 *phōs*（“光”）和动词 *phainein*（“出现”，也指“照亮”）联系起来。[7] 西班牙神学家塞维亚的依西多禄（560—636）同样认为 *pharos* 一词是 *phōs* 和 *oran*（动词“看”）的组合。但其他人认为，早在埃及的那个岛屿建起一座塔或有信标灯之前很久，它就已经被称为“法罗斯”岛了。“最合理的猜测似乎是，”19世纪的英国作家和词源学者威廉·亨利·达文波特·亚当斯最后说，“这个词是 Phrah 一词的希腊化形式，埃及语用它表示太阳，想来亚历山大灯塔令观者称奇，自然会将其比作太阳。”[8] 最近又有一些学者提出猜想，即该岛屿上的这座古埃及建筑的年代要先于希腊化的“法罗斯”一词。[9]

无论如何，*pharos* 一词在语义上都与 beacon（“信标”）有关，这个词源于原始日耳曼语的 *baukna*（“信号”）和词根 *bha*（“照亮”）。同一词根还产生了动词 beckon，意思是“移动头或手，让某人到近前来”，也因而表示“吸引注意力”。闪光作为吸引注意力的方式，也同样出现在自然界中（例如萤火虫）。[10] 正如科学家们很早以前就已经发现的，“人眼的视网膜细胞对变化的视觉刺激物要比对静态物体更加敏感，眼睛尤其会被闪烁的动作所吸引”[11]。大多数灯塔有节奏地明暗闪烁，就是为了标示港口入口处、海角边缘，或某个危险的暗礁或浅滩——换句话说，它们闪动是为了警示，让不可见的东西变得可见。另一方面，它们闪光的模式也是一种识别信号。的确，每一座灯塔和大航标都有自己的照明特征，那可能是一种闪光类型、光的颜色、照明时长，或这些特征的某种组合。[12]

早在旋转系统于 18 世纪末被发明出来之前，所有的沿海灯塔都显示固定的灯光，识别错误往往会引发海难。[13] 相反，每座灯塔独一无二的光脉冲使得水手们能够确定自己在海上的位置，“确信他们相对于陆地和危险海岸线的所在方位”[14]。正如达文波特·亚当斯绘声绘色地写到一个半世纪以前的场景：“仿佛每座灯塔都有自己的语言；每座灯塔都用语重心长的语调提醒着向它寻求建议或警示的水手。”

> 这里伫立着一座高塔，它宜人的光线从27海里之外便能看见；它发射着稳定的光，照明范围在五英里之内。一种是固定的光，像明亮的恒星一样持续照耀；另一种更加神秘，突然从暗夜里闪现出来，向海面投去它燃烧的光之箭，随后熄灭了，片刻之后，又以同样神秘而壮观的方式再度出现。[15]

虽说灯塔顾名思义是黑暗中的“光之使者”，但在朗朗白昼，它们也同样行使着信标的功能。这是通过它们的建筑结构实现的。不是所有的灯塔都是塔形结构，但垂直性是它们最显著的特征之一。在这个意义上，灯塔和大树、塔、雕像、钟塔、立柱、寺庙、锥形石堆、方尖碑、山峰等一长串垂直性导航标志一样，数千年来一直帮助在全世界各处海岸航行的水手们确定自己的方位。

鲜艳的色彩和特殊的图案进一步提升了灯塔在周遭景观中的可见度，与此同时，也让它们与近旁的其他灯塔截然分开（此标志名为“昼标”）。灯塔被涂上各色漆料，从而在主要背景中凸显出来。海岸灯塔往往为此而被漆成白色，但在海上或浅色背景中，通常会使用显眼的红色或黑色条带。的确有实验表明，这两种颜色与大海的主要色调形成了最为鲜明的反差。[16]

即便颜色通常就那么几种，图案也会发生变化。举例来说，北卡罗来纳州巍峨壮丽的哈特勒斯角灯塔和卢考特角灯塔，就分别被漆上了黑白螺旋条纹和黑白菱形。蓬塔萨比奥尼防波堤尽头那座低调得多的小塔（正对着威尼斯利多岛上的圣尼科洛红光）在面对外海的那一侧是黑白棋盘状，在港口这一侧则是深黄色。[17]

灯塔不但有不同的灯光和色彩模式，它们的大小、形状和材料也各不相同。它们可以用石料和混凝土建造，以确保抵御大自然和时间的冲刷考验，但建筑材料有时也可能是不那么经久耐用的砖、铁或木头。在19世纪的不列颠，河口和港口或内陆水域的小灯塔往往会使用最后这种材料。原因是如果航道改变或发生了其他任何变化，这些木质建筑能够方便地移动。[18]

北卡罗来纳州的哈特勒斯角灯塔，1999年被移动之前的样子

灯塔的高度也相差很大，从只有几米［根据《灯塔名录》（*Lighthouse Directory*），最矮 4 米］到逾 100 米，如世界上最高的灯塔，沙特阿拉伯的吉达灯塔，就有 133 米高。无论如何，为保证其有效性，灯光的位置必须足够高，以便航海者在遭遇危险之前能够看到它。建筑高度是通过所在地形、大气折射效果，以及从某个给定距离看到的某物体的正确高度之间的已知关系来计算的。自古以来，高于海平面的位置一直因可使光照范围最大化而为人所青睐，然而有时选择太高的位置也是错误的，因为光会被海上的雾气遮住。[19]

灯塔建筑的形状同样取决于位置和需求。灯塔可以附属于一栋宽敞的守塔人小屋，也可以在其锥形结构内部嵌入基本的住宿区域。巨大的陡边圆锥耸立在北大西洋黑暗的水域上，防范着原本看不见的岩石，像是坚不可摧的孤塔被神秘地植入大海之中。其中的一些只有乘坐直升机才能到达。它们独特的圆锥形夸张造型是为了尽量减少对风浪的阻力，最早使用这一造型的先驱是 18 世纪的约翰·斯米顿，在随后那个世纪由史蒂文森家族发扬光大。它使得风浪轻而易举地绕过塔体，“避开而不是与巨大风浪的动能所释放的暴力相抗衡”[20]。任何突出的装饰物，或风暴之力可能触击到的其上的任何物品，都是严格禁止的。作为纯粹功能性的标志，加上它们精致的比例和清晰的线条，

埃迪斯通灯塔，位于英格兰普利茅斯海岸外淹没于水下的埃迪斯通群礁上

这些被海浪冲刷的孤寂建筑物有一种神秘而荒凉的美感。它们的名字往往会有令人生畏的不祥意蕴，来自它们所标记的巨大危险：埃迪斯通、斯克里沃阿、达夫阿塔赫、沃尔夫洛克、米诺岩礁、格雷夫斯灯塔[①]等等。

在河床口和泥泞的浅滩上不可能建造灯塔，从 17 世纪开始，人们就会使用灯船，尤其是在北方海域。岩石嶙峋的粗粝悬崖和暗礁显然对水手们意味着致命的危险，然而浅海水域和河口处松软的沙洲也同样是险恶的威胁。[21] 举例来说，英国古文物和灯塔历史学家威廉·哈迪写到古德温沙洲时，说“没有比那堆不断变换形状的物质更危险的浅滩了，那个贪婪的怪物潜伏在水面以下，每一条不走运的船一驶进它的势力范围，就会落入死神的魔爪”[22]。灯船就停泊在这样的地方，标示着危险。海员们连续数周仰仗着大自然的慈悲，他们的船在波涛汹涌的近海上倾斜翻滚着，“远处的海岸始终无法靠近”[23]。

20 世纪，新的建筑技术使得永久性灯塔可以建造在这类危险的所在，把预制套管式混凝土建筑建造在事先准备好的沙砾层上。1971 年，坐落于伊斯特本海岸外 11 公里的王室主权灯塔取代了自 1875 年就停泊在这里、标记这片同名浅滩的灯船。它独特的不均衡结构在纽黑文海滩上分两部分建造，包括由一根孤零零的混凝土立柱支撑的巨大平台。

---

① 埃迪斯通（Eddystone）字面意思是“漩涡石”；斯克里沃阿（Skerryvore）意为“大礁”；达夫阿塔赫（Dhu-Heartach）意为“黑岩”；沃尔夫洛克（Wolf Rock）意为“狼岩”，据说岩石上的裂缝在大风中会发出嚎叫声，故此得名；格雷夫斯（The Graves）意为“坟墓”。

地基和立柱部分是漂浮到适当位置后下沉到海底的平坦区域上的，其上的灯室部分和上层结构悬浮于立柱部分之上。立柱内部有伸缩段，与灯室连接之后，可以顶起 13 米高，锁定位置。[24]

自从礁石上的套管式灯塔成为现实以来，它们一直被看作英雄主义纪念碑，彰显了人类面对破坏性或凶险的自然力量的天才巧思和坚忍不拔。相反，在不那么危险的水域，英雄主义和纯粹功利主义美学就被建筑和文化美学取代了：从 19 世纪南欧那些漂亮的，有时装饰繁复的石塔，为宁谧的晚照和月空增添醉人的美感，到北美河岸和湖岸边温柔伫立的充满古意的小木屋，乃至更为奢华的建筑，例如希腊凯法洛尼亚岛的圣西奥多灯塔，它看上去像一座圆形神庙，又如未来主义的吉达灯塔，它有一个混凝土和玻璃建成的巨大球体。每一类设计都是一种强有力的姿态，是怀旧的历史地标，又或者是一个国家现代性和进步的象征。

世界各地都有灯塔。有些灯塔标志着陆地的尽头（*fines terrae*），也就是滨海国家以及整个大陆的极点，从加利西亚①西海岸的菲尼斯特雷角到非洲大陆最南端的厄加勒斯角都是如此，前者被罗马人认为是世界尽头、深渊之始，后者是大西洋和印度洋的交汇之处。整个世界最南端的传统灯塔位于合恩角②，科迪勒拉山的最后一个支脉在那里俯身冲

① 加利西亚（Galicia），西班牙西北部一自治区，西北两面毗邻大西洋，南接葡萄牙。

② 合恩角（Cape Horn），南美洲智利火地群岛南端的陆岬，位于合恩岛，被广泛认为是南美洲的最南端。

位于英格兰伊斯特本海岸外 11 公里的王室主权灯塔

向德雷克海峡和南极洲。[25] 这类阈限建筑承载了太多的情感，被作为没有回头路的单程旅行的起点或终点。爱尔兰最南端海岸外的法斯内特岩石灯塔一直被称为“爱尔兰的眼泪”，因为那是 19 世纪迁居美国的移民看到的最后一小片陆地。而在大西洋的另一端，同样一批移民到达曼哈顿后，会投向自由女神像的怀抱，它也曾在 1896 年到 1902 年间被用作灯塔。

灯塔产生于交流的渴望和必要性。虽然它们独特的个性和往往遥不可及或极限的位置会让人想起勇敢和孤寂，但灯塔很少被孤立地构想出来。它们的祖先，即在能望见彼此的高山之巅或山丘上点燃的烽火，被用于远距离传递消息。这些信标链往往是为军事目的设计的。亚述人在两小时路程的固定距离处使用信标。希罗多德告诉我们，波斯人也曾在公元前 480 年进军希腊期间建立起一个有效的沟通系统，从小亚细亚之滨经由爱琴海诸岛一直连接到阿提卡。

到伯罗奔尼撒战争期间，希腊人使用烽火信号已经十分普遍了。古代历史中记录的关于信标接力消息最著名的例子，当数围城十年之后，特洛伊终于陷落于希腊人之手。埃斯库罗斯说：“胜利的消息接力传递，几乎立即传到了阿尔戈斯，阿伽门农不忠的妻子克吕泰涅斯特拉正在那里等待着对臣民宣告凯旋的喜讯。”[26]

虽说除了极少数例外，古希腊作者们都没有提到过这类灯塔（至少在法罗斯灯塔建造之前没有提到过），但烽火很可能行使着灯塔的功能。荷马在写到尤利西斯终于回到家乡伊萨卡岛时，看似暗示了这一点：“一连九天，我们行船向前，日以继夜，到了第十天，终于见着了故乡的轮廓，离城已十分贴近，可以眼见人们添拨柴火的情景。”[27] 相反，罗马人的灯塔则是建造在海岸特定战略地点的塔形建筑。作为相互连接的海上微型地区的主要地标，它们构成了海上人员和物资流动网络的一部分。比方说，根据意大利考古学家巴尔达萨雷·贾尔迪纳的研究，多佛尔的两座灯塔就和海峡另一端的布洛涅灯塔构成了一个三角形。就算在同一个港口内部，主灯塔也得到了辅助灯光的支持，它们被称为灯室、窥器（*speculae*）或信标塔。[28]

自 19 世纪以来，现代灯塔开始被构想为守护整个国家海岸线的国家网络的一个个组成单元，从不列颠群岛到中国都是如此。这类网络通常包括环绕海岸的三道“防线”，至今仍在发挥作用。每道防线包括配有不同倍率透镜的灯塔（一阶透镜是最大、倍率最高的，四阶、五阶、六阶是最小、倍率最低的）。最外层防线由配有一阶透镜的灯塔构成，因而“涵盖面极广”，以便海员们被告知即将接近陆地，或存在重大危险。通过了这第一道防线后，航海者会遇到第二圈层（或“次级灯光”）。它们是“二阶和三阶透镜灯塔，表明存在次一级的海角、礁石和沙洲，最好谨慎地与之保持距离”。再远一些的灯光表明河口或海港入口。最后，当船只接近港口时，“它会看到码头或防波堤上的灯——港口灯标，引导着它到达盼望已久的锚地”。[29]

灯塔曾被比作“掉落在地图上的大头针，是绘图世界与现实世界的交集”。它们通常以所在的海角或礁石的名字命名，事实上在地图和陆地上都标记并突出了这些地形特征。H. 马丁·埃文斯指出，这说到底正是它们存在的目的：“道出陆地与大海的谎言。”然而，“灯塔只负责传达，它本身既盲又聋。只有水手的眼睛能够捕捉到这一灯光网络的不

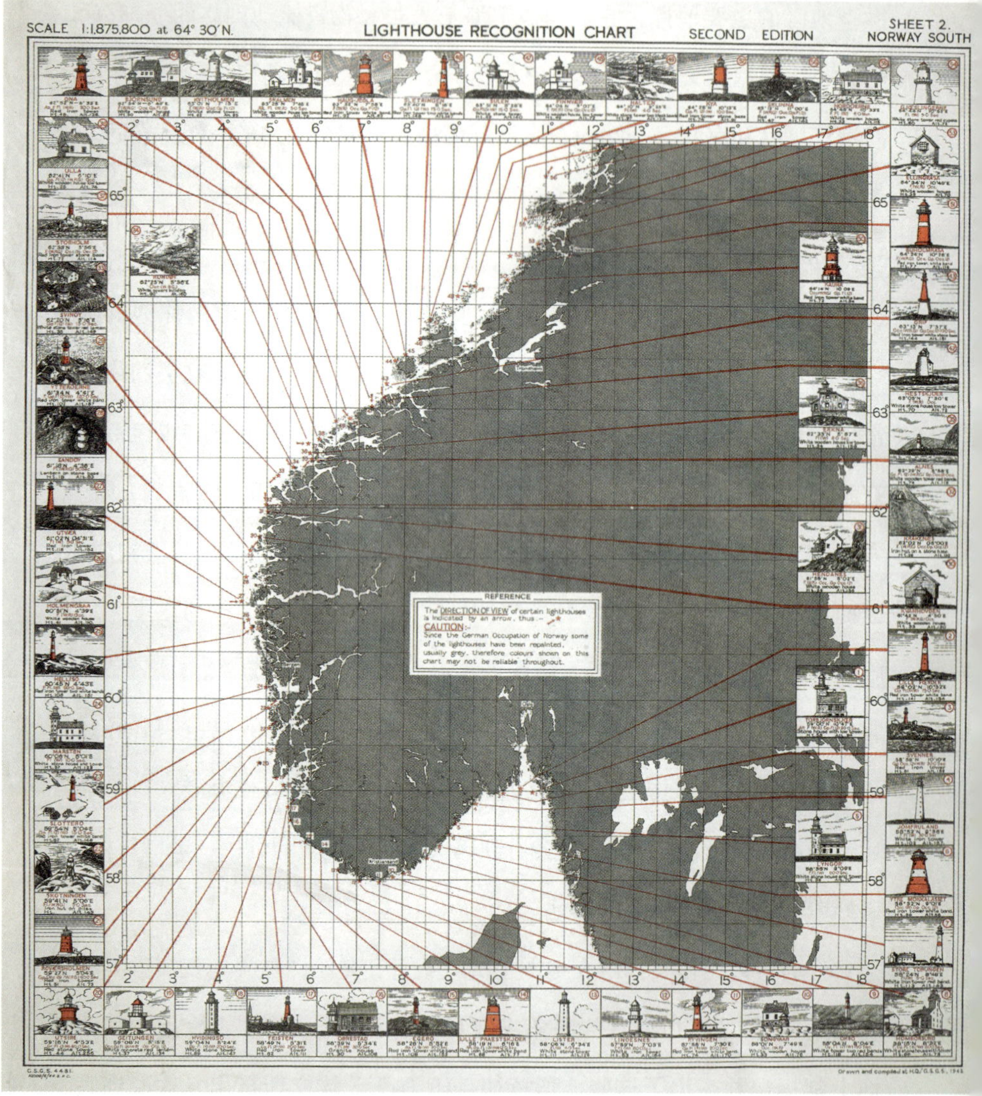

挪威南部的灯塔识别图，伦敦陆军部，1943 年

同节点并将其连接起来，唯其如此，他们才能驶向目的地”。[30] 虽说每座灯塔显而易见的个性特征可以令其从海面上得到识别，但把它们同彼此连接起来却需要抽象的能力，需要一种超脱自身、纵观全局的云端视角。

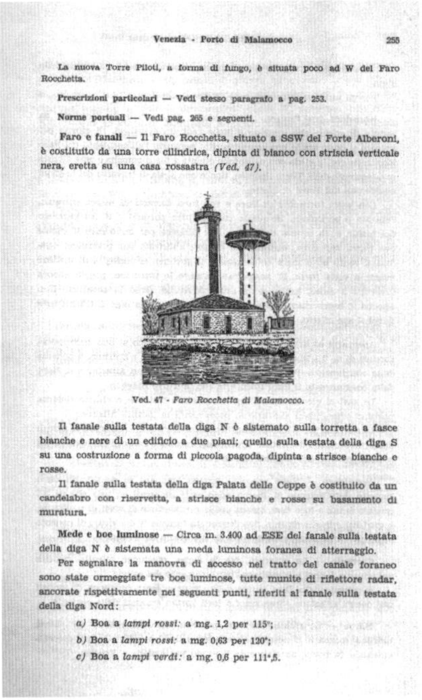
Venezia - Porto di Malamocco 255

La nuova Torre Piloti, a forma di fungo, è situata poco ad W del Faro Rocchetta.

Prescrizioni particolari — Vedi stesso paragrafo a pag. 253.

Norme portuali — Vedi pag. 265 e seguenti.

Faro e fanali — Il Faro Rocchetta, situato a SSW del Forte Alberoni, è costituito da una torre cilindrica, dipinta di bianco con striscia verticale nera, eretta su una casa rossastra *(Ved. 47)*.

Ved. 47 - *Faro Rocchetta di Malamocco.*

Il fanale sulla testata della diga N è sistemato sulla torretta a fasce bianche e nere di un edificio a due piani; quello sulla testata della diga S su una costruzione a forma di piccola pagoda, dipinta a strisce bianche e rosse.

Il fanale sulla testata della diga Palata delle Ceppe è costituito da un candelabro con riservetta, a strisce bianche e rosse su basamento di muratura.

Mede e boe luminose — Circa m. 3.400 ad ESE del fanale sulla testata della diga N è sistemata una meda luminosa foranea di atterraggio.

Per segnalare la manovra di accesso nel tratto del canale foraneo sono state ormeggiate tre boe luminose, tutte munite di riflettore radar, ancorate rispettivamente nei seguenti punti, riferiti al fanale sulla testata della diga Nord:

a) Boa a *lampi rossi:* a mg. 1,2 per 115°;
b) Boa a *lampi rossi:* a mg. 0,63 per 120°;
c) Boa a *lampi verdi:* a mg. 0,6 per 111°,5.

罗凯塔灯塔，意大利威尼斯利多岛，出自《上亚得里亚海航海手册》（*Portolano dell'Alto Adriatico*），海军水文研究所，1974 年

借助领航书和航海图等辅助导航设施，水手同时拥有了两种视角。前者提供关于海岸线及其关键地标的详细信息；它提供灯塔的示意图（近年来被照片取代），辅之以对其建筑结构和灯光模式的说明。从这一海平面视角，我们就能欣赏到每座灯塔的独特性和特异性。航海图则相反，它把灯塔变成了分布在几何表面上细小而一致的洋红色泪滴。这些特性就消失在数字和度量中了。灯塔从实际的所在变成了空间中的点。

因此作为绘图学要素，灯塔表达了观看、体验和呈现空间的两种根本不同却又互为补充的方式：从地面（在这里是从海平面）观察的视角，以及云端视角。前一种方式是最古老的。它与近岸航行（或沿海航行）密切相关，是蒸汽机发明之前地中海沿岸的传统交通方式，那时人们由于恐惧，一般都会避开公海。腓尼基、古希腊、罗马和拜占庭水手对

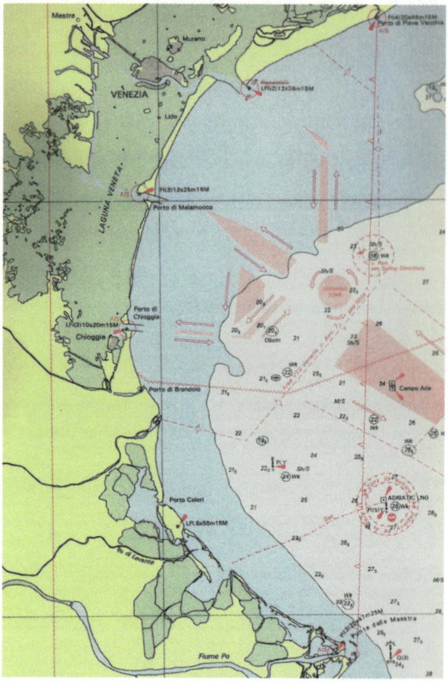

上亚得里亚海航海图的细节（航海图第 924 号，“从科尔西尼港到帕岛”），包括威尼斯潟湖和马埃斯特拉角，2018 年。其中将灯塔显示为洋红色泪滴形状

地中海的想象和体验是一连串地点，而不是一段将被穿越的单调水面，或从云端俯视的有机整体。他们不用地图，但使用航海日志（*periploi* 或 *portolani*），也就是按照水手预期沿着某处海岸所能到达的顺序排列出的一份港口清单，并标有大致距离和其他实用的信息，包括明显的导航标志。

相反，在航海图中，航海行程的有序移动让位给了一种纵观全局的空间感，亲身体验的航海被一种无所不知的上帝视角所取代。空间是通过几何学了解的。航海图把空间从实物的总和变成了一个符号体系和抽象的空间关系，如此实现了空间的规范化。这样一来，灯塔就变成了一个本来看不见的网络中的节点。事实上，航海图必须提供足够的高度，让整个灯塔网络在观者面前一览无余。

早期的领航书为了教会水手如何识别海岸及其地标，常常会把两种视角组合在一起。卢卡斯·扬松·瓦格赫纳的手册版《航海宝藏》（*Thresoor der zeevaert*，1592 年）为在西欧海岸和北部海域行船提供了详细的航路指南，配有海岸剖面图（包括人造地标建筑）以及航海图。这样一来，对水手而言，这些海岸就变成了一本密码簿，需要一一解码方能找到他自己的位置。[31] 与之相反，皮瑞·雷斯的奥斯曼海洋地图集［《航海书》（*Kitab-i bahriye*），1521 年］用更大比例的沿海地图的形式综合了两种视角。在这些地图中，灯塔和塔形建筑与光塔、尖顶、山峰、要塞和城市住宅一起被标注为明确的沿海地标，通过主视图、正视图与鸟瞰图的奇妙组合，用鲜明的颜色突显出来。

历史上，灯塔不只是引导水手航行，它们也并不完全局限于在海上发挥作用。20 世纪初，在雷达投入应用之前、飞机的速度还很慢的时代，灯塔为空中航行的飞行员提供了重要的方向地标。例如 1920 年代，整个美国就曾建起一个特殊的发光信标网络，为夜航的航空邮政飞行员提供指导。[32]

早期的飞行员通常使用地形图在晴朗的白天航行。与水手一样，整个地区的可见性以及能够将其与地图进行比照至关重要。他们的地形图是一种垂直勘察。在没有空气阻力的情况下，飞机大多沿着公路道路、铁路轨道、河流和其他明显的人造或自然地理特征飞行。[33] 因此，第二次世界大战以前的航空图与地形图没有多大差别（只不过偶尔会插入飞机场和航空港的航拍照片）。除了其他地理特征之外，它们也包括灯塔及其灯光信号。在法属波利尼西亚的塔希提岛，19 世纪的航海灯塔维纳斯角灯塔增加了特殊光束，至今仍被用于辅助航空导航。

无论是为水手还是为飞行员导航，灯塔存在的理由及其用途就在于它的不可移动性。灯塔是静止不动的。它们是风云变幻的自然现象，以及有时会发生变化的地形中的固定基准点。它们代表着制图的确定性。事实上，地图往往会失效，而灯塔依然伫立在原处。有些灯塔见证了海

皮瑞·雷斯的《航海书》（1521 年）中的墨西拿海峡，MS W.658, fol. 213b

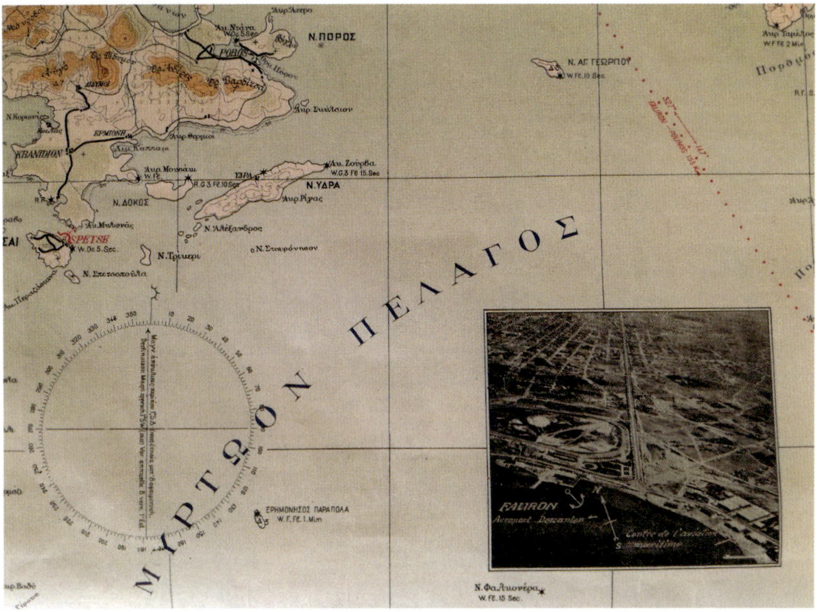

西南爱琴海海域的航空地图细节，希腊陆军地理服务处，1932 年。灯塔被标注为黑色星形，并附有各自的灯光信号

岸线退缩，还有些见证了它们的延展。举例来说，位于法国西部吉伦特河入海口附近的科尔迪昂灯塔就被归类为礁石灯标（也就是被海水包围的灯塔），但在建造之初的 1611 年，它是伫立在陆地上的。[34] 相反，在奥古斯都的时代，古老的拉韦纳灯塔坐落在罗马舰队的古老母港克拉斯的海滨，而如今由于经年累月的泥沙淤积，它与大海的距离已经超过了 9 公里。[35] 亚速尔群岛法亚尔岛上的卡佩利纽什角灯塔在 1957 年停止使用了，原因是一场火山爆发喷射出逾 3000 万吨的火山灰和岩浆，产生了 2.4 平方公里的新生陆地。那座被废弃的灯塔曾经标记出大海的边缘，如今却在像月球表面那样幽暗嶙峋的景观中遗世独立。

灯塔建造在多风的海角、码头的边缘或风暴袭击的悬崖和礁石的顶端，其所在正是多种自然元素交会且往往发生激烈冲突的地点。它们的选址位于桀骜不驯的自然力量和秩序井然的人类世界之间。然而它们的存在或高度却不见一丝傲慢或自负。相反，正如英国历史学家 R.G. 格兰特指出的那样，灯塔有种内在的浪漫气质。“灯塔不是人类征服自然的不可一世的印记，恰恰相反，它们反映了人类在面对海洋和风暴等自然力量时，总是如此身单力薄。”[36]

在“人类世”这个近来才得到公认的地质时代，人类是影响和改变地球的主要力量，对于人类活动所造成的无法控制的结果，灯塔是风雨飘摇的记录者。它们用人造的几何学形状突显出自然的难以驾驭；它们的亘古不变标示出海岸的陵谷变迁。如此说来，灯塔是某些最为极端的气候变化后果的晴雨表和标志符号，这些后果包括海平面上升和海岸侵蚀，以及日益猛烈的风暴和严冬。灯

亚速尔群岛法亚尔岛上业已废弃的卡佩利纽什角灯塔

塔让所有这些现象变得更加清晰可见、证据确凿（举例而言，想想媒体为了显示极端天气或自然灾害的威力，使用了多少灯塔被风暴潮掀起的巨浪袭击或者被霜雪覆盖的图片）。

有时候，灯塔会从被动的见证者和固定的标记者变成这场大戏的受害者——以及疾速救援的对象。1900 年，当 23 米高的鲁比约角灯塔第一次在丹麦的日德兰半岛北部点亮夜空时，它距离海岸大约 200 米。斗转星移，该距离已经缩短到 6 米，预计到 2023 年，这座灯塔将连同它所在的悬崖一起坍塌。然而在 2019 年，丹麦政府花费了 500 万克朗①建造了特制轨道，将这座灯塔建筑从悬崖边缘朝内陆移动了 70 米。这一事件在丹麦国内外的媒体上得到了广泛报道。虽说在 1968 年沙子逐渐掩埋与其相邻的两座建筑之后，这座灯塔就停止运行了，但它被视为值得拯救的"国宝"。[37] 而在大西洋的另一侧，当 60 米高的哈特勒斯角灯塔在 1999 年朝内陆被移动了 884 米，也就是足足半英里，以防不断侵蚀海岸的海水将其淹没时，也引发了公众同样的关注。[38] 在英格兰东海岸，气候变化同样导致侵蚀比以往任何时候都更加严重，那些不太走运的灯塔或许就要面对更悲惨的命运，至少要永远同大陆相隔一方了。

然而灯塔并不只是被动的环境变化晴雨表，它们在景观中的现实存在及其衰败也让生态付出了代价。长期以来，它们发出的光对某些动物种群造成了毁灭性影响。例如，至少从 19 世纪以来，就常常有报道称整群海鸟被灯塔的光吸引而来，冲向灯室的窗户，惨烈死去。[39] 最恶名

---

① 根据 2024 年汇率，约合 530 万人民币。

远扬的例子当数自由女神像，它的灯光杀死了数万只鸟儿，单是1887年10月的一个晚上，就有1300只死于它的灯下。[40]

1957年亚速尔群岛法亚尔岛的卡佩利纽什火山爆发，此图片前景中的就是卡佩利纽什角灯塔

旧的核动力灯塔本身就是对地球整个区域的潜在威胁。1994年，在从科拉半岛到东西伯利亚的俄罗斯北冰洋海岸线上，有132座这类灯塔连成一条长长的弧线。这些建筑物建于1960年代和1970年代，内有以锶－90为动力的发电机，这是最致命的核燃料之一。过去几年，这些无人守护或废弃了的建筑遭到了肆意破坏，两台发电机不翼而飞，放射性废物污染了流入巴伦支海和卡拉海的北极河流。[41]

然而，这些“黑暗”灯塔的存在几乎是一种矛盾修辞。因为说到底，在人类集体的想象中，灯塔是力量的化身、希望的使者，是“人类最好的愿望和行为”的明白无误的象征。[42]被毁的灯塔代表着被打败的人类。危险的灯塔同样是一种令人不安的不和谐景象，比起有危害的发电站或工厂等设施有过之无不及。原因或许就在于我们为这些建筑赋予了太多情感。灯塔似乎在人类的心灵中占有特殊的一席之地。我们为它们赋予了人格化特质（例如“测绘眼”或“塔身”）甚至人类行为：灯塔“指路”，

“导向”，“拯救生命”。我们称之为“哨兵”“向导”“同伴”。我们对它们有一种神秘的依恋。

灯塔常常建在最奇异、最令人望而却步的地点，历来被视为工程、光学和建筑的奇观。然而真正成就灯塔的与其说是它们的建筑结构、技术或地理位置，不如说是灯塔的概念本身——因为灯塔归根结底是一种心灵状态。我们在其上投射了自己的恐惧与渴望、共有的雄心与内心最深处的情感——孤独和内省，以及外延的对他人的关注；启蒙或被启蒙的希冀。

本书以下各章探讨的就是人类想象中的灯塔的概念。也就是说，灯塔如何从实际的功利性建筑变成了我们如今所知的强有力的象征和隐喻？单单一个基础设施何以激发出如此深厚的情感或依恋？这些情感是如何形成，又是如何跨越时空发展变化的？关于旧有的技术在自动化和数字时代发挥何种作用，灯塔能教会我们什么？以及最终，关于如何看待自然和人类本性的日新月异的观点，我们又能从灯塔中学到什么？

本书在试图解答这些问题时，并不遵循严格的时间或地理空间顺序。相反，本书各章节探讨不同的“心灵的灯塔”：它们的神话起源及其在宗教和哲学上的象征意义；它们作为戏剧发生地和光谱相交处的浪漫主义建构，并在现代文学和电影中作为内心探索之旅的舞台；它们作为国家成就、殖民扩张和地缘政治野心的标志；它们在声学上向雾号和无线电信标的延伸；以及最终，它们作为存储记忆，创造一种地方社区认同感和共同遗产感的独一无二的能力。总而言之，这不是一本关于灯塔的历史书，出于这一原因，它也不会详细地讨论灯塔的技术细节。相反，这是一部关于人类观念和情感的历史，是一部形象、声音和想象力的历史。

1 Phil Steinberg, 'The Lighthouse as Survival', in *From the Lighthouse: Interdisciplinary Reflections on Light,* ed. Veronica Strang et al. (London and New York, 2018), p. 184.

2 Cited in David Gendell, *Thomas Point Shoal Lighthouse: A Chesapeake Bay Icon* (Chicago, IL, 2020), p. 116.

3 Samuel Johnson, *A Dictionary of the English Language* (Dublin, 1768), 'Lighthouse'.

4 Adolphe Ganot, *Natural Philosophy for General Readers and Young Persons,* trans. Edmund Atkinson (London and New York, 1875), p. 344.

5 Peter Williams, *Beacon on the Rock: The Dramatic History of Lighthouses from Ancient Greece to the Present Day* (Edinburgh, 2004), p. 75.

6 Pliny the Elder, *Natural History,* 36.18.

7 *Etymologicum magnum* (Constantinople, 1150).

8 William Henry Davenport Adams, *Lighthouses and Lightships: A Descriptive and Historical Account of Their Mode of Construction and Organization* (London, 1878), p. 19.

9 T.M.P. Duggan and Aykan Akcai, 'On the Missing Navigational Markers: Beacon Towers-Pharos of Antiquity and Notice of Two Extant Small Marker Beacon Towers of the Roman Late 1st c. BC–Early 1st c. AD Anemorium', Cedrus,II (2014), pp. 377–442.

10 Margo Haygood and Bradley Tebo, 'Biological Lighthouses', in *From the Lighthouse,* ed. Strang et al., pp. 35–36.

11 Veronica Strang, 'Phenomenological Light', in *From the Lighthouse,* ed. Strang et al., p. 37.

12 Williams, *Beacon on the Rock,* p. 74.

13 David Alan Stevenson, *The World's Lighthouses before 1820* (Oxford, 1959), p. XXI.

14 Kimberley Peters, 'Lights Offshore: Governing Dark Waters in Shipping Straits', in *From the Lighthouse,* ed. Strang et al., p. 109.

15 Adams, *Lighthouses and Lightships,* pp. 62–63.

16 Ibid., p. 260.

17 昼标可能是特意建造的，例如巴尔的摩海岸上立起的古怪的白色金字塔和带条纹的火箭形建筑，或世界各地的礁石和近海浅滩上立起的简单的圆杆。当建造灯塔的费用太高而不划算时，除了未点亮的信标，即“盲灯塔”外，便会使用这类建筑（例如见 Williams, *Beacon on the Rock,* p.51）。

18 关于建筑材料，见 Douglas Bland Hague and Rosemary Christie, *Lighthouses: Their Architecture, History and Archaeology* (Llandysul, 1975), pp. 103–104。

19 Stevenson, *World's Lighthouses*, p. xxi.

20 Steve Hoon, 'The Physicality of Lighthouses', in *From the Lighthouse*, ed. Strang et al., p. 90.

21 Hague and Christie, *Lighthouses*, p. 195.

22 William John Hardy, *Lighthouses: Their History and Romance* (London, 1895), p. 79.

23 Hague and Christie, *Lighthouses*, pp. 203–204. 19 世纪的戏剧性描述见 Adams, *Lighthouses and Lightships,* pp. 236–265，以及 Thomas Stanley Treanor, *Heroes of the Goodwin Sands* (London, 1900)。

24 'Royal Sovereign Lighthouse', www.trinityhouse.co.uk, 2019 年 9 月 9 日访问。

25 在《灯塔名录》中，如果航海信标的高度至少为 4 米，占地至少 4 平方米，它们就会被认为是灯塔。以此标准来看，南极洲没有灯塔。不过那里有不少接近灯塔地位的较高的信标。这些信标中有一些被称为“世界最南端的灯塔”（见 www.ibiblio.org/lighthouse，2019 年 9 月 19 日访问）。

26 Aeschylus, *Agamemnon*, 281–316; Graham Speake, *Mount Athos: Renewal in Paradise* (New Haven, CT, and London, 2002), p. 9. 公元 9 世纪，拜占庭人在整个小亚细亚建起了一连串信标，作为阿拉伯人袭击的预警系统。那些信标包括孤立山坡上的防御工事内的平台或塔顶的大型烽火。中安纳托利亚的原野视线清晰，各个站点之间相隔逾 155 公里，而在西北那些沟谷交错地点，其平均距离为 90 公里。[见 *Oxford Dictionary of Byzantium* 中的 “beacon” 词条，ed. Alexander Kazhdan (Oxford, 2005)] 在美国和大不列颠的地图中，至今仍有不少信号峰和信号山。

27 Homer, Iliad 18.207–214;19.375–380; *Odyssey* 10.30. 这些段落的讨论见 Baldassarre Giardina, *Navigare necesse est: Lighthouses from Antiquity to the Middle Ages; History, Architecture, Iconography and Archaeological Remains* (Oxford, 2010), p. 4。

28 Baldassarre Giardina, ‘Navigare necesse est: Il faro tra mondo antico e medioevo’, *Histria antiqua*, XXI (2012), pp. 445, 450.

29 Adams, *Lighthouses and Lightships,* p. 64.

30 Howell Martyn Evans, ‘Wonder and the Lighthouse’, in *From the Lighthouse*, ed. Strang et al., p. 240.

31 Fokko Jan Dijksterhuis, ‘Lights across the Sky’, in *From the Lighthouse*, ed. Strang et al., p. 165.

32 Henry Lehrer, *Flying the Beam: Navigating the Early u.s.Airmail Airways, 1917–1941* (West Lafayette, IN, 2014).

33 Eugeniusz Sobczynski and Jerzy Pietruszka, ‘Military Aeronautical Charts in the Past and Today’, *Polish Cartographical Review,* L (2018), p. 6.

34 见 Hague and Christie, *Lighthouses*, p.119。

35 这一距离在 19 世纪初就已经记录下来了。例如见 Giovanni Aldini, *Saggio di osservazioni sui mezzi atti a migliorare la costruzione e l’illuminazione dei fari, con appendice sull’illuminazione dei fari col gas* (Milan, 1823), p. 23。

36 R. G. Grant, *Sentinels of the Sea: A Miscellany of Lighthouses Past* (London, 2018), p. 53.

37 Kieron Connolly, ‘Abandoned Places: The Worlds We’ve Left Behind – In Pictures’, *The Guardian*, 6 September 2016; ‘Danish Lighthouse Wheeled Away from Eroding Coastline’, *The Guardian*, 22 October 2019.

38 Patrick Beaver, *A History of Lighthouses* (London, 1971), p. 59.

39 Adams, *Lighthouses and Lightships*, pp. 106–107.

40 Tim Edensor, ‘The Deadly Lighthouse Beam’, in *From the Lighthouse*, ed. Strang et al., pp. 189–192.

41 Thomas Nilsen and Nils Boehmer, *Sources to Radioactive Contamination in Murmansk and Arkhangel’sk Counties*, Bellona Report, vol. I (1994), p. 132; Thomas Nilsen, ‘Two Nuclear Generators Missing in Arctic’, *Barents Observer*, 26 August 2013; Gianni Boscolo, *Breve storia dei fari, da Omero a Internet* (Milan, 2018), p. 25.

42 Hague and Christie, *Lighthouses,* p. xiii.

2
光明的信标

灯塔象征着带给人抚慰、魔力和最终救赎的光明。它在黑暗中闪烁的微光既令人怀旧思乡，又鼓励人勇敢前行；既充满人性，又超凡脱俗。灯塔像从隐士小屋的窗户透出的那道摇曳的光一样，散发着暖意和光辉。它唤起一个孤标傲世者的形象，整个世界都沉沉睡去，唯有他还保持着清醒。它既是引路之灯，又是避世港湾。

如此说来，难怪灯塔的形象被广泛挪用，作为精神启蒙和心灵拓展的隐喻。教堂和清真寺的标识中都会使用信标发射锥形光柱的风格化图片。[1]“灯塔”被各类宗教机构用作名称，包括宗教广播电台（如浸礼会的西班牙语电台“恩典灯塔广播”）、教会出版物和出版商（从希腊东正教期刊《教会灯塔》到一位论派①的“灯塔出版社”），以及各类基督

① 一位论派（Unitarianism），否认三位一体和基督的神性的基督教派别。此派别强调上帝只有一位，圣父才是唯一真神，并不如传统基督教那样相信上帝是三位一体。

《为阿尼安治病》(*The Healing of Anian*)，保罗·维内齐亚诺，画的是亚历山大的圣马可，背景即为法罗斯灯塔。圣马可大教堂平日祭坛画细部，1342 年

教学校和咨询服务、线上犹太教律法课程和穆斯林青年中心等等，不胜枚举。

灯塔同样出现在卡片上，辅之以励志和表达感激的话，甚至《圣经》经文："让希望如灯塔，指引你驶过汹涌的大海"；"感谢你，我的指路明灯"；"神的灯塔引导我们每个人在生命之海上行驶"；"耶和华是我的亮光，是我的拯救"（《诗篇》27:1）；等等。所有这些的基本思想都是，持久稳定的灯光为人指引方向，无论是宗教信仰之光、知识之光还是牢固的友谊之光；也就是坚信"光能够照亮我们的生命，引导我们平安到家"[2]。

然而，灯塔的宗教和道德意义并没有停留在纯粹的隐喻层面。在不同的文化中，灯塔的来源和早期发展都与宗教信仰有着千丝万缕的联系，已经很难将隐喻与实体的建筑区分开来了。

神圣的地标

在古代世界和整个中世纪，航海既是对技术技能和海洋知识的应用和考验，也要凭借信仰的力量。没有精密仪器的航海家总是尽可能靠近海岸航行，要依赖清晰可见的地标和他们自己的视觉记忆。在地中海地区漫长的夏季，白日晴朗无云，夜间星光灿烂，风平浪静，碧空如洗，为这类航行提供了理想的条件。"在指南针被发明出来以前，在清新的空气中可以看到无数海角和多山的岛屿，那是指导航程的基准点。"[3]

爱琴海上尤其"半岛和岛屿林立，船只离开海岸的距离不可能超过40英里，多亏陆地的高峻地形，在晴朗的天气中始终能看到高峰或山峦”。在第勒尼安海①，伊奥利亚群岛的火山锥和斯特龙博利火山的频繁爆发同样是让海员安心的信标。[4] 即便如此，大海仍是危险重重、风云突变的。航船可能会在一场突如其来的风暴中遭遇不测，船帆被毁、船身倾覆、船员和货物永远葬身海底。在海峡附近，它可能会身不由己地撞向危险的外露礁石，或者被抛向陡峭的悬崖，粉身碎骨。水手的生命始终面临威胁。

多风的海角和海岬频繁发生风暴和危险是出了名的。高峻的地形往往会把它们两边的海峡和海湾变成海底峡沟，狂风带着急遽而猛烈的力量穿峡而过。当盛行风改变方向时，它们也可能变成大风对冲、海浪肆虐的所在。古代希腊人和生活在地中海地区的其他居民就有在这些海岬上建造神殿供奉（海神）波塞冬和其他神祇的风俗。1932 年，美国地理学家埃伦·丘吉尔·森普尔统计发现这类有神庙的海岬数目不少于 175 个。它们从红海的西奈半岛之端，“那是大风和洋流角力的著名地点，令希腊和罗马海员闻之色变”，一直延伸到葡萄牙南端的圣维森特角和博斯普鲁斯海峡。[5]“考虑到某些海岬的某些风向和洋流，”森普尔总结道，“在山顶建造一座神殿祭坛几乎是不可避免的，所以最终几乎总会在那里找到它们。”[6]

① 第勒尼安海（Tyrrhenian Sea），或译“提雷尼亚海”，是地中海的一部分，位于意大利半岛西面。

那些神殿行使着双重功能：一方面，它们是水手沿海岸航路的地标和“路牌”（或“里程标”），使他们得以沿海岸穿越海峡从一个港口行驶到下一个港口；另一方面，它们被认为可以平息喜怒无常的诸神的愤怒。这些建有神庙的海岬常常美得摄人心魄。作为地标，它们还有一种情感优势，因为它们在召唤着远行的旅人，欢迎他们回家，或者至少让他们安心地看到自己进入了熟悉的水域。举例而言，苏尼奥角的波塞冬神庙就是在欢迎水手抵达雅典。不难想象，当疲惫的海员看到那座白色大理石地标时，该有多么欢喜，他会在附近的某个港口拖船上岸，忙不迭地爬上神殿，感谢神保佑自己旅途平安。[7]

希腊基亚岛上的圣尼古拉礼拜堂灯塔

这些神庙高悬在蓝色的海洋与同样深蓝的天空之间，它们的作用不限于作为昼标导航。夜间它们的立柱上通常会悬挂灯火，从巴勒斯坦的一幅著名的镶嵌画中就可以看到比雷埃夫斯①附近的一根灯火通明的立柱。[8] 这些神圣的灯火与山峰和信号山顶燃起的军用烽火一起，行使着灯塔的实际功能。[9] 比方说，菲洛斯特拉托斯②曾在公元3世纪写道，在标志着博斯普鲁斯海峡入口的灯火中，“我相信，你可以看到那远方的神庙，它周围的立柱，入口的信标灯高悬在那里，提醒驶出蓬托斯③的船只避开危险”[10]。

灯塔神庙并不是希腊独有的现象。在金字形神塔顶端点亮的灯火除了将神秘的信息传达给天上的神祇之外，也曾指引过苏美尔水手。[11] 下埃及的斯基泰人④和库希特人⑤建造的海塔也被用作神庙。水手在那里举行祭祀，祭司在夜间点燃灯火。[12] 在地中海的对岸，伊特鲁里亚人在港口附近建造神殿，也行使着灯塔和要塞的功能。[13] 另一方面，罗马人特意以亚历山大的法罗斯灯塔为模板，建造了专门的灯塔建筑。尽管建造这座宏伟建筑的本意就是做灯塔之用，事实上它也是世间灯塔的原型，它却有着某种与神界的联系。它顶端的神祇塑像（很可能是波塞冬）

---

① 比雷埃夫斯（Piraeus），阿提卡大区一港口城市，位于雅典阴暗的萨罗尼科斯湾沿岸，那里在2500年前就是雅典的港口。

② 菲洛斯特拉托斯（Philostratos，约170—250）是生活在罗马帝国时期的希腊诡辩派哲学家。

③ 蓬托斯（Pontus），希腊的一个历史名称，指黑海南岸地区，位于当今土耳其的黑海东岸。

④ 斯基泰人（Scythians）是一系列古代游牧武士部落，最早生活在当今西伯利亚南部。他们的文化在公元前900—前200年前后繁荣一时。

⑤ 库希特人（Cushites）是一群东北非（尼罗河谷和非洲之角）土著人，历史上和现在都说库希特语族。

既是吉兆，也是在祈祷，企盼神祇保佑那些出入于这座繁忙的埃及港口的舟子。[14]

基督教取代多神教之后，沿海的礼拜堂大多敬献给水手的保护者圣尼古拉，它们建在旧神庙的原址上，继续行使着信标的功能。如同它们的前身一样，由于这些建筑往往建在可望而不可即的地点，它们的导向作用十分宝贵。因此，它们往往会被赋予一种大陆同类建筑所没有的令人敬畏之感。一座孤单的小礼拜堂有时也会因此而变成了圣地。[15]

与多神教的神庙一样，这些通常低调不起眼的礼拜堂也是水手及其家人虔诚敬拜的地方，祈祷神圣的守护神保佑水手安全返航或一路平安。有些这类建筑就建在海难发生的地点，是水手表达感激的举动。如今还能在地中海沿岸和欧洲大西洋沿岸的各个沿海教堂和礼拜堂里看到的谢恩还愿图，就是在肆虐的海上风暴中生还的水手对神灵介入表达感激的小小纪念品。作为民众虔诚信仰的色彩缤纷的表达，天主教还愿图通常都会画着航船在可怕的怒海中挣扎，但得到了圣母或某个圣人的指引的场景。这些图中有些还画有在多风暴的海角上伫立的灯塔，以此作为地形准确性的标志；在另一些图上，神圣调停者本身就是活的灯塔，用其强烈的光明冲破了风暴的黑暗。

除了让从大木船上凝视海岸的水手获益之外，将教堂建在高处还能让在海岛或海滨城镇与大海相望的居民们受益。例如，从 10 世纪到 16 世纪，建于伯罗奔尼撒以南的基西拉岛北岸的敬献给军中圣人（如圣乔治、圣西奥多和圣德米特里）的教堂也被用作瞭望塔。只要有海盗船出现在海平面上，就会点燃烽火。看到这一信号，当地居民就会躲进距离

西西里夏卡圣阿戈斯蒂诺（阿格里真托）教堂的罗马天主教谢恩还愿图，1860 年

最近的城堡。[16]

同样，在中世纪的君士坦丁堡，帝国宫殿里的灯塔也被用作烽火接收站，每当西西里边境受到外来入侵者的威胁，烽火就会从安纳托利亚境内的一个山顶传到下一个山顶。[17] 与灯塔紧邻的就是著名的巴拉丁礼拜堂，也就是所谓的“灯塔圣母教堂”（Our Lady of the Pharos）。时过境迁，这座礼拜堂也承担起了拜占庭帝国最重要的圣物存放处的功能——类似于藏宝箱。[18] 它闪耀着的金银的奢华装饰把它本身变成了“灯塔”，只不过是一个“内观型”的灯塔。9 世纪的大佛提乌 ① 写道，一进礼拜堂，“就像走进了天堂本身……各式各样的灯塔璀璨耀目，仿若无

① 大佛提乌（Patriarch Photius，810—897）也称圣佛提乌、佛提乌一世、佛西要和圣弗蒂乌斯，中世纪前期基督教君士坦丁堡普世牧首、学者。

数星辰在四周点亮”[19]。

在亚平宁半岛，尤其是亚得里亚海沿岸，古老的罗马灯塔和瞭望塔往往会被改为教堂钟塔——事实上，基督教钟塔理论上就起源于灯塔。[20]拉文纳主教座堂、周边地区其他教堂，以及沿海岸线北上的泰塞拉和卡奥莱的钟塔，起初都是罗马的圆形灯塔，样子就像是图拉真柱上画的那一种。这类圆形建筑可能启发了威尼斯的圣马可大教堂内那些 13 世纪镶嵌画的创作者。在一个画有福音书作者生平场景的系列中，画中的亚历山大港灯塔就是这种典型的圆柱形，只不过像各种古代作者描述的那样被分为三层。传说中的法罗斯灯塔漂浮在一片金色的海洋上，标志着圣人的旅程结束了，他来到了自己殉道的城市，也标志着桀骜不驯的海水与人类文明之间的边界。

意大利卢戈（拉文纳附近）的明信片，上面画着变身为钟楼的一座古老的海上灯塔，1915 年

与亚得里亚海上的罗马灯塔一样，克劳狄一世①在英格兰东南部的

① 提贝里乌斯·克劳狄乌斯·恺撒·奥古斯都·日耳曼尼库斯（Tiberius Claudius Caesar Augustus Germanicus，公元前 10—公元 54），罗马帝国朱里亚·克劳狄王朝的第四任皇帝，公元 41—54 年在位。

圣马可到达亚历山大港的场景，意大利威尼斯的圣马可大教堂内镶嵌画，13 世纪

英格兰多佛尔的圣玛丽亚卡斯特罗教堂的罗马灯塔，曾被改为钟塔

多佛尔建造的灯塔之所以能够幸存下来，也是因为它在诺曼时期被改造成了圣玛丽亚卡斯特罗教堂的钟塔。[21] 随着罗马帝国的衰落，曾经为帝国服务的灯塔事实上都被废弃，大多破败不堪了。把它们改成钟塔一定是显而易见的行动方案，无论从务实角度还是在象征意义上都是如此：毕竟，这两种建筑的功能都是传递希望和救赎的讯息。

然而，灯塔与基督教信仰之间的联系远不止象征性或建筑上的联系。在中世纪的不列颠群岛，与欧洲和地中海地区一样，警示水手注意近岸处的危险并引导他们安全驶入港口还不是国家的责任，而是基督教的慈善事业。让信标的灯火始终不灭，是那些渴望帮助人类同胞却又不放弃自己对避世祈祷生活之渴望的修士和隐士独有的虔诚使命。[22] 因此，那些往往十分荒凉，终年受到海浪击打的礁石让海员们惊恐失色，却成为这些遁世者的理想住所，哪怕那里的生活除了海天的空旷和海鸥的啼鸣之外什么也没有。考虑到当时死在海上被认为远比其他的死亡方式更加可怕，这些虔诚守护者的服务尤其不可或缺。葬身海底的尸体无法妥善埋葬，就意味着灵魂无法得到适当的纪念，也就无助于为此生的罪孽求得宽恕，得到永生。[23]正如1247年的一份特许状中明确指出的那样，“帮助暴露于海上种种危险之中的基督徒是一份虔诚的工作”[24]。

修士和隐士从事这一事业的故事不胜枚举，往往十分感人。比方说，14世纪初泽西岛北部的一处可怕的尖顶礁石上，就曾有一个隐居处。这里的修士每天白天为那些死于海难之人的灵魂吟唱弥撒，当夜幕降临，他们会在自己的住处顶上点亮一盏灯，警示海上航行的人。[25]斯珀恩角如今是与约克郡海岸对望的一个狭窄多沙的潮汐岛，1427年，这里曾有一整座村庄被巨浪席卷而去。一位来自附近修道院的修士想到那些可怜之人未曾悔悟便去世了，担心他们灵魂的命运，便决心搬出修道院，在消失的村庄附近做一名隐士。他在那里度过了余生，每天都为遇难者祈祷。他的继任者被这份虔诚感动，由于这处危险的岬角接连不断地有船只失事，便决定建造一座灯塔，由他本人亲自守护。多年过去，海水不断侵袭，隐士庐和灯塔都消失在冰冷的海水中。而在不列颠的其他地方，导致修道院和隐居处，连同那些以守护这些海岸灯光为神圣使命的人一起消失的不是大海，而是宗教改革。[26]

19世纪现代灯塔的发展没有彻底破坏它们的宗教遗产。相反，在各个国家，灯塔仍然建在教堂建筑的两旁或其中。例如白海的索罗维斯基岛上，有一盏灯被并入了索罗维斯基修道院耶稣升天隐士庐的俄罗斯东正教堂的洋葱头形圆顶内。在希腊苏尼奥岬对面20公里的基亚岛

索罗维斯基修道院耶稣升天隐士庐的教堂
灯塔，俄罗斯阿尔汉格尔斯克省，1916 年

希腊基亚岛上的圣尼古拉礼拜堂灯塔

上，圣尼古拉灯塔曾于1831年由法国灯塔公司翻修一新，这座8米高的灯塔紧邻着一座献给同一位圣人的礼拜堂。法国植物学家约瑟夫·皮顿·德·图尔内福尔（1656—1708）曾在游记中提到这座礼拜堂，称之为旅人们休憩的所在，并在一幅海湾地图中将它与沿海岸线的其他三座礼拜堂全都画了出来。[27] 这座圣尼古拉灯塔建在一座波塞冬神庙的废墟上，是基克拉泽斯群岛的第一座、新成立的希腊王国的第二座灯塔。[28]

很少有现代希腊灯塔没有圣像。有些灯塔甚至会内设小小的圣所。在灯塔自动化之前，守护人通常延续着修士和牧师守护人的古老传统，负责灯塔和教堂场所。[29] 希腊作家和圣像画家弗蒂斯·孔托格鲁（1895—

1965）将灯塔比作悬在荒芜山顶上的孤独礼拜堂，令人浮想联翩。他写道，前者“给水手以慰藉，正如后者为基督徒带去安慰”[30]。

与灯塔一样，这些小礼拜堂也是孔托格鲁的航海故事和他年轻时代的沿岸景观中虔诚地形的路标。“它们坐落在离海很近的小山上。有一股纯净而洁白的清香。善男信女们修缮打扫它们，并给它们装饰以桃金娘和月桂。”[31] 这些礼拜堂是水手的宝贵地标，它们总有一座小小的阳台，可以从那里俯瞰大海，或凝视远处的海角和山峰。礼拜堂内部的圣像上，总有虔信之人悬挂的小小的还愿物。“处处是蜡烛和香火的味道，这种味道与从门缝里透进来的大海的咸味混杂在一起。一片静寂。那是其他任何地方都没有的圣洁的静寂。”[32]

然而，这种有人守护的希腊沿海灯塔的圣洁的静寂，却与彻底遗世独立的大西洋岩石灯塔的静寂全然不同。在孔托格鲁看来，这些孤独灯塔的守护者就是世俗的苦行者——有着最坚忍不拔的个性。他们是“海上的隐士”，被锁在“潮湿发霉的塔中，那里的一切都被咸海水锈蚀和损毁了，是一座可怕的活死人墓，哪怕一棵野蓟也不会长出”。在这个导致幽闭恐惧症的纵向监狱中，孤独的守塔人在陡峭的阶梯上爬上爬下，从最底层爬到廊道上，再走下来。

> 他知道他每天傍晚都要点亮灯光，为此无数次查看手表，生怕出错。然后灯开始亮起，把光芒投向远方，投向黑暗的混沌中。灯光令他目眩，但他仍保持着警觉……经过岁月的洗礼，他的灵魂已坚如磐石——就像那座支撑灯塔的礁石。最终，他对一切都不在意了，也不再考虑生老病死的问题。[33]

灯塔与宗教生活（或宗教意象）的密切联系并不是西方文化或基督教传统独有的。至少从 9 世纪起，当欧洲的港口在中世纪的晨曦中黯然神伤时，中国人建造起很高的宝塔，帮助水手们找到主要港口的入口。例如，874 年，佛教徒在如今的上海港入口处的泖河中央建起了一座五

有礼拜堂地标的基亚港一景，摘自约瑟夫·皮顿·德·图尔内福尔《黎凡特游记》（*Relation d'un Voyage du Levant*，1717 年）

中国浙江温州江心岛的江心屿灯塔，建于 969 年

层宝塔。塔的顶层悬挂了一盏灯作为信标。“在上海以南，进入温州港的船用一对建于 10 世纪的宝塔作为导航信标。水手们看见两座塔连成一线，就有把握自己已经驶入安全水域了。”[34] 与中国的许多其他宝塔一样，温州双塔至今仍在行使着这一功能。

伊斯兰世界的光塔与基督教的钟塔一样，据说也是受到了罗马圆塔建筑的启发，有些甚至以传说中的亚历山大灯塔建筑为模板。[35] 开罗的伊本·图伦清真寺[①] 和拉巴特[②] 的大清真寺都属于这第二种类型。[36] 与钟

① 伊本·图伦清真寺（Mosque of Ibn Tulun），埃及的伊斯兰教清真寺，876—879 年间建于开罗旧城南亚什卡尔山的高地上，是伊斯兰早期建筑的代表之作。

② 拉巴特（Rabat），摩洛哥首都及第七大城市，也是全国政治、文化和交通的中心。

葡萄牙人以前建造的灯塔被改成光塔，摩洛哥杰迪代省

塔一样，光塔也提高了声音的发射点（这里是指宣礼员召唤教徒礼拜的尖厉声音），因此声浪可以传得更远。然而，这并不是这些建筑最初的功能。其建筑的本意主要是象征性的——是视觉而非听觉的。光塔最初是景观中清真寺的标记，也是瞭望塔。除其他功能外，由于它们赫然耸立，可以在白天帮助引导商队和旅人，到了夜间，它们的阳台上悬挂灯光，因而起到了“内陆灯塔”或在黑暗沙海中闪烁的信标的作用。随着时间的流逝，光塔，或“光之屋”，成为清真寺的常见特征，也是伊斯兰教盛行的普世象征。[37]

到 12 世纪，亚历山大灯塔本身就变成了“伊斯兰世界的信标”，它原本的顶部被换成了一座小小的清真寺，其上有信号显示。作为穆斯林西部世界的入口，亚历山大港是朝圣者、士兵和商人在漫长的航程之后登陆的第一个港口。这座古老的灯塔是他们在平坦的埃及海岸看到的第一座地标，因而一定给他们留下了深刻的印象。[38] 正如安达卢西亚地理学家伊本·朱拜尔在 12 世纪所写的那样：

> 我们在这个城市看到的最大的奇迹之一，就是至大至能的真主借世人的双手建起的那座灯塔，他们被迫从事这一劳作，只因“对于能考察者，此中确有许多迹象”（《古兰经》15:75），并为旅行者导航，因为没有它，他们就找不到真正能通往亚历山大的道路。它可以从 70 英里以外的地方看到，而且非常古老。它周遭都很结实，高耸入云。那景象如此雄伟壮观，以至于看到它的人往往瞠目结舌，无法用言语形容。[39]

生命的旅程

灯塔建筑不仅与礼拜场所相连。在古代，灯塔被看成生命与死亡交界处的阈限标志，也曾作为丧葬纪念碑的模板，有时甚至本身就被用作丧葬纪念碑。公元前 6 世纪，爱琴海北部的塔索斯岛上有一个名叫阿克拉托斯的贵族男子让人把他的坟墓建在一座圆塔中。墓志铭上解释说，这座纪念碑坐落在港口，“作为保护船只和水手的信标”[40]。按照托勒密最初的构想，亚历山大的法罗斯灯塔本身也是他的坟墓，以便“航船第一眼看到的，就是他和妻子两人的塑像”，国王原本打算把两人的塑像立在灯塔顶端。[41]

根据 3 世纪的历史学家赫罗狄安的说法，法罗斯灯塔也被用作罗马皇帝葬礼上使用的棺架的模板。[42] 某些罗马丧葬纪念碑虽然位于内陆地区，但事实上样式很像它们那个时代的海上灯塔。与一座优良的信标一样，由于它们在视觉上的突出特质，这些建筑能够吸引观者的目光，在其后的数百年里延续着人们对于死者的记忆。[43]

在早期基督教背景下，灯塔还有一个深层次的象征意义。作为光明的使者，它被认为能够引导死者的灵魂走向救赎的港湾。如此说来，人们把做成微型灯塔形状的还愿灯放在坟墓中，就表达了这样的希望。[44] 航船驶向灯塔的形象也是罗马地下墓地中的石棺和墓石雕刻的一个常见主题，例如菲尔米亚·维多利亚的墓石就是一例，这名信仰基督教的妇女 65 岁时去世。与灯塔形的帝王浮华棺架不同，这些埋在罗马地下墓地里的石头原本就意在隐身而非炫耀。航船驶向灯塔的丧葬意象常常

意大利西北部利巴尔纳出土的灯塔形状的青铜还愿物，公元1—2世纪

属于被迫害的基督徒，暗指人在生命的艰难航程（*navigatio vitae*）中历尽苦辛，最终抵达永生的宁静港湾。[45]

虽然救赎的灯塔在《圣经》中往往以一种超自然的方式出现——例如引导几位博士到达伯利恒的星（《马太福音》2:9），或者引导以色列人走出沙漠的火柱(《出埃及记》13:21)等，但在早期基督教文献中，人造的信标和灯塔往往被用作为每个虔诚者的生命旅程指明方向的隐喻。在尼撒的贵格利①看来，通过它那些值得尊敬的教父的榜样，《圣经》就起到了这样的信标作用：

> 正如那些在海上漂泊、偏离了港口方向的人被一个明确的标志、某个高高伫立的光之信标，或映入眼帘的某座山峰，带回到正确的航道，《圣经》中亚伯拉罕和萨拉的榜样同样能为那些在生命之海上漂浮、心中毫无目标的人指引神圣港口的方向。[46]

① 尼撒的贵格利（Gregory of Nyssa，约335—395），与该撒利亚的巴西流、拿先素斯的贵格利并称为加帕多家三教父。

菲尔米亚·维多利亚的雕刻着船只和灯塔装饰及铭文的墓石板条

“光之信标”的榜样作用，贵格利后来解释道，事实上可以归功于任何成就斐然之人的记忆。有德行的人生榜样可以“让我们看到，如何把自己的灵魂带入道德的避风港，在那里，它不会在人生的暴风雨中度过寒冬，或在汹涌澎湃的激情中遭遇海难，葬身于邪恶的深渊”[47]。

更具体地说，所有支持教会的人都是“光和支柱”——明亮、坚定而稳固。[48] 大巴西流说，神行者贵格利[①]“在上帝的教会中闪耀着信标一样的光芒”，尼撒的贵格利也用过同样的说法。这位圣人，贵格利写道，让那些听说过他的事迹的人获益，就像“一束信标的火光之于那些漫无目标地在黑暗海洋上航行的人……当他高尚的一生像烽火信标一样通过回忆在我们的灵魂中闪耀，那么无论对描述它的人还是对听者而言，都

① 神行者贵格利（Gregory the Wonderworker，213—270），基督教圣人，基督教早期教父，亚历山大主教，著名神学家。

变成了一条通往善的道路”[49]。同样，神学家贵格利也称他已故的父亲拿先素斯主教为“我们的生命之光，就像在我们头顶闪耀的救赎的信标，指引我们前进的方向”[50]。

在其他地方，叙述者的视角从在生命的风暴中航行的舟子换成了灯塔本身。换言之，从向圣洁之人寻找启迪的信仰者变成了圣洁之人本身，他从自己充满恩典的智慧的高度观察世界和人生旅程。因此，在一封写给亚历山大主教亚他那修①的信中，巴西流称赞这位大主教能够“在脑海中看到四面八方的一切事物，就像一个从高塔上俯瞰世界的人，而那时在海上一同航行的许多船只被巨浪掀起，撞向彼此”[51]。这一比喻尤其贴切，因为在这里，那座高塔很可能就是亚他那修的家乡亚历山大的法罗斯灯塔。

在其他语境中，海岸高塔被用于描述苦行者，他在经历磨难和考验的岁月中，高贵地忍受着排山倒海的思绪的巨浪，尤其是痛苦和沮丧的思绪。[52] 所有这些比喻都传达了教会神父及其同时代人对大海充满恐惧的态度，他们通常将大海看成充满危险的死亡之地。但他们坚定地泰然处之，头脑中固执的灯塔－瞭望塔抵御着大自然、世俗事务和人类情感的喜怒无常、风云突变。

灯塔被比作为生命的旅程指引方向和警示危险的道德和精神地标，也是近代欧洲同样广泛传播的传统主题。灯塔到底代表着什么可能在不

---

① 亚他那修（Athanasius，?—373），东方教会的教父之一，在世时是埃及亚历山大城的主教，后被列为基督教圣人之一。

“但愿我行事坚定，得以遵守你的律例”（《诗篇》119:5），赫尔曼·雨果的寓意画册《虔诚的渴望》（1624年）

同情况下有所不同。例如，威廉·邦德①在《完美之旅》（1526年）中写道，频繁地思考死亡会“抑制一切虚荣、挥霍和轻浮行为，因此，与在黑夜中为航海者指明港口方向的灯塔一样，思考死亡能让人避开罪孽的礁石和危险”[53]。

赫尔曼·雨果②的寓意画册《虔诚的渴望》（1624年）中有一幅奇怪的插图，画着一座灯塔照亮前方，为海上的船只导航，与此同时，有一个天使在它的顶端抛下一根绳子，引导一名朝圣客穿过生命的迷宫。图片说明上写着“但愿我行事坚定，得以遵守你的律例”（《诗篇》119:5），暗指此时此刻，那拯救的灯光就是上帝本身。其他作者也把灯塔作为德行的古老比喻，与其邪恶的对立物罪恶并置起来，它们将后者比作欺骗性的“伪灯”或破坏者的光。根据语境和作者所属派别的不同，“伪灯”也可能代表天主教或新教教义，可能会引导对立教派信仰者的灵魂走上歧途。[54]

理性与教育的信标

无论写在墓碑上，还是用在布道中，生命旅程的比喻能让原本看不见的灵魂旅程变得直观生动起来。在这些旅程中，就像在现实生活中一

---

① 威廉·邦德（William Bonde，?—1530），基督教布里吉特会修道士、作家。他的《完美之旅》（*Pilgrimage of Perfection*）被形容为“宗教改革前出版的最后一部关于静修生活的集大成之作”。

② 赫尔曼·雨果（Hermann Hugo，1588—1629），耶稣会教士、作家和随军牧师。他的《虔诚的渴望》（*Pia desideria*）是“17世纪最受欢迎的宗教寓意画册”。

样，灯塔的意象既标记也突出了生命的导航地标——这里是指信仰和德行。然而到了 18 世纪，航程的比喻开始有了更复杂的形式，也将被转化为适当的制图表达。生命和人生经验的寓言式地图，尤其是它们的“局部”子集——婚姻地图，在法国和英格兰流行一时。这些地图的宗旨是在社会发生激烈变革的时代为人们提供道德熏陶和娱乐，通常会描绘穿过危险的海水和群岛，驶向安全港湾（如智慧或幸福的家庭生活）的旅程。[55]

在这些寓言式地图中，灯塔既标示着危险，也指明了终点。例如在婚姻地图中，它们往往作为警示标记出现在诸如“注意”或“小心”岛、“欺骗海岸”、“争吵暗礁”和“失望岩”的附近。相反，在人生地图上，灯塔发挥着作为通向救赎之路标的传统角色，然而这一次，不再只有一座信仰的灯塔标记着抵达的地点。在罗伯特·吉勒特的《年轻人通往乐土的寓意地图》（*Allegorical Map of the Track of Youth to the Land of Happiness*, 1796 年）中，“宗教灯塔”与“理性灯塔”共同标记着“幸福之地”的入口，此二者各守着海湾的一侧。“激情灯塔”位于“经验之海”的一个凶险的礁石上，提醒年轻水手要警惕近岸处散布的“傲慢的礁石和漩涡”。这座灯塔简单的、几乎过时的锥形结构，与“理性灯塔”（让人想起了同时代的法国灯塔）装饰豪华的建筑以及“宗教灯塔”那尊贵的古老结构形成了鲜明的对比。在海的对岸，“悔过之地”没有灯光，始终是危险的所在。

“理性灯塔”与“宗教灯塔”一同出现并不是这幅地图中独有的现象。启蒙运动就是通过一对密不可分的灯塔的比喻对自己进行定义的：获得“理性灯塔”，用它“照亮”一切有阴暗迷信出现的地方。于是，灯塔的比喻不但开始被用在圣人身上，而且尤其被用于形容科学家和哲学家。弗朗西斯·培根的传记作家宣称，哲学家的使命就是“照亮千秋万古”。他因而把培根比作“高高伫立的科学信标，一直［在高处］指引着探索的学者经历发现之旅”[56]。在启蒙运动最重要的文本之一《百科全书》（*Encyclopédie*, 1751 年）中，德尼·狄德罗也写道：“一切在传授知识的同时启蒙心智的东西有时都会被比作灯塔，那些启蒙他人的知识分子也一样。”[57]

然而启蒙灯塔不同于包罗万象的信仰灯塔，后者是 360 度全方位同时照亮的，如地中海古老的火光，或中世纪隐士的灯光。真理不再是一

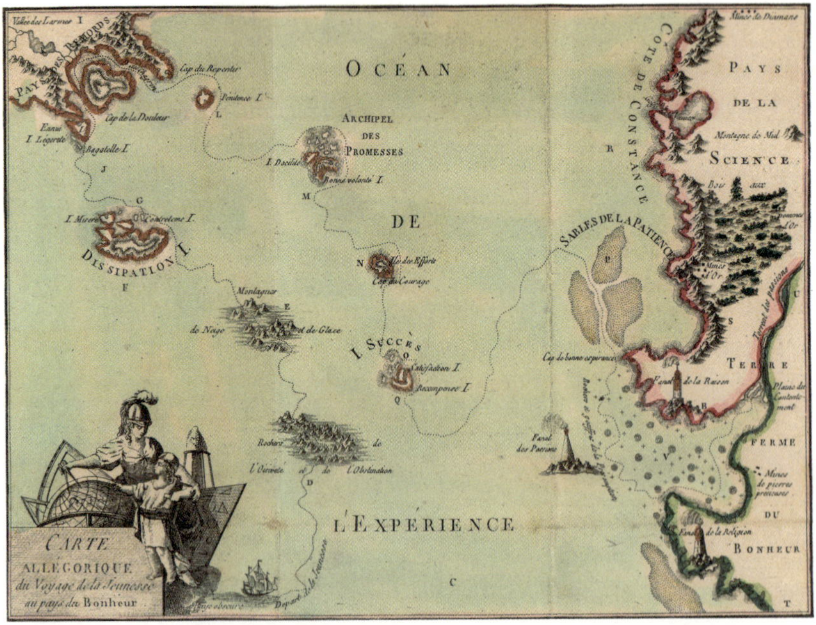

《年轻人通往乐土的寓意地图》，罗伯特·吉勒特，1796 年

种自我呈现的漫射光，而是一束有焦点、有节制的探索世界之光。它像一把刀一样刺破黑暗，正如那些年先驱性的现代灯塔日益强烈的光束，得益于它们特殊的透镜、反射镜和旋转系统。事实上，启蒙运动与其说是一种状态，不如说是一个过程，是通过观察和归纳推理的方式揭示真理的过程。“要想看得更清楚、更仔细，就需要足够的光，以这种方式观察被认为是获取知识的唯一源泉。”[58] 换句话说，真理不会自行显现，只有探索和关注的头脑才能揭示它。真正的知识需要实证观察。相反，康德说，形而上学则是“一个无底的深渊……一片没有信标指引的无边无际的大海”[59]。

如此说来，难怪“理性灯塔”，以及一般的灯塔，成为在教育背景中被广泛使用的比喻。在 19 世纪的不列颠尤其如此，或许是因为当时的灯塔正经历着巨大的发展，或者就是因为需要一种道德比喻，把理性和宗教信仰全都包括在内。例如，J. 戴维斯神父在他的著作《侍女》（*The Handmaid*, 1841 年）中将伟大的思想比作“从时间之洋”的“海平面上望去，那些坐落在远近高低的耀眼的信标”。[60] 他再度使用毁坏者的古老主题，强调说才华横溢之人笔下的文字应该照亮世界，“不是用于迷惑观者的伪灯”，而是作为“有益的信标”，“引导年轻而未经世事的航海者驶过危险的诱惑之海”。[61]

灯塔的比喻也出现在教科书和科普读物的标题中，例如 W.H. 爱尔兰[①] 的《青年的北极星；或科学的信标》（*Youth's Polar Star; or, the*

① 威廉·亨利·爱尔兰（William Henry Ireland，1775—1835），英国诗人、哥特小说和历史小说作家。他更有名的身份是莎士比亚文件和剧本的伪造者。

Beacon of Science, 1805 年），或者医学文集《医学的灯塔》（*The Medical Lighthouse*, 1856 年），其作者声称要避开行业用语，让普通公众看懂其中的文章。“灯塔”也是以年轻学子为目标读者的诗歌喜爱的标题。比方说约翰·威廉·史密斯的《灯塔（学生练习）》[*The Lighthouse (A School Exercise)*, 1814 年] 就呼应了吉勒特的地图中提到的某些主题。这首诗开篇的第一个意象就是希望的引导星，指引水手并提醒他警惕嶙峋的岩石和流沙。这个形象被诗人娴熟地转化为德行，“在忧伤的夜里闪耀着 / 用它的灯光让前路一片光明”。然后诗人又解释说，“生命［在每个转瞬即逝的阶段都］有它自己的灯塔”：

知识在欢乐的青春点亮一团火焰，
引导他在寻找真理的小路上蜿蜒；
……
待华年老去，哲思的火光亮起，
理性的灯塔仍然让我们激动不已；
……
还有一座灯塔伫立在人生路上，
把驶向天堂之港的航程照亮；
教会——带着它纯粹宗教祝福的光束，
驱散了遮挡德行之光的阴云密布；
并尽它的全部力量来证明，
那座至乐的灯塔能让世界变得剔透晶莹。[62]

通过它的三重比喻典型——知识、理性和教会——史密斯把灯塔变成了教育和自我觉知的道德工具，心灵的灯塔似乎从未曾熄灭这样的功能。雷·琼斯在他的《灯塔百科全书》（*Encyclopaedia of Lighthouses*, 2004 年）序言中写道，关于灯塔的知识的确能“帮助你或你的孩子了解自己，以及探索光明、黑暗和未知意味着什么”[63]。

社会进步的信标

作为一个强有力的道德隐喻以及理性与科学的符号，现代灯塔的形象也会被用于阐明当代社会并谴责其道德堕落的黑暗状态。英国诗人和剧作家约翰·盖伊在他的仿史诗作品《琐事；或在伦敦街道上行走的艺术》（*Trivia; or, the Art of Walking the Streets of London,* 1716 年）中生动描述了 1710 年代在这座国际大都市行走时遭遇的种种危险。黑暗看起来阻碍了道德的行为。叙述声音来自一个浪荡子，他看到那里处处是扒手、妓女、骚乱、火灾和失控的马车，以及其他种种危险。守望者“友好的灯光”让它们在这昏暗的混沌中显现出来，“六便士就能支撑起你无力的双肩 / 送你安全到家，逃离这暗夜的摧残”。[64]然而当他们摇起“他们手中的灯”叫来治安官，我们这位无助的主人公却被当成坏人逮捕了。最后，总算有一座灯塔出现在这混乱的暗夜中，然而很不幸，那是一座已经倾覆的灯塔，正如盖伊对这幅画面其他部分的描述：

> 于是著名的埃迪斯通灯塔的远射光，

本该引导水手穿过海上的风浪，
却被巨浪将礁石上的根基拔除，
高高的塔楼在旋风中翻卷号哭，
航船的两侧撞向嶙峋的峭壁，
漆黑的残骸让海滨一片狼藉。
谁会雇用这架马车在暗夜里狂奔，
又有谁赶路会选这辚辚作响的车轮？[65]

埃迪斯通灯塔作为英格兰最著名的灯塔，也是全世界第一座建在公海上的灯塔，提醒水手们警惕位于康沃尔郡距离雷姆角 22 公里的一处被海水淹没的危险暗礁。它由行为乖张的雕刻家和发明家亨利·温斯坦利设计，于 1698 年完工，最初的木质建筑像一座中式宝塔，加上它的八角形状、阳台、仙鹤等装饰物，根本无法抵御大西洋的狂风。虽然后来又用石料和铁板条进行了扩建和加固，但仅仅三年后，它就在一场剧烈的风暴中垮塌了，温斯坦利本人也在那场意外中不幸丧生。这里，盖伊在自己的仿史诗中，利用被连根拔起的灯塔和随后发生的数次海难的意象来比喻伦敦繁忙街道上侧翻的马车。“当灯光不再照亮，混乱便趁机称王。”[66]

埃迪斯通灯塔被重建了四次。这座灯塔的最后一个（至今仍在使用的）版本是由詹姆斯·道格拉斯设计的，1882 年首次点亮。作为现代性和可靠性的象征，道格拉斯那座简洁的抛物线形埃迪斯通灯塔古怪地出现在威廉·布思的畅销书《最黑暗的英格兰及其出路》（*In Darkest*

England, and the Way Out, 1890 年）的一幅折页图中。布思“将军”是新教教会和慈善组织救世军的创始人，该组织旨在满足穷困、赤贫和饥饿之人的物质和精神需要,从而为他们带去救赎。布思的书有两个目标：首先，它要揭露伦敦临街那些光鲜建筑背后暗藏的贫穷和道德堕落的状态；其次，它提出了他打算修正这一现状的宏大计划，该计划在那张充满魅力的图画中得到了很好的概括。

这幅图构图精致，内容复杂，被称为布思整体计划的鸟瞰图——换句话说，是“救赎地图”。这张图画半是图示，半是统计学记录，描画了“被淹没的十分之一”在汹涌的大海上挣扎，只有救世军的灯塔为他们照亮，以及他们一点一点地垂直上升，过上更好、更体面的生活。在最底部,图上画出了“海里的三百万”在无数罪恶和恶行的巨浪下翻滚，包括酗酒、卖淫、失业、赌博、愤怒、奴役、绝望、无政府、悲惨、抛妻弃子以及“人间地狱”，还有很多。

救生船无畏地驶向怒海去救助那些不幸的受害者，而在陆地上，救世军军官帮助他们走上岸，陪伴他们走向多个构成所谓“城市群落”的机构和职业，包括工厂、收容所、儿童之家、单身女人住宿处和廉价食品供应处等等。布思说，所有这些机构都是“任何在生活、性格或际遇中遭受海难之人的避风港”。这些“港口”，他解释说，“将把一贫如洗的穷人聚集在一起，为他们提供急需的衣食，提供临时就业，启迪他们对未来怀有希望，并通过道德和宗教影响立即开始获得重生的行程”[67]。

从城市群落通向四面八方的宽阔而清晰的大道，引导那些恢复了元气的赤贫之人走向农场群落的绿色田野和宁静村庄。在图的更上方，轮

Supplement to "THE REVIEW OF REVIEWS," November, 1890.

IN DARKEST ENGLAND, AND THE WAY OUT.

BY GENERAL BOOTH.

KEY TO THE CHART.

The Chart is intended to give a birdseye-view of the Scheme described in this book, and the results expected from its realization.

The figures on the pillars represent the appalling extent of the misery and ruin existing in Great Britain, as given in Government and other returns.

In the raging Sea, surrounding the Salvation Lighthouse, are to be seen the victims of vice and poverty who are sinking to ruin, but whom the Officers appointed to carry out the Scheme are struggling to save.

On the left, a procession of the rescued may be seen on their way to the various REFUGES, WORKSHOPS, and other Establishments for Industrial Labor in the CITY COLONY, many of which are already in existence.

From the CITY COLONY in the centre, another procession can be seen, of those who, having proved themselves worthy of further assistance, are on their way to the FARM COLONY, which, with its Villages, Co-operative Farms, Mills, and Factories, is to be created, far away from the neighborhood of the public-house.

From the FARM COLONY are to be seen Steamers hurrying across the seas, crowded with Emigrants of all sorts, proceeding either to the existing Colonies of the British and other Empires, or to the COLONY-OVER-SEA, yet to be established; whilst the sturdy baker on the left and the laundress on the right suggest, on the one hand, plenty of work, and on the other, abundance of food.

The more the Chart is examined the more will be seen of the great blessings the Scheme is intended to convey, and the horrible destruction hourly going on amongst at least Three Millions of our fellow-creatures, which we are anxious to bring to an end. And the more the Scheme contained in this book is studied and assisted, the more will the beautiful prospect held out on the Chart be likely to be brought into reality.

威廉·布思《最黑暗的英格兰及其出路》(1890年)中的“救赎之路”图

船载着移民穿过一片平静的海洋驶向远方的海外殖民地，他们将在那里找到“一个气候宜人的安全停泊处”[68]。整体看来，用历史地理学家菲利克斯·德赖弗的话说，这一场面宏大的图片描述的就是“布思那架正在运行的大型机器，将英格兰都市的废物们转变为有生产能力、有用的市民”[69]。

这幅图画中，风暴肆虐的海上暗无天日，开阔的地平线却一片光明，直观地表达了本书以及整个维多利亚时代想象中所强调的光明与黑暗之间有力的对立统一。书名《最黑暗的英格兰及其出路》借用了斯坦利的《最黑暗的非洲》(*In Darkest Africa*)，后者先于该书几个月出版。布思指出，近年来，没有什么比那位英国探险家书中描述的大片森林能在集体想象中留下更深刻的印记了，在那一大片荒野中，“阳光永远穿不透黑暗阴湿的空气，到处是泥沼受热后腾起的蒸汽，人类渺小得像俾格米人，被野蛮的环境变成了食人族，劳作、生死”。然而，布思自问：“不也有一个最黑暗的英格兰吗？”[70]与传统的维多利亚报告不同，《最黑暗的英格兰及其出路》并不局限于社会调查，而声称给出了一种解决方案，那场救赎运动也反映在这本书的结构中，第一部分讨论了“黑暗”，而第二部分讨论了“解救”。“因为最黑暗的英格兰，和最黑暗的非洲一样，”布思强调说，“在它的头顶始终有一束光。”[71]

这座灯塔漂亮的现代轮廓是这张图画的焦点。它在黑暗的风暴中照亮四方，白色的锥体似乎支撑着布思所想象的那个光明的救赎世界。被风吹浪打的塔身标志着从贫穷与罪恶的深渊走向殖民地应许的美好生活的转折点。与盖伊那座被连根拔起的埃迪斯通灯塔不同，布思的灯塔是一个稳定而令人安心的存在。它是现代性和理性的象征，而且归根结底，正如它顶上的铭文所说，也象征着“每个人的希望”。

灯塔和整幅图画直观地表达了这本书中使用的各种戏剧性的大海隐喻，包括人“无法孤立无助地走出漩涡”，因为“大破坏已经摧毁了他整个人，让他手足无措”；志愿者们“冒着生命危险将遭受船难的人带上岸”；或者殖民地是“安全的港口”和“停泊地”。[72] 这一生动的航海意象是典型的维多利亚时代乃至更笼统的浪漫主义时代想象的一部分，对庄严的海上景观、剧烈的风暴和船难着迷不已。被巨浪撞击的岩石灯塔成为在这一集体想象中占优的特征，如同大自然的破坏力为它赋予了非同寻常的魅力。它孤独的剪影伫立在风暴中，成为现代“心灵的灯塔”的原型。本书下一章就会讨论这些风暴中的信标。

1 ‘Lighthouse Church’, http://lighthouse.church, 2020 年 1 月 7 日访问; ‘Lighthouse Mosque’, www.lighthousemosque.org, 2020 年 1 月 7 日访问。另见 Joanna Puckering and David Wilkinson, ‘Lighthouses in the Bible: Symbols of Enlightenment and Salvation’, in *From the Lighthouse: Interdisciplinary Reflections on Light*, ed. Veronica Strang et al. (London and New York, 2018), p. 45。

2 Thomas Kinkade, *Beacons of Light* (Kansas City, MO, 2004), n.p.

3 Ellen Churchill Semple, *The Geography of the Mediterranean Region: Its Relation to Ancient History* (London, 1932), p. 579.

4 Ibid., pp. 587–589.

5 Ibid., p. 614.

6 Ibid.

7 Ibid., p. 618.

8 Baldassarre Giardina, *Navigare necesse est:*

Lighthouses from Antiquity to the Middle Ages; History, Architecture, Iconography and Archaeological Remains (Oxford, 2010), p. 7.

9 T.M.P. Duggan and Aykan Akcai, 'On the Missing Navigational Markers: Beacon Towers-Pharos of Antiquity and Notice of Two Extant Small Marker Beacon Towers of the Roman Late 1st c. BC. - Early 1st c. AD. Anemorium', Cedrus, II (2014), pp. 386–387.

10 *De Imagines*, 1.12.1–5.

11 Ray Jones, *The Lighthouse Encyclopaedia: The Definitive Reference* (Guilford, CT, 2004), p. 2.

12 Patrick Beaver, *A History of Lighthouses* (London, 1971), pp. 9–10.

13 Giardina, *Navigare*, p. 6.

14 Baldassarre Giardina, 'Navigare necesse est: Il faro tra mondo antico e medioevo', *Histria antiqua,* XXI (2012), p. 447; see also Giardina, *Navigare,* p. 61.

15 Michele Bacci, 'Portolano sacro. Santuari e immagini sacre lungo le rotte di navigazione del Mediterraneo tra tardo Medioevo e prima età moderna', in *The Miraculous Image in the Late Middle Ages and Renaissance,* ed. Erik Thuno and Gerhard Wolf (Rome, 2004), pp. 229–230.

16 Matthew Crum, 'The Churches of Kythera: How the People of Northern Kythera Used Churches as a System of Defense during the Late-Byzantine and Venetian Periods', MA thesis, Ohio State University, 2015, p. 15.

17 Romilly Jenkyns and Cyril Mango, 'The Date and Significance of the Tenth Homily of Photius', *Dumbarton Oaks Papers*, IX/X (1956), p.134; Eugenios Michaēl Antoniadēs, ΕκφράσειςτηςΑγίαςΣοφίας, vol. I (Athens, 1907), p. 47.

18 Holger Klein, 'Sacred Relics and Imperial Ceremonies at the Great Palace of Constantinople', *BYZAS*, V (2006), p. 80.

19 Photius, Homily 10.4 (*The Homilies of Photius Patriarch of Constantinople*, ed. and trans. Cyril Mango [Cambridge, MA, 1958], p. 186).

20 Sandro Stucchi, 'Fari, campanili e mausolei', *Aquileia nostra*, XXX (1959), pp. 15–31.

21 Giardina, *Navigare*, p.45.

22 William John Hardy, *Lighthouses: Their History and Romance* (London, 1895), pp. 22–23.

23 Bacci, 'Portolano sacro', p. 224.

24 Rotha Mary Clay, *The Hermits and Anchorites of England* (London, 1914), p. 49.

25 Hardy, *Lighthouses*, p. 22.

26 Ibid., pp. 25, 53–56.

27 Joseph Pitton de Tournefort, *A Voyage Into the Levant Perform'd by Command of the Late French King. Containing the Ancient and Modern State of the Islands of the Archipelago; as also of Constantinople, the Coasts of the Black Sea, Armenia, Georgia, the Frontiers of Persia, and Asia Minor*, vol. II (London, 1741), p. 18.

28 Charalampos Dēmētropoulos, 'ΟιεκκλησίεςτηςΚέας', PhD thesis, Aristoteleion University of Thessalonica, 1983, p. 205.

29 Elinor De Wire and Dolores Reyes Pergioudakis, *The Lighthouses of Greece* (Sarasota, FL, 2010), p. 47.

30 Phōtēs Kontoglou, 'Οι φάροι κ'οι κατάδικοι τους', in Θάλασσες, *καίκια και καραβοκύρηδες*, ed. I. M. Chatzēphōtē (Athens, 1995), p. 38.

31 Phōtēs Kontoglou, 'Ανθήτω ως κρίνον', in *Έργα: το Αιβάλι, η πατρίδα μου*, vol. I (Athens, 1962), p. 323.

32 Kontoglou, 'Μακάρια ζωή', in *Έργα*, p. 315.

33 Kontoglou, ‘Οι φάροι κ’οι κατάδικοι τους’, pp. 41–42.

34 Jones, *Lighthouse Encyclopaedia*, p. 8.

35 Stucchi, ‘Fari, campanili e mausolei’.

36 El Sayed Abdel Aziz Salem, ‘The Influence of the Lighthouse of Alexandria on the Minarets of North Africa and Spain’, *Islamic Studies*, XXX (1991), p. 152.

37 John Bloom, *The Minaret* (Edinburgh, 2018); Joanna Puckering, ‘Places of Light: Lighthouses and Minarets’, in *From the Lighthouse*, ed. Strang et al., p. 68.

38 Salem, ‘The Influence of the Lighthouse of Alexandria’, p. 53.

39 Ronald Broadhurst, *The Travels of Ibn Jubayr: Being the Chronicle of a Mediaeval Spanish Moor Concerning His Journey to the Egypt of Saladin, the Holy Cities of Arabia, Baghdad the City of the Caliphs, the Latin Kingdom of Jerusalem, and the Norman Kingdom of Sicily* (London, 1952), pp. 32–33.

40 Giardina, *Navigare*, p. 445.

41 Giardina, *Navigare*, p. 34.

42 Cited in Giovanni Aldini, *Saggio di osservazioni sui mezzi atti a migliorare la costruzione e l’illuminazione dei fari, con appendice sull’illuminazione dei fari col gas* (Milan, 1823), p. 19.

43 Stucchi, ‘Fari, campanili e mausolei’, p. 27; Giardina, *Navigare*, p. 31.

44 Giardina, *Navigare*, p. 28.

45 Raoul Rochette, *Le Catacombe di Roma* (Milan, 1841), pp. 226–228.

46 Gregory of Nyssa, *The Life of Moses*, trans. Everett Ferguson (New York and Toronto, 1978), p. 32.

47 Ibid., p. 33.

48 Ibid., p. 101.

49 Gregory of Nyssa, *On the Life and Wonders of Our Father among the Saints, Gregory the Wonderworker*, 1.2, in ‘Saint Gregory Thaumaturgus’, *Life and Works: The Fathers of the Church*, trans. Michael Slusser, vol. XCVIII (Washington, DC, 1998), p. 42.

50 Basil of Caesarea, *Letter* 82, ‘To Athanasius, Bishop of Alexandria’, in *Nicene and PostNicene Fathers*, ed. and trans. Philip Schaff and Horace Wace, vol. viii (Buffalo, ny, 1895), p. 510; Gregory of Nazianzus, Oration 18, ‘On the Death of His Father’ (ad 374), ibid., vol. VII, p. 525.

51 Basil, *Letter* 82.

52 Maximos the Confessor, *Responses to Thalassios* 27.7［*On Difficulties in Sacred Scripture: The Responses to Thalassios*, ed. and trans. Fr Maximos Constas (Washington, DC, 2018), p. 186］.

53 Cited in Hardy, *Lighthouses*, p. 26.

54 Richard Marber, ‘Guiding Light: The Early Modern Lighthouse as an Image and Emblem’, in *To the Lighthouse*, ed. Strang et al., pp. 54–56.

55 Franz Reitinger, ‘Mapping Relationships: Allegory, Gender and the Cartographical Image in Eighteenth-Century France and England’, *Imago Mundi*, LI (1999), pp. 106–130.

56 Basil Montagu, *The Life of Francis Bacon, Lord Chancellor of England* (London, 1833), p. cxcvi.

57 Denis Diderot and Jean-Baptiste d’Alembert, *Encyclopédie, ou Dictionnaire raisonné des sciences, des arts et des métiers, par une société de gens de lettres*, vol. XII (Paris, 1751), p. 488.

58 Peter Hulme and Ludmilla Jordanova, *The Enlightenment and Its Shadows* (London, 1990), p. 4.

59 Immanuel Kant, *Theoretical Philosophy,*

1755–1770, trans. and ed. David Walford and Ralf Meerbote (Cambridge, 1992), p. 111.

60 Rev. John Davis, *The Handmaid: Pursuits in Literature and Philosophy Considered Subservient to the Interests of Morality and Religion* (London, 1841), pp. 52–53.

61 Ibid., p. 155.

62 John William Smith, *Terrors of Imagination and Other Poems* (London, 1814), pp. 60–63.

63 Jones, *Encyclopaedia*, p. 3.

64 John Gay, *Trivia; or, The Art of Walking the Streets of London* [1716] (London, 1795), p. 28.

65 Ibid., p. 29.

66 Tom Mole, 'Light as Metaphor and as a Technology, c. 1700–1900', in *From the Lighthouse*, ed. Strang et al., p. 51.

67 William Booth, *In Darkest England, and the Way Out* (London, 1890), p. 92.

68 Ibid., p. 152.

69 Felix Driver, *Geography Militant: Cultures of Exploration in the Age of Empire* (Oxford, 1999), p. 173.

70 Booth, *In Darkest England*, pp. 9–10.

71 Ibid., p. 15.

72 Ibid., p. 47.

《燃烧的轮船》(*Burning Steamer*)，马库斯·拉森，1858 年，布面油画

3 幽暗的信标

曾有一度，海洋不是海洋——不是蓝色的，甚至不是水，而是能量和危险的暴烈激增：其暴虐凶猛的程度，只有诸神能够操控。它猛然撞向海岛，激起的浪涛盖过了灯塔顶端，一片片山崖被冲刷而下。那声音更像是一头野兽无比愤怒的咆哮。在那样的夜晚，人们比任何时候都更需要灯光。

——M. L. 斯特德曼，《大洋之间的光》（*The Light between Oceans*）

灯塔象征着启蒙与希望，然而在公众的想象中，它们也有黑暗的一面。当灯塔闪烁的光出现在水手的视野中，无疑会给后者带来安慰，然而当它们阴暗隐蔽的内室和一无修饰的建筑被迷雾笼罩，又能产生一种阴森恐怖的氛围。在昏暗的夜晚，坐落在某个狂风呼啸的偏远悬崖上的守护人老屋，或许就像一幢荒草萋萋的哥特式建筑。一座破败的圆锥形建筑竖立在某块海浪翻腾的荒凉礁石上，的确给人以怪异神秘的感觉。对居住在其中的人而言，孤独与幽闭能把灯塔变成令人毛骨悚然的监狱。因此，灯塔一直是鬼怪与海盗、海难与谋杀，以及悬疑小说和一切阴森凶险的故事所偏爱的场景。快速浏览长长的灯塔电影清单，的确会发现它们大多是恐怖电影，这也在意料之中。何以如此？公众想象中的这些幽暗邪恶的灯塔又源于何处？

现代灯塔的发展与广泛使用出现在 18 世纪末、19 世纪初，恰逢人们对恐怖与崇高的热爱达到顶峰，暴风巨浪的海景在浪漫主义诗人、画家和小说家的创作中得以永生。在大自然发生剧烈冲突之地，灯塔不可避免地成为备受青睐的文学和艺术题材——同样的美学经典直到今天仍然启迪着现代灯塔摄影和电影创作。孤独的守护人有时被维多利亚时期的作家描述为贤德的隐士，有时又被描绘成危险的疯子，对于熟悉黑暗地牢和哥特小说中的走廊及其晦涩费解的人物的公众而言，他们也一样能触动心弦。幽暗与夸张的戏剧性，取代了启蒙运动的理性之光。

然而除此之外，这些古怪的心灵灯塔还大有深意。灯塔的标志性形象有一个强烈的心理维度，与世隔绝是其中的关键元素，还有就是被投入广袤而虚空的海洋中，那是人类无意识及其神秘地府的幽暗深渊，藏匿着可怕的恶魔与过往的幽灵。遗世独立、阴魂不散的灯塔形象之所以如此赫然出现在我们的想象中，或许正是因为无论我们愿意与否，这幽暗的深渊是我们每个人在生命的某个时刻不得不造访的地方。

海洋的崇高

在《白鲸》（1851 年）的开头，赫尔曼·梅尔维尔思考了现代人为何总是被海岸所吸引。整个曼哈顿的四周“像布着一匝沉默的哨兵似的”，他写道，成千上万的人像是受到了某种神秘魔力的诱惑，一动不动地站在陆地与海水的交界处。“有的倚着桩子；有的坐在码头边上；有的在瞭望着从中国驶来的船只的舷墙；有的高高地爬在索具上，仿佛要尽量把海景看个痛快似的。”他们站在那里，心却在别处，眼睛盯着海洋出神："怪事！只有陆地的尽头才称得了他们的心。"[1][①] 梅尔维尔写道，这些不是水手，而是陆地人；他们"平日都给幽闭在木架泥糊的小屋里——拴在柜台上，钉在板凳上，伏在写字台上。那么，这是怎么回事呀？翠绿的田野都消失了吗？他们到这里来干什么？"[2] 几行之后，这位美国作家解释说："沉思和水是始终结合在一起的。"海洋正是人类灵魂的一面镜子。那耳喀索斯就因为无法抓住他在池塘中看到的那个折磨人的形象，投入水中溺水而死。"但是那个影像，也正是我们自己在所有江河海洋里所看到的影像。那是生命的影像，一个要抓而抓不到的幻影；一切的解答都在这里。"[3]

灯塔沉默地伫立在陆地边缘，像成千上万对着海水出神的纽约人一样远眺大海。在某种意义上，它们是梅尔维尔所写的这首海洋沉思曲的具象化、永久化的表达。不过看待海洋，当然还有灯塔，还有很多不同的方式。教会神父及其很多继承人从自己崇高的精神瞭望塔上充满寓意地凝视着大海，仿佛那是人生之旅必经的变幻莫测的游戏场。风暴和船难被看成人生面临的诸多诱惑和危险的原型象征，航船则象征着渴望获救的灵魂。在它成为人们的沉思之地或审美对象之前，波涛汹涌、广袤无尽的大海本是一个恐怖的所在。

在 18 世纪末之前，海洋本身很少被当作艺术创作的题材。正如美国历史学家和评论家霍华德·艾沙姆所说，文艺复兴时代的大部分艺术家对当代航海家探索的那片广袤的水域没有多大兴趣。他们的目光大多

① 译文选自赫尔曼·梅尔维尔，《白鲸》，曹庸译，上海译文出版社，2020 年 12 月。下同。

《在美第奇别墅港》(*Porto con Villa Medici*)，克洛德·洛兰，1637年，布面油画

局限于海港那一小片令人安心的场地。“当他们看向大海时，目光总会被停泊在港口或海岸附近的船只所吸引，却很少投射到更远的海平面或其上的天空。”[4]

在克洛德·洛兰（1600—1682）的新古典主义想象视野中，公海同样局限于画面中的那一小块地方。海港灯塔那些纤细的轮廓标志着海港入口和陆地尽头。它们在大气过滤的柔光中若隐若现，构成了视野远景中的一小部分，近景是古老建筑的精美局部和大船的桅杆。海港灯塔的灰色柱体差不多位于一个视觉三角形的顶点，这个三角形由近景的细节和港口海岸的两根线条构成，在靠近海港的地方收紧，克洛德最突出的光影和氛围效果基本上都在这里呈现出来。这些柱体被虚构的昔日建筑以及日升日落的湿润光泽环绕着，呈现出安静而超凡脱俗的气质。它们似乎突破了，或者说事实上模糊了，现实与非现实之间的界限。

一个世纪后，灯塔建筑大多得到了更加突出的地位和更多的细节呈现。即便如此，它们的首要功能仍然是作为建筑设施标志着人类世界的细薄边缘。在克洛德－约瑟夫·韦尔内（1714—1789）的众多海港和海湾景象中，海平面当然占据了更大空间，但构图的焦点仍在海岸上：正在收网或围着篝火取暖的渔民；富裕的远行者及其仆从；作为构图框架的岩石和树木；还有相当重要的，安静地驶出海港的巨船。

偶尔，宁谧和月光会被戏剧场景取代。在《惊涛骇浪中的一场海难》（1773 年）中，这位法国画家描绘了被咆哮的巨浪击打的嶙峋海岸，幸存者们孤注一掷地抓住那些打滑的石头，渴望逃过一死。一群人围着一个溺水的女人，还有一个女人绝望地高举双臂。一条大船被困在翻腾的巨浪和危险的礁石中，眼看着就要沉没。远处还有两艘船，一艘在海平面上，另一艘距离海岸更近一些，正在呼啸的狂风和电闪雷鸣中朝港口行驶。在被海浪击打的高高的海岬上，一座灯塔成为整个画面中的突出静物，在这个被大自然的洪荒之力击打得七零八落的场景中，它是唯一一个直立的物体。这座坚固的灯塔被顶上的一片蓝天照亮，表达出一种惊人的并置：肆虐的风暴与救赎的希望的并置；黑暗与光明的并置。

韦尔内这幅画的戏剧张力排山倒海，展现了美和恐怖。归根结底，它提醒观者记住上帝和大自然的破坏力与救赎力量，以及人类的渺小无助。然而在这里，海难、海水和灯塔不再单纯是生命面临的种种危险和

《惊涛骇浪中的一场海难》（*A Shipwreck in Stormy Seas*），克洛德－约瑟夫·韦尔内，1773 年，布面油画

上帝之手的隐喻；相反，它们是可以在其戏剧张力中被感知到的实实在在的存在——在最表面和最内在的意义上都是如此。在从马赛乘船前往罗马的一次航行中，据说韦尔内本人不顾船员们的劝阻和警告，请人把自己绑在主桅上。在那里，“他随着桅杆一起向四面摇荡，始终席卷在巨浪中，亲眼见证了怒海的威力”[5]。

韦尔内所做的这个感官实验，很像当时不列颠的伟大旅行家们在荒凉的阿尔卑斯山景和火山爆发等惊人的自然现象中寻求崇高的实验。后者的一个令人印象深刻的呈现，就出现在威廉·汉密尔顿爵士所著的《燃烧的原野》（1776 年）的第六幅彩色插图中，他是英国驻那不勒斯王国特使、古文物研究者和火山学家。与韦尔内的画作不同，汉密尔顿的蚀刻画本意是对“大自然的运作”——在这里是指维苏威火山爆发——进行精确的科学阐释。[6] 然而这幅画的构图特点也是极富戏剧性的并置：可怕的火山爆发与安静地映出其倒影的风平浪静的海水；沿着火山锥流下的火红的火山岩浆与在海湾上沉默行驶的小船；火山的剧烈咆哮与大海的静默无声。这里，海港的灯塔对这一切都无动于衷，仍然静静地伫立在前景中。这一次，它标志着地狱般的火山世界与观者的世界之间那道隐形的界线。

如果说火山爆发和猛烈的风暴显示出大自然的破坏力，嶙峋的高地和深沟令人深感惧怕和恐怖，而星光照耀的苍穹传递出一种无限之感，那么广阔无边、千变万化的海洋带给人的，则是对崇高的一种全然不同的体验，或者更像是各种崇高体验的结合。爱尔兰哲学家埃德蒙·伯克（1729—1797）强调说，平原“或许看上去像海洋的景象一样宽阔，但它在我们的心中大概永远无法像海洋本身一样广袤无边”。伯克认为，这有好几个原因，但最主要的原因是，“海洋是极其恐怖的客体”[7]。按照伯克的说法，恐怖与惊骇是崇高感的主要原则，因为它们“以某种程度的可怕”暂停了灵魂的全部活动，如此一来，“心灵就被它的客体全部充满了，无法再念及其他任何事物”。伯克指出，这就“产生了崇高的伟力，崇高非但不是由理性产生，反而先于我们的理性，并以一种势不可挡的力量催促着我们”[8]。

伯克当然不是唯一一个赞美海洋之崇高的人。“为何看到大海总会带给人无限而永恒的满足？”一个世纪后，夏尔·波德莱尔问道。“因

1767 年 10 月 20 日从那不勒斯的防波堤上看到的维苏威火山爆发的景象，摘自威廉 · 汉密尔顿爵士《燃烧的原野》（*Campi Phlegraei*, 1776 年）

为大海既无限浩瀚，又充满动感。”[9]正是它流动多变的性质，让大海的意象在整个 19 世纪广泛传播，变得如此大受欢迎，那正是政治动荡、思想剧变、工业革命的时代。对现代人而言，“要说凡俗人生的挣扎与痛苦只是至福永生的前奏，大概已经不那么可信了，相反，他们更愿意相信现实永远都在变化、运动，是无常和短暂的——恰如大海本身——是一个液化的世界”[10]。

如果说在 18 世纪，海上灾难的场景满足了人们对大自然力量引起的崇高刺激的新需求，事实上它们却只是为艾沙姆所谓的“海洋情感的巨浪”做好了铺垫，后者是对大海的浪漫主义看法，认为它是“生与死、快乐与无限、宁谧与恐怖的永恒源泉”，也是浪漫主义独有的对永恒以及像液体一样融入浩瀚宇宙的感知。[11]这样一道巨浪将席卷整个 19 世纪的欧洲和北美——也正是它吸引着梅尔维尔笔下的纽约人成群地拥向大海的边缘。

远处的灯光

那些常常受到吸引拥向大海边缘的人就包括约瑟夫·玛罗德·威廉·特纳（1775—1851），他是史上最伟大的海洋艺术家之一，也是英国的“用光大师”。特纳对海洋情有独钟。它巨大的威力、多变的性情，尤其是它变幻莫测的大气效果都令他着迷。据说他也曾效仿韦尔内，请人把自己绑在船桅上见证了海风的威力。不过，这位英国艺术家也同样痴迷于当时已经开始在不列颠和欧洲各处海岸普及的现代基础设施——

最令他痴迷的，当数灯塔。从 1790 年代到 1840 年代，他创作了不计其数的速写、素描、水彩画、油画和铜版画，再现了在各种天气和大气条件下的英国、法国和意大利灯塔。[12]

与 18 世纪绘画作品中灰色的意大利灯塔不同，特纳笔下的灯塔不是被动的阈限标记或无动于衷的海难见证者。它们不是场景中微不足道的存在。相反，它们是那些画作的正题和活跃的主角。在《贝尔岩石灯塔》(*Bell Rock Lighthouse*, 1819 年）中，这座气势恢宏的锥形岩石灯塔是构图的焦点。肆虐的海风和如山的巨浪倾尽全力拍打着它光滑的外墙，激起的浪花已经溅到了建筑物的顶端。近处与远处的帆船在狂风和怒海中挣扎，此时，阴沉的乌云遮天蔽日。大自然显出凶猛之势。与现代灯塔那光鲜的双曲线形状同时呈现在构图中，它的威力一目了然。

这幅水彩画起初是受土木工程师和灯塔建造人罗伯特·史蒂文森的委托创作的，被用作后者的《贝尔岩石灯塔纪事》(*Account of the Bell Rock Light-house*, 1824 年）一书的卷首插图。这座苏格兰灯塔位于阿布罗斯①西南方向的安格斯海岸对面一处半沉没的礁石上，是史蒂文森最骄傲的杰作，也是 19 世纪初期伟大的工程成就之一。灯塔建造耗时三年，其间利用最新和最具革命性的建筑方法克服了不少巨大难题。特纳从未到过贝尔岩石。他创作的这幅水彩画可能是以其他速写画以及他自己对海风的亲身体验为基础，也可能受到了史蒂文森自己的生动描写的启发：

---

① 阿布罗斯（Arbroath），苏格兰安格斯一城镇，曾是敕许自治都市，位于北海沿岸，其渔港是苏格兰规模较大的渔港之一。

> 铿锵与喧嚣之声，海浪的骚动与喧哗，永不停歇。海水以最惊人的方式掀起高出岩石70英尺的巨浪，在垂直方向耗尽能量之后倾泻而下，泡沫积聚在灯塔地基周围，与此同时，还有很大一部分飞沫看起来似乎附着在建筑物表面，它的各个侧面逐渐积起白雪般的浮渣。有些巨浪在到达灯塔之前就碎裂了，拍打在岩石上；还有一些撞向它的地基，从西侧环抱起它的外壁，剧烈的碰撞将漩涡搅打成最狂乱的泡沫。[13]

在特纳的艺术再现中，白色的灯塔伫立在巨浪中，细节极其清晰：它的墙壁和廊道被激起的水花冲刷，它点灯的圆顶升起白烟，它的风向标朝着大风的方向摇摆。观者看到这座英勇的高塔坚韧地抵御着怒海的

《贝尔岩石灯塔》，J.M.W. 特纳，1819年，纸上水彩和水粉画，将干粉彩刮除

侵袭，定会跟它产生共情。

然而在他后期的画作中，细节渐渐消失在让特纳闻名遐迩的大气效果中。一个又一个十年过去，他笔下有形的世界失去了边界和轮廓。光不再照亮大自然，反而使自然消失了。[14] 灯塔从英勇壮观的建筑变成了在远处的海平面上闪烁微光的点。然而它们仍然发挥着举足轻重的作用。詹姆斯·珀登指出，灯塔在特纳的画作中的作用，实际上“与它们对行驶在大海上的海员们发挥的作用大致相同：围绕着一个相对较高的视点构成一个空间场域”[15]。

一个明显的例子就是《朗希普斯灯塔，兰兹角》（*Longships Lighthouse, Land's End*，约1834—1835年），约翰·拉斯金①在他的《现代画家》（*Modern Painters*，1843年）中谈论了这幅画所创造的昏暗氛围：“不是依靠色彩的强度，而是依靠其所标记的巨大空间和深度。”这位英国艺术评论家同样强调了这幅画中的海水元素：“整个大海表面毫无秩序，带着巨大的混沌之力跳跃、碰撞和盘绕着。”[16] 大自然的动能产生了一股破坏力巨大的旋风，导致“浪花、光和动态的一种抽象呈现”[17]。然而这不仅仅是印象主义的抽象，而是仔细观察和亲身沉浸在大风中的结果。正如拉斯金犀利地指出的那样，在这里，“我们发现科学观察和完全了解大自然是极端必要的……我们看到暮色中无雨的云，包裹着岸边的悬崖，但什么也没有遮挡住，昏暗中，每一根线条都纤毫毕现”[18]。在

---

① 约翰·拉斯金（John Ruskin，1819—1900），英国维多利亚时代重要的艺术评论家之一，也是英国艺术与工艺美术运动的发起人之一。他写作的题材涵盖从地质到建筑、从神话到鸟类学、从文学到教育、从园艺学到政治经济学，包罗万象。

《朗希普斯灯塔，兰兹角》，J.M.W. 特纳，约 1834—1835 年，水彩和水粉画，刮痕为艺术家本人所做

远处几乎看不到的地方，朗希普斯发出的微弱的光与构图另一侧包裹着悬崖的光和浪花的漩涡，或者前景中岸上彻底被毁的船只残骸构成了某种对立。“虽然只是依稀可辨，但灯塔才是整个画作稳固的中心点。”[19]

与其截然不同的是克里斯蒂安·摩根斯顿①的超现实主义画作《月夜黑尔戈兰岛》(*Helgoland im Mondlicht*, 1851 年)。在这里，一座遗世独立的灯塔发出的暖光成为冲破云层、照亮山崖与海平面的一轮灿烂满月的对照物。与特纳的画作相反，这座灯塔与月亮一起成为画面中最显眼的特征，其金黄色的灯光显然刺破了夜的昏暗。细节极尽完备，几乎

① 克里斯蒂安·摩根斯顿（Christian Morgenstern，1805—1867），德国风景画家，被视为德国早期现实主义绘画的先驱人物之一。

《月夜黑尔戈兰岛》，克里斯蒂安·摩根斯顿，1851 年，布面油画

触手可及。在悬崖边缘，两个很小的黑色人影试图抬起一个乘船失事的人，其时咆哮的巨浪正猛力拍打着岩石。他们微小的轮廓有助于传递一种尺度感，让观者了解德国“陆地尽头”的这一戏剧化场景是多么震撼。正如在特纳的《朗希普斯灯塔，兰兹角》中一样，这里最重要的不是灯塔这座实体建筑，而是它作为信标的功能。

到 1850 年代，远方的灯光已经成为英国和欧洲沿海普遍的夜间景观。1851 年在多佛尔度蜜月期间，马修·阿诺德写了一首诗，描述了他在一个静夜里从面向英吉利海峡的一扇窗眺望对岸闪烁的微光：

今晚的大海浪静风恬

风暴中的莫罗岛灯塔，2019 年

潮已涨满，海峡的上方
月华如练；在法兰西海岸，灯光明灭
闪烁；英格兰沿岸的山崖
微光隐现，继而消失在宁静无边的港湾。[20]

读者于是受邀感受晚风的清凉，倾听海浪的呼吸。在远处的法兰西沿岸，灯光有节奏地明灭闪烁着，似乎在附和海浪“震颤的节奏”和它们“永恒的悲伤音符”。此情此景最终使得诗人开始思索，他们夫妇即将开启的这段新的人生旅程又将遭遇怎样多舛的未来。[21] 读者在这里感受到的不是大自然的排山倒海之势或无垠的广阔空间，而是一种忧郁的无常之叹。灯塔那微弱的灯光标志着时间而非空间；标志着永恒而非无限。

如今，对永恒和自然界激烈碰撞的沉思并没有停息。海洋的崇高有了全然不同的表现形式，继续影响着当代灯塔摄影的美学标准。在这些不朽的作品中，灯塔作为大自然发生惊人剧烈碰撞的所在在怒海中永生，在那里，巨浪释放出全部的潜力和原始的雄浑壮烈。有时候，它们的暖光透过云层的旋涡和水雾照射过来，又被广角透镜和长时间曝光放大了；另一些时候，它们在月光下，抑或在满天星光的无限宇宙中执着地发出自己的亮光。还有一些时候，它只是广袤景观中的一个点。然而其效果与 19 世纪那些表现海洋崇高的大师所追求的别无二致：超脱凡俗，以不可阻挡的力量催促我们继续向前。

德行与疯狂

最有名的灯塔照片之一，当数让·吉夏尔的获奖摄影作品《风暴中的拉朱蒙灯塔及其守护人泰奥多尔·马尔戈纳》（1989 年）。它没有展示出灯塔本身的太多样貌（只能看到基底），却十分有力地抓住了灯塔的形象（及其所勾起的“灯塔的概念”），令人无法抗拒。这幅照片拍摄的是与法国西北海岸隔海相望的拉朱蒙灯塔，就在布列塔尼附近。灯塔守护人泰奥多尔·马尔戈纳（出现在照片中）听到直升机的声音，决定查看一下是不是救援人员到了，却发现那是一架媒体直升机，是来从空中拍摄海上风暴的。守护人起初没有注意到巨浪正朝灯塔击打过来。然而他很快意识到了即将到来的危险，就在海浪将他吞噬之前把恶魔关在了门外。

与摩根斯顿的画作一样，吉夏尔的摄影作品也用微小的人体来表现一种史诗般的尺度感和大自然的壮观。守护人站在灯塔的门口——也是（字面意义上的）生死之界。然而在这里，他却构成了画面的焦点，包裹着他的白色泡沫像一个即将吞掉他的巨大漩涡。作为表达海洋之崇高的当代标志性作品，这张照片还令人想起那些代表孤独和危险的原型形象，这些形象通常让人联想起灯塔守护人及其利他主义使命：不惜居住在荒凉孤单的人世边缘，矢志救人的使命。

在浪漫主义的世纪，尤其是在维多利亚时代的文学中，孤独的灯塔守护人总是被当成利他主义和道德行为的楷模。他的生活方式和性情被比作他的中世纪先辈们，那些曾经守护过不列颠群岛诸灯塔的隐士和修士。“守护人的生活往往十分单调乏味。”1870 年代末，达文波特·亚

《风暴中的拉朱蒙灯塔及其守护人泰奥多尔·马尔戈纳》，让·吉夏尔摄影作品，1989 年

当斯写道。然而，他接着说：

> 一想到这样的生活是为了一种崇高而神圣的使命，他们一定欣喜若狂。它有一种英雄主义的简朴——全然与平庸世俗的目标和日常世界的关怀无关；此外，它还带有一种清苦禁欲的恒常性，让人想起圣人和隐士曾经在石窟和洞穴里过的那种生活。[22]

服从、严守纪律和时刻警觉都是守护人的修道美德，此外还有节制、勤勉、诚实以及维多利亚时代“始终保持清洁的习惯”。与隐士一样，守护人也必须克服对世界的好奇和种种诱惑，专注于他自己重复乏味却救人性命的任务——保持灯火通明。“无论外面的世界发生着什么，他永远有使命在身，看似简单易行，却需要他恪守道德操守以及规律地训练，每天落日时点亮灯塔，让它们整晚保持通明，直到太阳再次升起。”[23]

在维多利亚时代的记录中，守护人的德行被海洋的崇高放大了。“一座孤塔被汹涌的海水包围，它警示性的灯光在暗夜中闪烁，英勇的人们接连好几个小时紧张地关注着，生怕它的灯光暗淡或熄灭，这种观念本身就有一种十分浪漫的情愫。”达文波特·亚当斯强调说。[24] 勇敢的守护人不顾生命危险日复一日地完成使命，甚至在船只失事时前去救援的故事，与韦尔内或特纳认为值得入画的戏剧化场景和大自然的碰撞挣扎交织在一起。由于其非同一般的性别角色逆转，这类故事中最著名、最广为传颂的，无疑是朗斯通斯灯塔守护人 23 岁的女儿、英格兰海岸无与伦比的女英雄格蕾丝·达林的故事。

1838 年 9 月 6 日，载着 63 人的“福法尔郡号”轮船在诺森伯兰的霍克斯礁上搁浅了，失事地点距离灯塔一英里。格蕾丝和父亲注意到了船只发出的遇险呼救信号，立即冒着海上的大风，划着小船竭尽全力向失事的船驶去。“形势危急，巨浪每时每刻都有可能将他们吞没，但他们仍然在海上奋力前行”，去解救紧紧地贴附在遇难船上等待救援的那九个人。[25] 此景不久就被当地海景画家约翰·威尔逊·卡迈克尔和亨利·皮利·帕克永远地记录下来，它们又被复制成无数版画和讲述这个故事的印刷品，并出现在纪念乐谱和其他纪念品的封面上。[26] 在这些作品中，格蕾丝奋不顾身地与巨浪搏斗，她的目光紧盯着即将沉没的船只和海平面。远处，被滚滚波涛拍打的山崖高耸，坚固的灯塔闪烁着微光。

可惜在她的英勇事迹短短四年后，格蕾丝就死于肺结核。向她致敬的作品不计其数，英国浪漫主义的先驱人物之一威廉·华兹华斯（1770—1850）也为她创作了一首悼亡诗。他的诗歌的主要主题，是格蕾丝的忠心和虔诚让“上帝的慈悲得以实现”。她被描述为刚毅和纯洁的“耀眼”模范，诗人把这些与她在怒海上奋力划船的生动描述并置起来：

两人奋力向前划去，各握一支船桨——
他们争先恐后，目标却一样
躲开这个，跨过那个，他们眼见
浪涛越来越大，相互交叉
破碎，再重新积聚力量；
仿佛大海的愤怒和悲伤

“1838 年 9 月 7 日清晨，格蕾丝·达林和父亲一起，英勇地救起了‘福法尔郡号’轮船幸存的乘客和海员”，T. L. 利奇仿约翰·威尔逊·卡迈克尔，1838 年，彩色平版印刷品

被万能的上帝默许延长

那个女人的果敢与坚强——经历了这般考验，如此证明——

将绽放出越来越耀眼的光！

据说格蕾丝带着“一种真挚单纯的快乐”接受了她被赋予的一切荣誉，那“让她看上去更美，也更讨人喜欢了”。然而，这个姑娘“喜欢独处的天性”又让她不可能前往大陆直接面对公众。威廉·哈迪说：“让她声名远扬的英勇行为看起来倒让她更加喜爱自己那个与世隔绝的家和她在那里的使命了。”[27]

格蕾丝坚毅和谦卑的性格，一般被归因于她成长的简朴禁欲、离群索居的环境，以及她自幼便与大自然亲密接触。哈迪解释说，格蕾丝出生在班堡①，很小就随父母一起在朗斯通斯生活。“在世界边缘的这个家里，她逐渐熟悉了每一种天气类型；盛夏清风的欢笑与严冬寒风的刺骨一样曾是她的摇篮曲。”[28] 事实上，华兹华斯就把她果敢的个性等同于灯塔本身：

> 一个少女温柔可亲，而当使命召唤，
> 却又如此坚定不屈，正如那岛礁上伫立
> 的灯塔，那是她遗世独立的住所。

大洋彼岸的美国也有一位跟格蕾丝·达林一样的灯塔女英雄艾达·刘易斯（1842—1911），她也因为自己的勇敢和淡泊名利而备受赞美。她位于罗德岛海岸的简朴住所就反映出她的美德。为她拍摄照片的摄影师乔治·道格拉斯·布鲁尔顿说，人们看到刘易斯大无畏的英勇事迹，想象她的灯塔定是那种宏伟庄严的高塔，而事实上，它只是个小小的“毫无诗意的建筑，方形，粉刷成白色，外观完全是美国式的素朴”[29]。住地再度影响了一个人的品格。灯塔让守护人忘却了虚荣和世俗烦忧，正如埃及和巴勒斯坦的沙漠与洞穴曾让早期基督教苦修者们抛弃了一切轻浮的、无关紧要的，因而可能会对他们与上帝结合构成阻碍的东西。

大西洋中这些新的岩石灯塔外表是朴素光滑的白色，造型几乎是极

① 班堡（Bamburgh），英格兰诺森伯兰郡一沿海村庄、民政教区。

简主义的，内部也只有最基本的必需品，尤其直观地表现了那些居住其中甚或建造它们之人的品格。史蒂文森在贝尔岩石灯塔中的临时住所被定性为“满足基本需求”，就像其居住者近乎苦行僧的生活方式。箪食瓢饮无需正常家庭中的所谓“餐桌礼仪”。虽然房间干净整洁，但空间狭小，个人物品也屈指可数。“如果要考察人在这样与世隔绝的状态下还有何抽象的需求，那就只剩下一本书了，”史蒂文森写道，“就是《圣经》，无论是故事惊人的多样性，教条的道德性，还是福音书道出的重要真理，它都是迄今为止最宝贵的财富。”[30]

在詹姆斯·科布的《朗希普斯的守望者》（*The Watchers on the Longships*, 1882年）中，《圣经》不但有象征意义，还有“实用”功能。在一场危险的大风中，灯塔守护者的小女儿站在家里一本厚厚的《圣经》上点亮了灯光，与此同时，她的父亲却被毁船打劫的人囚禁在岸边。这一场景成为整部小说的高潮。基督教美德与戏剧性交织于全书——从一位年轻的卫理公会牧师不顾大多数村民（他们习惯了靠失事的沉船残骸过活）的敌意，准备并建成灯塔，到前者英勇地死去，而后者最终悔悟。书中的情节是根据真实事件改编的，我们在其中看到了善与恶之间，基督教价值观、守护人的诚实与毁船打劫之人邪恶的腐朽、无情之间，当然还有最重要的，光明与黑暗之间自始至终的斗争。

不过，笼罩着19世纪大西洋岩石灯塔的神秘光环，与其说来自它们本身的建筑结构或居住者的德行品格，倒不如说来自它们坐落于荒无人烟的大洋中孑然独立的事实。“人类还从来没有过比这更了不起的住所。”亚当斯在提到斯克里沃阿灯塔时说道，那是史蒂文森在苏格兰凹

詹姆斯·科布《朗希普斯的守望者》（1882 年）中的插图，小玛丽站在《圣经》上点亮灯光

凸不平的海岸对面建造的一座岩石灯塔。“那是巨大的海水荒原上的一座绿洲——是悬在海天之间的一个简陋的避难所。”[31] 作者强调说，灯塔居住者的日常生活处处弥漫着海洋的崇高：

> 大洋愤怒爆发时的波澜壮阔，海水嘶哑的低语，永远在头顶盘旋的各种海鸟的尖叫声，风平浪静时像一面巨大镜子的大海，万里无云的碧空壮阔无边，深蓝色的夜空庄严地沉默，有时繁星灿烂，有时满月生辉——这些从灯塔上看到的全景，有多壮观就有多新奇，哪怕是最迟钝、最懒惰的头脑，也会被触动而陷入思考。[32]

然而，海洋的崇高加上与世隔绝的生活，也会使人绝望，甚至最终陷入疯狂。不出所料，在维多利亚时代的文学中，灯塔守护人自杀或发疯的真实或虚构的故事远远多于讲述其德行的故事。例如，亚当斯就曾讲过一个故事，说的是朗希普斯灯塔的一个守护人在 1862 年的一次暂时性精神错乱中，将一把匕首刺进了自己的胸膛。作者最后说：

> 想来或许也不奇怪，天性易动感情或容易兴奋的人在始终躁动的大海和永远呼啸的大风的影响下，在几近与世隔绝和相对单调的生活状态中，头脑中会升起一种如临深渊的眩晕感，于是理智的控制便开始松动，大脑也就向其间闪过的第一个念头屈服了。[33]

在所有充满血腥暴力的灯塔故事中被讲述得最多的，是与威尔士的彭布罗克郡对望的斯莫斯灯塔的两个守护人的故事。1801 年，两人中的一人在一段极度恶劣的风暴天气中去世了。整整四个月，这座岩石灯塔与大陆完全切断了联系。另一个守护人害怕被指控谋杀，不敢把同伴的尸体扔进海里。由于也不可能把同伴葬在礁石上，他就把尸体放在一个木桶里，并把木桶绑在了灯室廊道的铁栏杆上。很快，灯塔的灯光不亮了。岸上的人们开始担心。他们几次努力前往灯塔，但持续的坏天气把他们的努力全都变成了徒劳。当救援船只最后到达灯塔时，人们发现幸存的那个守护人状态极其可怕。他发疯了，有些报道称，他的头发全白了。[34]

这幅画面很可能是科布在小说中描述的第一个朗希普斯灯塔守护人的灵感来源。在这里，导致此人发疯的原因是一场剧烈的海风中海浪那震耳欲聋的可怕声响：

> 外面的海上一片漆黑，除了灯塔的灯光反射在海面上的那一点微光之外，什么也看不见。而那点微光让他看到了风暴的汹涌，巨浪在他的四周呼啸奔腾，掀起巨大的浪花……当乔丹从旋转楼梯上下来，到达他沉闷阴暗的房间，这个强壮的男人被一阵突然袭来的神秘的恐怖感击垮了……他幻想魔鬼们正在海底残暴地狂欢……他开始神志迷乱：一会儿在自己狭窄的房间里快速而不安地来回踱步，一会儿绝望地扑倒在床上。声响变得更加震耳欲聋，比任何时候都要可怕，他陷入了昏迷。[35]

那个灯塔上的暴风雨之夜彻底改变了这个可怜男人的相貌，以至于认识他的人几乎都认不出他了。“他的面容显出可怜的惊怖之情，空洞的眼神和转动的眼球表明他已经变成了白痴和疯子。”[36] 最惊人的是，他的一头黑发突然间全白了。

惊惧、孤独和妄想偏执狂的主题也是哥特式恐怖小说大师埃德加·爱伦·坡（1809—1849）最后一部作品的基调。故事的场景设在与挪威海岸对望的一座人迹罕至的灯塔上，情节是通过守护人所写的一连串日记展开的，他是一个有志于过隐士生活的贵族男子。这人记录了一场持续的风暴，沉湎于独处与孤独的概念，偶尔会提一句他听到墙里面有回声，最后担心起灯塔建筑的安全，因为它的基底似乎是白垩地层。前三篇日记之后，叙述戛然而止。有人认为这样的结尾是因为坡本人英年早逝。还有人认为这是一部已经完成的作品，最后的空白日记暗示守护人不明不白地突然死去了，至于原因，就留给读者去猜测了。[37]

拉希尔德①的《爱之塔》（*La tour d'amour*, 1899 年）中的故事就更加恐怖怪异了，书中那个灯塔主守护人事实上是一个恋尸狂，把死于船只失事的女人的头发塞进自己的帽子里，还把一个年轻女子的头放进玻璃罐保存起来。一株植物从玻璃罐里长出来，让那颗头颅看上去像美杜莎的头。这个守护人的年轻助手在整修灯塔外立面时看到了这个可怖的景象，他用了好一会儿才搞明白那个女人的头不是窗玻璃映照出的他自

---

① 拉希尔德（Rachilde），法国小说家和剧作家玛格丽特·瓦莱特 – 埃梅里（1860—1953）的笔名和首选身份。拉希尔德是一位象征主义作家，也是与法国世纪末的颓废主义运动有关的文学界最杰出的女性。

己的脸。他这才突然意识到，恐怖和危险并非来自外面汹涌的大海。它们就来自灯塔内部。年轻人本以为那是一座安全的避风港，是文明和理性的象征，事实上却是一个可怕的监狱；或者更确切地说，是“一根指向虚空”、指向没有神的邪恶天堂的“警告的手指”。[38]

灯塔惊魂

维多利亚时代的海难、谋杀、自杀、消失和突然发疯的故事，一直是且至今仍然是恐怖电影的灵感来源，以至于一位评论家曾说：“电影界有一条安全的经验法则，那就是灯塔里准没什么好事发生。”[39] 大多数灯塔电影都基于一个悲观假设，即长期离群索居的生活会致人疯狂。在这些电影中——从早期的悬疑片到当代的恐怖片——灯塔绝不单单是背景或场景。它事实上是一个非常重要的预言灾难发生的角色。小角度拍摄的阴暗灯塔从汹涌的大海中升起，烘托

《灯塔魅影》(*The Phantom Light*，1935 年，迈克尔·鲍威尔执导)

出不祥的氛围和孤独无助的感觉。幽暗封闭的内部也会引发焦虑感并使人迷失方向。通常，正是这些复杂的空间在引导观众进入幽深邪恶的剧情。何以如此？

美国社会心理学家弗朗西斯·麦克安德鲁认为，我们之所以看到这样的空间会感到毛骨悚然、浑身不适，不是因为它们让我们（或者剧中人）明确地感受到了威胁，而是“因为我们不清楚它们是否代表着威胁”。由于接收到模棱两可的信息，不清楚这个地方是否存在危险，我们的心理侦测觉知机制就会进入高度戒备状态，对自然或超自然的邪恶力量就会变得非常警惕。[40]

麦克安德鲁所谈的主要是鬼屋，但同样的原则也可以转而适用于电影中的灯塔。经典实例就是迈克尔·鲍威尔导演的英国犯罪片《灯塔魅影》（1935 年）——用电影学者彼得·哈钦斯的话说，这部电影“在叙事和风格上都为恐怖灯塔电影建立了模板”[41]。影片中的场景是威尔士，但大部分镜头都是在最出色的标志性岩石灯塔埃迪斯通灯塔拍摄的。影片开头，一个新的守护主管来到灯塔，此前的好几个守护人都神秘消失了。悲剧被归咎于某种超自然原因。当地的村民认为灯塔里闹鬼，偶尔会有鬼火出现在海岸上，导致船只失事。新的守护人发现灯塔里除他之外还有两名幸存者。其中一人已经疯了，有一位当地的医生定期来为他诊治。此外还有一名新闻记者和一个漂亮少妇设法住进了灯塔。让他沮丧的是，守护人怀疑他们是布尔什维克特务，正秘密计划炸掉灯塔。

各种麻烦祸患之后，真相大白，鬼火正是当地搞破坏的打劫者所为，那个疯子也没有疯，而是他们的内应。医生事实上策划了这个残忍的计划，而记者是被叫来调查此案的海军官员。至于那个女人的身份就留给观众去猜测了，因为她起初自称是某个通灵协会的成员，希望调查灯塔闹鬼的传说；后来又声称是来躲避警察的女演员，因为有两个崇拜者为她争风吃醋动了刀子；最后又说自己是苏格兰场派来调查打劫者一案的侦探。

打劫者的邪恶计划，以及与世隔绝的岩石灯塔场景，都让人想起科布的《朗希普斯的守望者》，但在这里，暧昧、神秘和阴谋替代了简单直接的二元对立。如果说在科布的小说中，坏人极其恶毒的计划从一开始就昭然若揭，那么在这里，人物的身份始终存疑，阴谋诡计也直到最后一刻才大白于天下。正如哈钦斯所指出的，灯塔的垂直和碎片空间对于这一叙事的构成，以及维持一种悬疑和迷惑感而言至关重要。这座孤零零的灯塔的内部空间是幽闭而支离破碎的。很难在其中转身，“甚至无法将其看成或者理解为一个连贯的空间整体”。造成这种空间不适感的原因，是建筑的垂直性及其不同楼层房间毫无规则的分散性。“这不是一个舒适的完整处所，它杂乱无章、令人不安，一个房间里有个疯子，另一个里面是技术设备，还有不无家庭氛围的居住区域。”[42]

这些空间被一条狭窄的楼梯连接起来，很多情节都是在这里展开的。人物匆忙地跑上跑下，或者藏在楼梯的拐角背后。虽看不见人，但他们的影子反射在墙面上，产生了一种瘆人的感觉和一种悬疑感。进一步强化这些感觉的，是长时间的静默，间或被大海有节奏的声音打断，观众还可以看到旋转的灯光将其断裂的影子投射在无边暗夜中。正如电影历史学家罗宾・路德维格总结的那样，《灯塔魅影》中的人物“居住在这样一个空间里，没有人对他人的忠诚有十足的把握，也无法轻易地区分谁是盟友，谁是仇敌”[43]。

电影《雷霆岩石》（*Thunder Rock*, 1942 年）对灯塔空间的使用则全然不同，这部“二战”电影由罗伊·博尔廷执导，故事场景是密歇根湖上的一座虚构的灯塔，但影片大多是在影棚里拍摄的。电影的主人公戴维·查尔斯顿是灯塔守护人，也是前英国大选报道记者。由于当代社会及其对日益逼近的战争阴影的无知无觉令他感到幻灭，查尔斯顿决定隐居在偏远荒凉的雷霆岩石灯塔，彻底与世隔绝。“我从一个我无能为力的世界中逃出来，试图建起一个我可以改变的世界。”他向一名前来视察灯塔并拜访他的旧日同事倾诉衷肠。

> “哪个世界？”
>
> “一个有人的世界。平凡的普通人。”
>
> “它在哪里？”
>
> “在我的头脑中。”

由一块纪念匾我们得知，这座灯塔就建在 90 年前一个暴风雨之夜的一次沉船事件的原址。受害人全都是来自欧洲的移民。其中包括一个穷苦的工厂工人，为养家糊口被迫加入了淘金的热潮；一个因观点激进而多次被判有罪的原型女性主义者；还有个医生，因为其当时仍充满争议的先驱性疗法而遭到行业的驱逐。

每天傍晚，当太阳沉入海平面，海风开始从孤独的礁石上吹过时，查尔斯顿都会关上门窗。他点亮塔内的灯光，然后坐在桌前，打开遇难船只的航海日志，沉默地翻阅那些不幸乘客的名单。他们的鬼魂开始挤满房间，向这个孤独的守护人说起自己伤痛、逃亡以及未曾实现的梦想的悲伤故事，它们似乎与查尔斯顿本人的境遇有着某种神秘的相似性。这些鬼魂作为他扭曲的想象和矛盾的良心的产物，最终向这名前记者发起挑战，让他重新进入社会。

与《灯塔魅影》不同，在这部影片中，摄像机没有在灯塔迷宫一般的空间中穿梭移动。相反，它固定在这座建筑的一个地点——一层那个朴素的白墙房间，里面有一些基本的家具，一段楼梯和好几扇门。这一简朴的场景再度强化了查尔斯顿主动选择的隔离感。大门偶尔会被鬼魂们打开，让观众看到外面那个寒风凛冽、伸手不见五指的黑夜。

《雷霆岩石》中的灯塔构成了阈限空间的典范，无论在影片中还是在隐喻意义上都构成了"通往另一个时域和主人公内心的门户"[44]。房间内的空间被用于表达情节的非线性叙事，在时空上是断断续续、不连贯的。当鬼魂们开始讲述各自的故事时，门被打开，镜头闪回他们从前的生活。房间里的白墙变成了屏幕，罹难者的影子鲜明地投射在墙上，提醒观众他们本质上是鬼魂。说到底，这个房间（乃至整座灯塔）不过是查尔斯顿的扭曲心灵在物理上的延伸或视觉呈现。

《雷霆岩石》隐含着一种说教功能，还有一个明确的意识形态信息。"它提醒战时的观众不要无动于衷、无所作为，逃避责任、遁世避俗。"[45]查尔斯顿对鬼魂们亲身体验的失败感同身受，与此同时却又被它们的凄凉身世吓到了，最终决定放弃灯塔，继续为自己的事业而战。于是，他恳求鬼魂们离开他的头脑。灯塔的门突然大开，这一次门外是朗朗白日。鬼魂们列队一个一个向主人公道别，最后一次穿过门户，消失在光明中。黑暗被驱散了。

在影片的最后，查尔斯顿从灯塔中走出来，获得了救赎。画面中他身后的背景是开阔的碧蓝天空，一道道白云飞驰而过。灯塔重新获得了它传统的象征意义：“在动荡的时事中指明前路的信标，帮助人们艰难地驶过个人和政治汹涌海水的指路明灯，引导人们安全获得救赎的路标。”[46]

在威廉·迪特尔执导的《珍妮的画像》（*Portrait of Jennie*, 1948 年）中，对时间的迷失感也推动着情节的发展，只不过这一次的结局是悲剧。与《雷霆岩石》不同，在这里，灯塔作为阈限空间的暧昧性完全被用于制造高潮效果。影片开头的场景是曼哈顿的中央公园，穷困潦倒的画家伊本·亚当斯在这里遇到了精灵古怪的小女孩珍妮·阿普尔顿。伊本给她画了一幅素描，后来又来了灵感，打算继续创作一幅珍妮的画像。两人断断续续地碰面。每一次，珍妮看起来都离奇地长大了好多。伊本爱上了这个神秘的小女孩，却又发现她似乎正在经历那些经他查阅发生在很多年前的事情，令他迷惑不已。伊本所画的“陆地尽头灯塔”（Land's End Lighthouse）似乎让她很不安，却又不知道为什么。最终，亚当斯得知，多年前，珍妮死于那座灯塔附近的一场海难。

影片的最后一场是在波士顿附近的格雷夫斯岩石灯塔拍摄的，展开了悲剧结局，以及伊本企图干预的徒劳尝试。在这里，海洋之崇高的狂野力量被用于制造情节的高潮。灯塔黑色的锥体被狂风和巨浪横扫，可

影片《珍妮的画像》（1948 年，威廉 · 迪特尔执导）中波士顿附近的格雷夫斯岩石灯塔

怕的雷雨从黑暗的天空中倾泻而下。导演突然换成了绿色的电影胶片，进一步强化了大风制造的诡异气氛。[47] 伊本进入空无一人的灯塔，爬上旋转楼梯。他从塔顶向外观望，寻找珍妮。突然间万籁俱寂。他发现了她的帆船，冲过去救她，但一切都太迟了。正如珍妮对伊本所说，"时间犯了一个错误"，她被海水吞噬，永远地消失了。只有她的画像留下来，悬挂在一间画廊的墙上。

在迪特尔的电影中，灯塔作为恢宏壮阔的大自然元素的阈限场景，成为生命与死亡之间、现世与永恒之间的门槛。当代恐怖电影广泛地利用这一暧昧条件来制造人对时间和空间的迷失。大多数这类影片都受到了 19 世纪哥特式小说的启发。举例而言，本杰明 · 库珀的超自然悬疑片《埃德加 · 爱伦 · 坡的灯塔守护人》（*Edgar Allan Poe's Lighthouse*

Keeper, 2016 年）大体上是根据爱伦·坡未完成的短篇小说改编的。在这里，主人公是个陷入孤立困境的年轻人，独自在一片偏远的海滩上醒来，完全处于失忆状态。嶙峋峭壁上有一座孤零零的灯塔，一个粗俗无礼的守护人住在那里，是这个半岛上唯一的居民。他对流落到此处的幸存者说："灯塔是警示，不是邀请。"年轻人时而会瞥见一个美丽的女人（守护人妻子的鬼魂）从眼前一闪而过，还有骇人的活物在黑暗中影影绰绰。夜幕降临，它们从黑暗而神秘的洞穴和灯塔的白垩地基深处出来活动，让年轻人惊惧异常的是，那一切会让整座灯塔时而摇摇欲坠。

在库珀的电影中，灯塔不再是坚定不屈地抵御风暴和怒海之暴力的标志性坚固高塔，而变成了基础不甚牢固的怪异的哥特式小屋。表面看来平静而明亮，底下却暗藏着可怕的魔鬼，整个景观包含着人类的理性与心灵幽暗空间的二元性。日子一天天过去，也许几个月过去了——我们不知道。让一切更加复杂的是，影片的结尾与开头一模一样。在一场风暴中逃离半岛的流亡者不安地发现自己再度来到了同一处海滩，丧失了意识。他缓慢地睁眼醒来。神秘女人再度出现。噩梦重新开始，他仿佛进入了一个被诅咒的循环。

在克里斯·克劳的《灯塔》（*The Lighthouse*, 2016 年）中，对时间的迷失感是通过电影令人难以忍受的慢节奏来实现的。这是对著名的1801 年斯莫斯灯塔悲剧的冷酷而恐怖的改编，克劳重述了两个灯塔守护人的故事，他们被困在怒海中摇摇欲坠的木头灯塔中一连数月。海风肆虐，他们根本没有希望逃出生天。"我们是这广袤幽深的黑暗中唯一的光。我们无论生死，都要保证在海上航行之人的安全。"老守护人如此鼓励他的

《埃德加·爱伦·坡的灯塔守护人》（2016年，本杰明·库珀执导）

年轻同事。然而守护灯塔能够帮助他人，却无法帮助守护者自己。

不知多少个日夜在无边的黑暗中过去了。影片的大部分叙事都是在两个守护人肮脏住处的黑暗幽闭的空间里展开的。只有那嘎吱嘎吱的声响提醒观众：门外就是汹涌澎湃的大海。一场心理剧就在这样的强制监禁中上演。渐渐地，影片揭示出，两人都被痛悔的个人悲剧故事折磨，正是那些悲剧导致他们自我隔离，来到这陆地尽头的一隅。他们的态度截然对立，一个是顽固的无神论者，另一个是虔诚的基督教徒，这导致他们之间的紧张关系愈演愈烈，就在风暴降临的那一晚爆发了。灯塔变成了通往备受折磨的人类良知的门户，它黑暗幽闭的空间与人关于来生的抽象愿景交替出现。无神论的老守护人最终自杀了。海风继续肆虐，另一个守护人听到有人在敲窗户。他看到一只胳膊出现在窗户后面。那是他同伴可怕的尸体，从廊道上悬吊下来，受海风的推力，拍打着窗户。

被困在世界尽头的岩石灯塔中的守护人这一传统主题，也是罗伯特·埃格斯那部同样取名为《灯塔》（*The Lighthouse*, 2019 年）的黑白电影的情节主线。该片场景设置在 1890 年代与缅因州隔海对望的一座灯塔，实际上是在新斯科舍的一个风暴肆虐的海角拍摄的，当地还特意为该片的拍摄建造了一座配有可用的菲涅耳透镜的灯塔。与克劳的电影一样，埃格斯的心理悬疑片讲述的也是人类与充满破坏力的大自然互动的故事，也一样探索了人类自我毁灭的力量。具体来说，这是一个关于执念与疯狂的故事，长时间被迫与世隔绝最终变成了幻觉，并逐渐剥夺了人的身份感。

在克劳的影片中，守护人的幻觉完全是抽象的，大多是在风暴的暗夜中出现一道裂缝，透进一道令人目眩的来自另一个世界的光；而在埃格斯的电影中，那些幻觉是可以感知、可以表达的，令人深感不安。它们连带着一整套复杂的典故，包括海洋传说、经典神话、弗洛伊德心理分析和象征派绘画等。美人鱼、巨大的触角，还有超自然变形物逼真地出现在屏幕上，融入了灯塔守护者那个清苦而严苛的黑白世界，以至于观众已经很难区分想象与现实。

埃格斯的叙事主线是普罗米修斯主题，因为守护者助手被上司禁止接触灯光，就企图“盗”光。当海风肆虐，两人开始喝酒，过往逐渐出现在眼前，疯狂占据上风。起初那种末日将近的氛围不知不觉变成了一种奇怪的、梦境一般的催眠状态。正如在库珀和克劳的电影中一样，时间感消失了。两个守护人的身份混淆并最终解体，难分彼此。“我很可能是你想象出来的存在。”守护主管对他的助手说。“这座礁石是你想象

威廉·达佛与罗伯特·帕丁森主演的电影《灯塔》（2019年，罗伯特·埃格斯执导）

出来的存在。”守护人助手最后活埋了上司，总算接触到了被禁的灯光。然而和普罗米修斯一样，一旦接触到灯光并了解了灯光的内容，他就也被诅咒了，定将永远受罚。影片的最后一个镜头捕捉到了他裸露在海滩上的尸体，饥饿的海鸥正在啄食他的器官。

这部影片选取非同寻常的老式1.19∶1的高宽比，进一步增强了被监禁在孤岛灯塔中的那种局促而幽闭的氛围。这样一来，视野极度受限；两个人看上去被挤在一起；观众在字面意义上被“束缚”在场景中无以逃遁。声音也增强了这样的氛围。由于观众与两位主人公一起被困在礁石上，一直都能听到远方响起低沉的雾号声（渡轮的雾号或许意味着免除了两个守护人的义务），那种超现实声音的海市蜃楼能唤起人们的很多记忆。

更加戏剧化的是，两个守护人的住处映照出他们内心日益瓦解的状态，当风暴临近，两人丧失理智，他们曾被授权“守护”的空间被不受控制的野蛮本能控制了。在两人的暴力对峙中，瓷器和家具都被砸得粉碎。一个巨浪穿过窗户淹没了房间。风暴平息，新一天的晨曦让我们看到的是遭到破坏的一派混乱景象。整座灯塔天翻地覆，正如两个男人破碎的心灵——这是对他们即将发生的悲剧结局的一个生动而戏剧化的预言。

虽说各式各样的灯塔提供了戏剧场景和有力的电影表现手法，但它们也作为人类心理的显性延伸，尤其突出了人类心理的“幽暗空间”，在这一点上表现更为出色。心理学家发现，灯塔作为“理性之光”的形象有助于深入探索“无意识的幽暗深渊”。[48] 然而，建筑在最危险的海水边缘或最汹涌的海上的灯塔也同样象征着被无意识的不可控力量吞噬的危险，那也正是海洋的崇高曾试图激发的力量。或许这就是“心灵的灯塔”巨大的悖论之一。

1 Herman Melville, *Moby-Dick* [1851] (Boston, MA, 1892), p. 8.
2 Ibid.
3 Ibid., p. 9.
4 Howard Isham, *Image of the Sea: Oceanic Consciousness in the Romantic Century* (Oxford, 2004), p. 4.
5 Cited ibid., p. 21.
6 Sachiko Kusukawa, 'Classics from This Journal: Martin Rudwick's "The Emergence of a Visual Language for Geological Science 1760–1840"', *History of Science*, xiv (1976), p. 102.
7 Edmund Burke, *A Philosophical Enquiry into the Origin of our Ideas of the Sublime and the Beautiful* [1757] (London, 1787), p. 97.
8 Ibid., p. 96.
9 Charles Baudelaire, *Intimate Journals* [1887],

trans. Christopher Isherwood (Mineola, NY, 2006), p. 90.

10 Isham, *Image of the Sea*, p. 33.

11 Ibid., p. 324.

12 James Purdon, 'Turner's Lights', in *From the Lighthouse: Interdisciplinary Reflections on Light*, ed. Veronica Strang et al. (London and New York, 2018), p. 99.

13 William Henry Davenport Adams, *Lighthouses and Lightships: A Descriptive and Historical Account of Their Mode of Construction and Organization* (London, 1878), pp. 165–166.

14 Isham, *Image of the Sea*, p. 75.

15 Purdon, 'Turner's Lights', p. 101.

16 John Ruskin, *Modern Painters*, vol. III (London, 1903), pp. 566–567.

17 Isham, *Image of the Sea*, p. 83.

18 Ruskin, *Modern Painters*, vol. III (London, 1856), pp. 403–404.

19 Purdon, 'Turner's Lights', p. 101.

20 Cited in Isham, *Image of the Sea*, p. 267.

21 Ibid., pp. 267–268.

22 Adams, *Lighthouses and Lightships*, p. 278.

23 Ibid., p. 279.

24 Ibid., p. 281.

25 James Burnley, *The Romance of Life Preservation* (London, 1888), p. 80.

26 见 Margaret Adler, 'To the Rescue: Picturing Ida Lewis', *Winterthur Portfolio*, XLVIII (2014), pp. 75–104。

27 William John Hardy, *Lighthouses: Their History and Romance* (London, 1895), pp. 50–51.

28 Ibid., p. 47.

29 引自 Adler, 'To the Rescue', p.88。关于 Ida Lewis，见 Leonore Skomal, *Lighthouse Keeper's Daughter: The Remarkable Story of American Heroine Ida Lewis* (Guilford, ct, 2010) 以及 Elinor De Wire, *Guardians of the Lights: Stories of U.S. Lighthouse Keepers* (Sarasota, fl, 1995)。

30 Stevenson, cited in Adams, *Lighthouses and Lightships*, p. 162.

31 Adams, *Lighthouses and Lightships*, p. 175.

32 Ibid., pp. 178–179.

33 Ibid., p. 287.

34 Hardy, *Lighthouses*, pp. 214–215.

35 James Francis Cobb, *Watchers on the Longships: A Tale of Cornwall in the Last Century* (New York, 1882), pp. 131–132.

36 Ibid., p. 143.

37 Edgar Allan Poe, 'The Lighthouse', in *The Life of Edgar Allan Poe*, ed. George Woodberry, vol. II (Boston and New York, 1909), pp. 397–399.

38 Zdeňka Kalnická, *Water and Women in Past, Present and Future*, vol. III (Philadelphia, pa, 2007), p. 204.

39 Guy Lodge, 'Film Review: "The Lighthouse"', *Variety*, 4 July 2018.

40 Francis McAndrew, 'Houses of Horror', *Aeon*, 21 October 2019.

41 Peter Hutchings, 'The Haunted Lighthouses of Death', in *To the Lighthouse*, ed. Strang et al., p. 224.

42 Ibid.

43 Robyn Ludwig, 'Beacons in the Dark: Lighthouse Iconography in Wartime British Cinema (1941–1942)', www.governmentcheese.ca, 2019 年 8 月 28 日访问。

44 Ibid.

45 Ibid.

46 Ibid.

47 Matthew Brown, *Debussy Redux: The Impact of His Music on Popular Culture* (Indianapolis, in, 2012), p. 57.

48 William Stewart, *Dictionary of Images and Symbols in Counselling* (London and Philadelphia, pa, 1998), p. 254.

4 国力的信标

灯塔标志着海洋的起点和终点。它们伫立在各种自然元素遭遇碰撞和发生实质性变化的边缘，但它们也伫立在国家和民族的边缘，即所谓陆地尽头（*fines terrae*），作为国家的终极前哨和主权的象征。

灯塔共享同一套灯光闪烁和颜色的国际语义编码，与此同时却又骄傲地飘扬着各国的国旗，它们像海洋本身一样，在全球与国家想象之间摇摆不定。文化地理学家菲尔·斯坦伯格说，一方面，深海是自由航行与自由贸易的虚空之地或非领地；而另一方面，近岸海域又是国家领土不可分割的一部分，须遵守该国的法律法规。[1] 心灵的灯塔含混暧昧地悬浮在近岸海域与深海之间。它们模糊了国家观念与普世理想之间清晰的界限。因此，当路易十六的一艘私掠船俘虏了在埃迪斯通建造灯塔的工人，把他们带到法国试图邀功时，据说国王下令立即释放那些工人，并道出了那句名言："他是在与英格兰作战，不是与全人类为敌。"[2]

《自由女神像照亮世界》(《自由女神像揭幕》)，爱德华·莫兰，1886 年，布面油画

灯塔的现代史与全球贸易网络以及帝国扩张和民族自豪的故事紧密地交织在一起。虽说在19世纪海军官员们绘制的陌生的热带海岸线地图上，时常会出现人们熟悉的灯塔，但如今，在非洲大陆各处和全球各地建造的灯塔（许多都沦为形状怪异的废墟）的不同风格，却变成了欧洲人曾经的殖民竞争的见证，并证明灯塔除了助力航海之外，也行使着领土标记的职能。作为文明的象征和现代化的展示，面对着冲刷新兴帝国和民族国家之海岸的滔天巨浪，灯塔在投去光明的同时也彰显着国力，自古以来一直如此。归根结底，灯塔的全球史就是一部人类合作和冲突的历史。

由于它们所处的模棱两可的阈限位置，如今，灯塔仍然扮演着某种地缘政治角色。例如，它们可以扩大海洋区域并有助于争议区域的领土主张合法化。它们可以加强国家的完整性。它们可以被难民和寻求避难者视为国土的延伸。重要的是，在全球危机的黑暗时代，灯塔却再度出现在政治家的讲演中，作为希望和指引的隐喻，着实古怪。

帝国的信标

灯塔的历史与国力，或者更确切地说，与帝国实力密切相关。如果我们画一张从古至今的灯塔地理分布图，就会看到，灯塔发展的巅峰期与第一个和最后一个自称的全球帝国的扩张期是重叠的：延伸到已知世界尽头的罗马帝国，以及太阳永不落下的大英帝国。

这不仅仅是巧合。灯塔传递命令的职责与字面意义上的帝国概念相吻合。“帝国”（empire，源于拉丁语的 *imperium*，意为“绝对统治”）一词在词源上与 *parare* 这个动词有关，后者意为“准备”或“命令”。帝国统治的确意味着一个文明中心强加命令给被视为他者、野蛮和混乱的边缘地带。在古代的罗马世界，这是通过军事征服、土地策略和教化来实现的，同时也包括建设四通八达的道路和航海基础设施。

作为该基础设施的一部分，罗马人在欧洲和地中海沿岸建起了许多灯塔。目前已知的这类灯塔至少有三十多座，但实际建起的灯塔数目可能多得多。它们从帝国的腹地向外延伸——其中有一座就标志着奥斯蒂亚（罗马的主要港口）海港的入口——一直拓展到帝国最边远的殖民地，在那里，它们还肩负着炮楼的功能。如今在多佛尔（杜布里斯港）还能见到这样一座灯塔的废墟，只不过它在中世纪被改作教堂尖塔，进行了大量改造。相反，西班牙北部拉科鲁尼亚的宏伟灯塔埃库莱斯塔如今仍然在行使它最初的功能，享有世上最古老的仍在使用的灯塔的名号。

另外，与现代时期一样，灯塔数目的增加与商业和交流更加频繁有关，后者使得航海安全成为必要条件。然而，罗马人的灯塔不仅仅是功能性的基础设施，也是帝国权威的表达。波伊廷格地图——这是现存的唯一一张 4 世纪罗马帝国道路网地图的中世纪复制品，有七米长——所标示的灯塔在港口的位置，就在罗马和君士坦丁堡的象征物旁边。它们宏伟的外形为都市象征（权杖或宝球，象征着全球统治）增加了帝国特质。城市港口的灯塔的确是实力和威望的象征。它们的灯光不仅照亮了海港入口，建筑它们的本意也是为了让来到帝国的旅人艳羡和惊叹它们的宏伟，这些建筑物中最受瞩目的就是帝国宫殿。[3]

灯塔有力地提醒人们记住建造者的军事和城建功绩。比方说，据说在一次战胜布列塔尼人之后，卡利古拉希望展示自己的实力，就在英吉利海峡沿岸建起了“一座高塔，打算让它的灯光在夜间照亮，为船只指引航向，就像法罗斯灯塔那样”[4]。在帝国的另一端，赫罗狄斯·阿提库斯①在滨海凯撒利亚②建造灯塔来展示他自己的权威，其中之一就是模仿亚历山大的法罗斯灯塔建造的。[5]这些帝国外围的灯塔既是前哨，也是帝国扩张的标志物；既是权力的表达，也是开疆拓土的纪念塔。它们是贾尔迪纳所谓的帝国“政治地形”的象征符号。

灯塔的象征作用通过货币得以传播和加强。例如，塞克斯图斯·庞培③为了显示他在海上的霸权，就命令人们把他的肖像铸在钱币上，是海神尼普顿站在墨西拿灯塔顶上的样子。在其他钱币上也有著名的灯塔高高伫立，俯视着不可一世的罗马舰队。还有些钱币上就显示着灯塔本身，作为商业财富与威望的象征，从西西里到叙利亚的钱币都不乏这样的例子。许多城市的确在钱币上使用自己港口的形象来宣传其重要贸易中心的地位。[6]由于亚历山大港灯塔作为世界奇迹的持久声望，它在这方面尤其受到追捧。好几种亚历山大钱币的一面都刻着法罗斯灯塔，另一面则按照传统，刻着罗马皇帝的头像。

罗马人不是唯一将灯塔作为实力、财富和权威象征的人。亚历山大

---

① 赫罗狄斯·阿提库斯（101—177），希腊执政官、演说家、教师和公益捐助者。

② 位于以色列的古代港口城市，修建于大希律王时期，是重要的早期基督教中心。

③ 塞克斯图斯·庞培（前67—前35），罗马共和国晚期将领，古罗马政治家和军事家格奈乌斯·庞培之子，也被称作小庞培。他是反对后三头同盟的焦点人物。

罗马及其港口的象征物的细节，摘自波伊廷格地图（罗马地图的 12 世纪副本）

的法罗斯灯塔本身是一座精美的纪念塔，有各种雕塑和狮身人面像，最初的设计构想“既是为引导水手们找到海港入口，也是为宣传埃及统治者（即托勒密们）的实力和财富”[7]。中世纪，热那亚灯塔也一样宣传该城邦作为海上强国的威望，威尼斯的圣马可钟塔也是如此。更值得一提的是，法国西部的科尔杜昂灯塔被路易十四加以改造扩建，意在通过它极其奢华富丽的建筑突显法国君主的辉煌成就。[8]

然而帝国的灯塔与这些华丽的高塔不同，它们不是孑然孤立的实力象征，而是实用的全球网络节点。它们有效地连接起各类帝国建设项目，在实际上（通过其建筑本身与灯光）和象征意义上（作为心灵的灯塔）支持帝国扩张。这在罗马帝国时期已经显而易见了，而在19世纪下半叶，伴随着欧洲帝国主义扩张、全球海洋贸易迅速崛起、远洋轮船的投入使

刻有安敦宁·毕尤①和法罗斯灯塔的罗马钱币，半德拉克马②，公元138—161年

① 安敦宁·毕尤（86—161），罗马帝国安敦宁王朝的第四任皇帝，也是“五贤帝”中的第四位，有“忠帝”之称。在他的统治时期，帝国达到全盛顶峰。

② 德拉克马（drachma）是古希腊和现代希腊的货币单位。

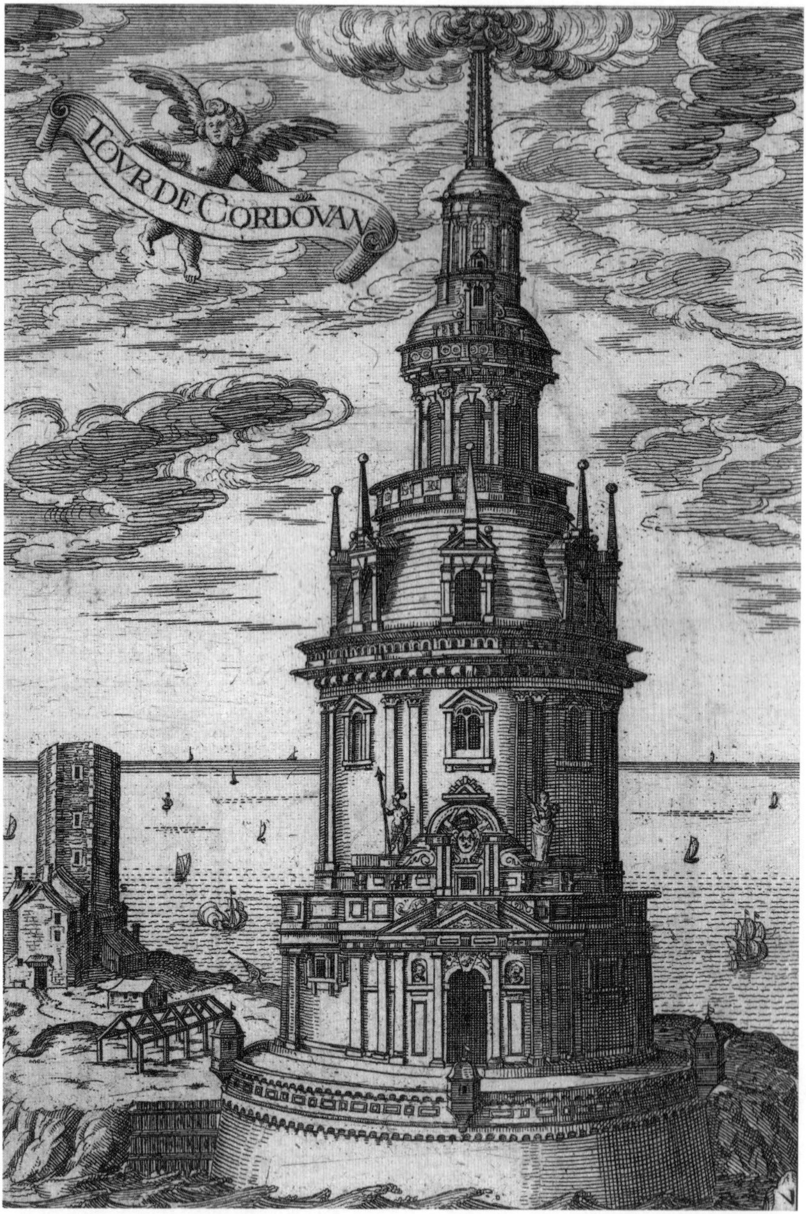

科尔杜昂灯塔，摘自克里斯托弗·尼古拉·塔桑《法国所有主要城市和重要地点的地图和概况》（1636年）

用，灯塔的地理扩张就更是如此。具体而言，英国灯塔建造的主要历史时期与它“作为海上警察和执法者统治世界”在时间上正好重合。[9]

与科尔杜昂和它那些著名的前辈不同，大英帝国的灯塔都有一种功利性、世俗化的美学，去除了所有浮夸的装饰。达文波特·亚当斯强调说，完美的艺术性体现在它们的“古朴简洁和固若金汤，以及［它们］绝妙地实现了被建造时的宏大宗旨”[10]。这些苍劲古朴、魅力超凡的灯塔以橡树的形状为蓝本，以期尽可能减少与各种自然元素的对抗，是进步与现代性的一种表达。这种设计最早由约翰·斯米顿提出并由史蒂文森在整个大英帝国推广，不久，这类光洁优美的标志性形状就被当成了“帝国中心在全球海域打造不列颠殖民大国力量的信标”[11]。

这类帝国信标中有许多的确不过是英伦群岛各海岸周围那些高高的岩石灯塔的放大版复制品，只不过被移植到了遥远的海域。1865 年建于英属印度东部（今缅甸境内）伊洛瓦底江入海口附近的阿尔瓜达礁上的灯塔，据说很像苏格兰的斯克里沃阿灯塔，它就是模仿那座灯塔设计的，只不过建筑尺寸和灯光视程都超过了原版。建造这座灯塔所用的石头，是跨越逾 1930 公里的距离从新加坡附近运来的。[12] 这听起来是很长一段海路，事实上与大英帝国其他灯塔跨越全球的旅程相比不算什么。比方说，与印度最南端隔海相望的大巴斯珊瑚礁上那座灯塔所用的花岗岩，就是在苏格兰采石场采集，锯成嵌入式砖块，走过逾 16 000 公里的海路，途经风暴肆虐的好望角运到那里的。[13]

在其他灯塔的建造过程中，英国工程师及其法国同行转向了预制铁结构。大英帝国的第一座此类建筑是 1841 年安装在牙买加莫兰特角的灯塔。历史学家帕特里克·比弗评价说，这座灯塔“大概是在人们最无法想象的地点建造的，就在伦敦皮姆利科的贝尔格雷夫广场，105 英尺的灯塔拔地而起”[14]。不到三个月后，整座建筑完成了设计、建造、拆卸并用集装箱运到牙买加，然后使用当地劳动力再度在那里竖立起来。1859 年在彭卡罗角建起的新西兰的第一座灯塔也是从英格兰远渡重洋运到那里的铸铁灯塔。同样，法属几内亚的昂方佩迪礁石和新喀里多尼亚的法国港的灯塔也是在巴黎建造，拆卸之后运到南半球的。这类灯塔不仅标记和照亮了帝国的贸易通道，还亲自走过了那些通道。[15]

关于建造这些灯塔的故事也和欧洲的同类灯塔一样遵循着海洋崇高的传统。然而在那些遥远的海岸，一种异国的、陌生的，往往具有破坏力的特质，或者遭遇充满敌意的土著人的情形，放大了其浪漫感。例

法属几内亚的昂方佩迪灯塔，见 W. H. 达文波特·亚当斯《灯塔与灯船》(1870 年)

如，在法属几内亚建造昂方佩迪灯塔时，工人们就随时面临被岩石砸死或被鲨鱼吃掉的危险，据说那些热带海域有很多鲨鱼。“潮水涨落让航行变得非常困难；不止一个人受伤了，不妨说，所有人都在拿他们的生命开玩笑。”[16] 在亚当斯的《灯塔与灯船》（1870 年）中有一幅插图，框架结构的灯塔建筑高高地伫立在危险的岩石上。它的顶端飘扬着三色旗，是法兰西帝国在世界尽头那片海域的终极前哨。

阿尔瓜达礁的情况也好不到哪儿去。“它就位于从加尔各答航行到毛淡棉①和仰光那些繁忙港口的船只必经的航线上，”亚当斯写道，“对水手是个持续的威胁，因为除了最风平浪静的天气，那片海水总是惊涛骇浪，没有一艘被卷入其中的船能够幸免于难。”[17] 的确，正是一艘“苦力”船和船上 286 名乘客的遇难促成了那座宏伟灯塔的建造——与用坚固的石头建成的那座危险的法式“高贵建筑”不同，这是一座“人类与海洋作战的纪念塔”。[18]

文明之光

与母国的灯塔相反，这些坐落在帝国边缘的信标不只照亮海面，它们还担负着另一项职责：将文明之光带到黑暗未开化的帝国外围地区。灯塔本来就是光明与现代性的象征，在帝国主义语境中，它还是欧洲列强所投身的教化使命的隐喻。“在前四分之一个世纪里那些令人惊叹的

① 毛淡棉（Moulmein），旧称“摩棉”，位于仰光东南 300 公里的萨尔温江入海处，是缅甸东南部的贸易与航运重镇。

进步中，灯塔系统首屈一指。”英国地理学家亚历山大·乔治·芬德利在 1861 年写道：

> 在文明和商业所到之处，就有工程师利用这些彰显技能的证据来标记它的进程。看起来极有可能的是，短短几年后，无论航海探险家的商业拓展会把他领向何方，世上每一个让他感兴趣的重要地点都会有那些守护监控器日夜标记；与此同时，整个西欧如今已经被完全照亮，趋于完善了。[19]

按照芬德利的说法，文明的世界就是有灯光的世界。这位地理学家含蓄地将当代西方帝国比作古罗马帝国（欧洲人自认为是罗马人合法的继承者）。他指出，在罗马帝国扩张的时期，灯塔在被征服的国家拔地而起，作为航海技术和帝国实力的标志。多佛尔灯塔和散落在英格兰各处海岸的其他残存灯塔仍然是“古代时期高度文明的众多标记”[20]。在芬德利看来，灯塔是文明和人类进步的有形指标，无论在当时还是 19 世纪都是如此。

芬德利之前和之后的许多人都同意他的观点。1823 年，在大帝国扩张还未开始之前，意大利物理学家乔万尼·阿尔迪尼写道，照亮海洋是普世的而非民族主义的任务。“提海洋自由和统治沿海之类的问题有什么用呢？”他问道，“无论在领海还是公海，一旦有船只在恐怖的海风中挣扎，人类就会诉诸灯塔的大力帮助。”[21]

阿尔迪尼强调说，一直以来，灯塔的这种博爱精神已经成功地在整个欧洲培养起来，如今开始扩散到世界的其他地区，包括俄罗斯帝国那些最危险的海岸。然而这位物理学家指出，灯塔的全球分布一点儿也不均匀。世界上那些文明较不发达的地区，例如南美洲和非洲，尤其缺乏灯塔的照耀。

一个世纪后，同样的普世愿景仍然有效，但迄今灯塔在全球各地的分布仍然不够平等。1913 年刊登在《国家地理》杂志上的一篇文章指出，在海岸提供合适的照明是“所有现代国家应该承担的一项义务”，它不仅惠及提供照明的那个国家的船只，也惠及整个世界。举例而言，古巴最东端的麦西角的灯塔据说就为无数航行到那里的船只提供了十分宝贵的帮助，而其中许多船只绝对不会停靠在古巴港口，世界各地的其他灯塔也都是由各国共同维护的。然而在当时照亮全球各处海岸的 11 600 个灯塔和灯船中，有 8000 个位于欧洲和北美洲海岸线上。非洲只有 500 个，南美洲仅有 300 个。[22]

整个 19 世纪，这些边缘地区的灯塔越来越成为海军军官速写簿上的共同特征，在海岸轮廓图上尤其常见，意在让未来的航海者认出那些不熟悉的海岸。[23] 灯塔高高地耸立在遥远的异国景观中，无论是郁郁葱葱的加勒比海湾，还是寸草不生的大西洋海角，或长着棕榈树和建有光塔的平坦的北非海岸。军官们的远征报告里有灯塔的素描，个人画册中也不乏它们的影子，那些个人画册记录着殖民的进程，也是思乡的慰藉。比方说，在一次穿越印度洋的巡逻航行中驻扎在锡兰之时，海军中将哈里·埃德蒙·埃杰尔就绘制了位于加勒角一座堡垒旁边的一座灯塔的夜景，以及 1860 年为建造福尔角灯塔奠基的场景。

在这两幅水彩画中，灯塔（或者说它的建造地点）是人类居住的少数迹象的一部分，除此之外，那里的热带景观呈现出一派原始之感。在以灰色为主的加勒角画作中，信标的灯光是唯一的亮点，除此之外还有个小小的白色礼拜堂，以及一轮被云遮住一半的冷月。与之相反，福尔角那幅水彩画描绘了一个晴朗的白天的沿海景观。一群身穿官服的人聚集在一个应景搭建的观景台上，顶上飘动着联合王国的国旗。观景台下，在海滩和船上的是身穿白袍的当地人。就算我们只是从船上的视角远观奠基仪式的旁观者，看不到实际奠基的情况，也能够感受到这庄严的一幕和现场的等级秩序。

《月光下的灯塔和加勒角堡垒，锡兰》（*Moonlight Scene of Lighthouse and Fort on Point de Galle, Ceylon*），哈里·埃德蒙·埃杰尔，1855—1860 年，水彩画

《亭可马里的福尔角灯塔奠基仪式，锡兰》(*Laying the First Stone of the Foul Point Lighthouse at Trincomalee, Ceylon*)，哈里·埃德蒙·埃杰尔，1860 年，水彩画

亚当斯在关于灯塔的书中描述了法兰西帝国边缘地带的一个类似的仪式：1865 年新喀里多尼亚的努美阿灯塔落成仪式。亚当斯写道，在当地的神父为该建筑祝福之后，相关人员发表演讲，赞美“伟大工程”的建设让各个民族“以普遍的兄弟之情”团结在一起，“那是上帝为子孙万代所指定和保留的兄弟情”。土著为喜庆的盛况所吸引，也与法国士兵、水手和殖民者同乐。然而，苏格兰人问道，归根结底，

> 他们有没有理解这睿智和高贵的演讲？恐怕没有。但无论对他们还是我们，时代的洪流都滚滚向前……这辉煌的时代也并不遥远；只要是灯塔的光束照亮的地方，商船的白帆就会出现在地平线上，强大的文明之风必会将它们从一个海域推送到另一个海域！[24]

殖民之灯

那些殖民地的土著究竟是如何看待这“文明之光”的？他们对在当地建造灯塔做何反应？在许多地方，现实当然没有亚当斯暗示的那么“光明”。殖民扩张和全球海洋贸易的增加不可避免地意味着更多的海难。在殖民地（和在母国一样），生活在危险海角和礁石附近的土著人口能够利用这种情况牟利。同臭名昭著的康沃尔郡海难打劫者一样，他们认为对他们见不得人的生意而言，灯塔即便不是直接的威胁，也构成了障碍。从北美到加勒比海，从非洲到远东，关于灯塔受到残暴的野蛮人群袭击的报道，以及灯塔守护人被土著海难打劫者收买，或者更常见的，被残忍谋杀（甚至被吃掉）的故事层出不穷。[25]

大概正是这类来自暗黑的偏远世界的恐怖故事启发儒勒·凡尔纳写出了《世界尽头的灯塔》（*The Lighthouse at the End of the World*, 1905年）。这部小说的场景设在帝国灯塔建设的“英雄时期”，是驻扎在阿根廷最南端前哨的勇敢的守护人，以及嗜血成性的海盗“遮蔽”灯塔导致过往船只遇难的故事。这座灯塔坐落在声名狼藉的合恩角附近的斯泰茨岛上，被描述为坚不可摧的土木工程杰作。“石头极为坚硬，由铁制过梁加固，精确地修整并用鸠尾榫接合在一起，[形成了]一道铜墙铁壁，能够抵挡住经常爆发于地球上最大的两个大洋这一最远端的猛烈风暴和可怕飓风。”[26]

作为技术进步和现代性的象征，灯塔为“世界尽头”带去了光明和希望，但它的光芒时而会被人类的邪恶和野蛮所遮蔽。有两个灯塔守护

儒勒·凡尔纳《世界尽头的灯塔》(1905年)扉页插图，乔治·鲁绘

人被海盗杀害了，唯一的一个幸存者靠海盗藏在一个洞穴里的食物维持了几个月，直到通信船返航才获救。

在欧洲殖民列强的某些边远前哨，现实往往堪比凡尔纳的想象，有时甚至更加残酷。瓜达富伊角的情况显然就是这样，那是位于非洲之角①最南端的一个海岬。在苏伊士运河于1869年开通之后，这个海角便成了世界上最繁忙的航海路线之一的路标。它几乎是从地中海驶往印度洋的船只的必经之道（到1924年，平均每天有25艘轮船要绕过这个海角）。[27]然而，瓜达富伊角也是世界上最恶名远扬的航海地点之一。它的名字意为“看见就快逃”，就是16世纪的葡萄牙水手因为此地的危险而生造的词汇。出于同样的原因，这个海角也被阿拉伯水手称为“曼德海峡”，意为“眼泪之门”。

这座海岬高出海平面244米，是一块巨大的黑色石灰岩，顶上是一块粉色大理石，看上去像一头睡狮。在这里，亚丁湾平静的海水与印度洋的巨浪邂逅遭遇，产生了强烈的洋流。夏季，印度洋的海水平均温度要低于亚丁湾。这一热差导致强烈的蒸发。其所产生的大量蒸汽继而形成了低矮的浓雾遮天蔽日，加上频繁发生的沙尘暴，水手们根本看不到海岬。

对于从南方驶来的船只，这样的情况尤其危险，因为在距离海角大约18公里处还有一座海岬（名为“假瓜达富伊角”），形状相似，但海拔更高。在浓雾弥漫的天气，这里常常被误当成真正的瓜达富伊角，造

① 非洲之角（Horn of Africa），有时按照其地理位置，又称东北非洲，作为一个半岛，则又称索马里半岛。

成了数不胜数的海难。于是，意大利作家奥古斯塔·佩里科内·维奥拉在她的《索马里纪事》（*Somali Memoirs*, 1935年）中称瓜达富伊角是“大自然以泰坦之力设置的最可怕的海上关卡之一……真正是轮船的墓园，那些船只的悲惨残骸被严重腐蚀，如今仍漂浮在危险而可怕的暗礁上，是过往无数悲剧的有力见证”[28]。

更糟的是，打劫的土著还在假瓜达富伊角上点亮欺骗的灯光，为的就是误导船只。一本意大利杂志在1888年报道说：

> 当航船在崎岖的海岸上撞毁，岸上的索马里人就像一大群秃鹫那样扑向尸体，争抢它可怜的财物。金属是最受垂涎的猎物，尤其是覆盖船身的黄铜。钉子变身为匕首，或被改造成大托盘，伊斯兰教隐士和沙漠的酋长们用这些托盘托着蜜枣和咖啡来招待宾客。[29]

后来的一篇报道以尖刻挖苦的语气解释了从土著那里购买“显然不是当地制造的”吊椅和香槟瓶有多容易。[30]至于那些不幸的船员和乘客，通常要么被土著杀害了，要么被扣作人质，用来换钱。

1911年，《布里斯班邮报》（*Brisbane Courier*）报道说，有几个船难受害人被打劫的土著吃掉了。迟至1938年，意大利报纸《新闻报》（*La Stampa*）还报道说，当时的索马里人仍然在继续父辈和祖父辈的可怕生意，“那些大陆海盗”直到并不久远的过去还在靠海吃海；“他们所做的一切不过是坐在真假海角之间那段海湾的岩石上，猎物自会送上门来”[31]。

1870 年代，意大利买下了阿萨布湾和紧邻的 66 公里海岸，瓜达富伊角和这些人口变成了意大利的受保护国的一部分。意大利每年向当地的苏丹支付一笔费用，以确保失事的意大利船只及其船员受到保护，但该协议并不一定被遵守。那以后，人们强烈建议有必要建一座灯塔。意大利王国代表古斯塔沃·基耶西称这一工程是“一个伟大的土木和慈善工程，在印度洋狂风巨浪的暗夜里，它将让成百上千的声音和心灵祝福和赞美意大利”。其他人强调说，灯塔还可以“作为一场有效的武装地面行动”确认该地归属于意大利，且“尤其从道德角度看”是一个重要功绩，是意大利致力于文明和进步的崇高目标的有形象征。[32]

然而直到 1889 年，该工程才被提交讨论，直到 1924 年才变成现实。根据美国政治家阿朗佐·巴顿·赫伯恩的说法，之所以有这么久的迟疑和拖延，是因为索马里人总是杀害灯塔守护人，而意大利又无法提供充分的军事保护。[33]瓜达富伊角的首座灯塔以意大利总理弗朗切斯科·克雷斯皮命名，是一座铁塔，从那不勒斯运送到当地，安装仅一年后就遭到100个马吉而延人①的袭击而严重损毁了。意大利守护人也命丧当场。[34]

随后那些年又发生了数次袭击，与苏丹签订的协议仿若一纸空文。然而灯塔仍在行使其职能。由于腐蚀作用，铁塔最终被一座 20 米高的坚固石塔取代，石塔的形状是一捆棍棒外加一把斧子。这是法西斯意大利将自己的光洒向世界的象征，怀抱的希望是这巨大的束棒（*fascio*

① 马吉而延人（Majeerteen）是索马里的主要民族之一，拥有广阔的传统领土，横跨索马里的三个主要地区：巴里、努加尔和穆杜格。

littorio）能够“以明亮的灯光为从东方驶向欧洲的船只指明安全的道路，如此持续千秋万代”[35]。

索马里的瓜达富伊角灯塔，1930 年落成

作为非洲最高的灯塔之一，这座束棒形状的灯塔表达了强有力的讯息。当时的意大利评论家称之为“象征性的束棒，是实现伟大复兴的意大利光明和道德的信标”，是“我们伟大的过去和奇迹般重生的标志”,要么干脆就是“意大利强大的象征”。1930 年 5 月 3 日傍晚落成之后，维奥拉骄傲地记录道：“束棒的灯光照亮了整个世界的条条大路。”[36] 这座灯塔变成了意大利帝国主义野心的象征，因而出现在从 1932 年到 1934 年的一系列纪念邮票中。那些邮票的边框都用束棒装饰，灯塔出现在高耸的海角上，它强烈的双束光芒刺破了夜的黑暗。与罗马钱币一样，这些“日常民族主义”的卑微的纪念物也有助于在意大利及其殖民地建立和扩散帝国意识。[37]

当时的有些评论家甚至强调说，束棒形状的灯塔将可怕的瓜达富伊角变成了高贵的“国家圣坛”。然而事实上，这座海角仍然是一个荒凉悲惨的所在。从 1939 年到 1941 年负责灯塔附属广播电台播报的安东尼奥·卡尔博内写道：

> 那里只有一大段海滩可以欣赏蓝色的印度洋；其余到处是沙丘、贫瘠的地形、沙漠、天和海。当我工作完毕可以离开岗位，我最喜欢的地方就是一座大岩石，从那里伸出一大段海滩。我在那里注视着广袤无边的蓝色大海。我看到海平面上某条过往船只的轮廓，它正向北行驶……我什么时候可以再见格拉齐亚，和她一起沿着那条船行驶的路线回到意大利呢？[38]

还有更加遥远的殖民前哨，不仅是悲惨的所在，也可能转变为可怕的监狱，就是最富有想象力的黑暗小说和恐怖电影中出现的那一种。

东太平洋已经倒塌的克利珀顿灯塔就提醒着人们，过去那个世纪曾经发生了这样一桩可怕的边疆故事。克利珀顿是以 18 世纪一个英国海盗和私掠船船长的名字命名的，是一座六平方公里的无人居住的环状珊瑚礁，位于阿卡普尔科①西南 1080 公里处。第二次世界大战期间的澳大利亚飞行员帕特里克·戈登·泰勒称之为“古怪的孤岛，几乎与海面齐平，就在船只航道的不远处；它注定在经历若干个世纪后突然隆起，一定是为了某种重要的使命，而后就退回到海洋中，被世界遗忘了”[39]。

如今，这座遗世独立的岛屿隶属于法国海外领土，然而在 19 世纪，

---

① 阿卡普尔科（Acapulco），墨西哥太平洋沿岸一港口城市，距墨西哥城约 300 公里。

它也曾被墨西哥和美国据为己有。1906年，不列颠太平洋岛屿公司买下了那里的鸟粪储备专属权，与墨西哥政府协作建立了一个采矿定居点。为强化其本国的领土权利，同一年，墨西哥独裁者波菲里奥·迪亚斯命令在该环礁的最高点安装一座导航信标（在混凝土地基上竖起一座圆形的铸铁灯塔），并为它委派了一个守护人。[40]

被派驻到岛上的还有一支警卫部队及其家人，到1914年，包括妇孺在内的大约100人居住在这个殖民地，每两个月由一艘来自阿卡普尔科的船只补充供给。然而随着墨西哥革命中战斗的不断升级，该卫戍部队的供给被切断了，克利珀顿的居民们也逐渐被世人遗忘。他们中的大多数人都死于坏血病，还有些人有一次看到一艘轮船经过，在奋力划着小船去追赶它寻求帮助时葬身海底。

最后留在岛上的男人是第二个灯塔守护人阿尔瓦雷斯，和他在一起的还有15个女人和孩子。这个壮汉被形容是个“神秘甚至有些阴险的人，他每到夜间就在礁石顶端守护信标，自然跟其他人步调不一，日渐孤立”[41]。守护人后来疯了，恰恰符合最好的（或最糟的）哥特式小说传统。他自称是这座岛屿的“国王”，而后在近两年的时间里强奸和谋杀了一些幸存的妇女儿童，直到他自己被一名受害者杀死。他死后不久，最后的幸存者（包括四名妇女和七个孩子）被一艘美国军舰解救，被安全带回墨西哥，那个早已遗忘了他们的故乡。

1944年，泰勒在他划时代的百慕大—澳大利亚观测飞行的过程中曾在岛上短暂停留，没有看到当时有人居住的迹象，过去留下的人类活动的痕迹却十分明显。克利珀顿灯塔当时仍然伫立在环礁之巅。“灯塔的混凝土基座上停着一只鲱鸟和一只毛茸茸的幼雏，它的毛膨胀着，体积看上去比那只成年鸟还要大一些。”四周都是茫茫大洋，海风呼啸。灯塔建造者的名字仍然依稀可见：“亨利–勒波特公司–巴黎。”它在孤独的岩石上经历了多年雨打风吹。在不远处的一片白色沙滩上，有一个铁制的十字架标记着一座坟墓。泰勒写道：

> 我在岛屿寸草不生的边缘遥望那个荒凉的基座，有种与全世界彻底隔绝的感觉，不明白到底为何有人会被埋葬在这样一个地方。或许那是被匆匆埋在沙滩下面的灯塔守护人的坟墓。那个十字架本是一块厚厚的铁片，如今则锈迹斑斑地挂在那里。有人碰了它一下，就有一片落入沙中，像是在表明世间一切都那么靠不住。[42]

国家的边缘

灯塔不仅仅是殖民扩张的标志和代表。灯塔首先曾经是，至今也仍然是现代民族国家的哨兵。灯塔在实地亲身标记着那些面对大海的国家的领土极限。而在那以前，它们首先在象征意义上标记着国家，或者英国历史学家本尼迪克特·安德森所谓的“想象的共同体”的界限，所谓“想象的共同体”，是指它的成员永远不会相识相遇，甚至从未听说过彼此，却又由一种强烈的内部纽带界定的社群。

安德森强调说，民族国家被想象为与该国家之外的一切相对立的实体。换句话说，它们在想象中天然就是有界限的。就算最大的国家也是“有限的，哪怕是可伸缩的边界，在那边界以外就是其他国家了”[43]。因此，两个民族国家之间的分界线既是边疆，即“与关系、友谊或裂痕有关的外向型区域”，也是界限，即“现代国家的内向型领土极限”。毫不奇怪，这一阈限空间通常是展示实力的地方，有时则充斥着“军事装备，那是国家主权的标志”[44]。

灯塔就伫立在这片阈值空间内，是实际表明和象征民族国家领土的众多装置之一。有时它们顶上飘扬着国旗，有时它们的建筑本身就成为国家的标志。比方说，它们的建筑风格可用于赞美国家遗产的某个特定方面。举例而言，19 世纪的不来梅港灯塔就是北德砖砌哥特式风格，也就是德国北部的大教堂和城堡的风格。如此一来，它会在集体记忆中唤起一种浪漫化的中世纪过往。相反，现代主义灯塔建筑能够证明一个国家的进步和经济财富。换句话说，它们赞美的是国家的现在和将来而非过往。一个例子就是未来主义的吉达灯塔，该灯塔建造之时恰逢 1980 年代末该国塔式建筑蓬勃发展的时期，也包括海港和空港控制塔、通信塔、水塔、钟塔和瞭望塔。这些垂直建筑的价值不仅是功能性的，也具备深刻的象征意义，因为它们代表着沙特阿拉伯走向现代世界的门户。[45]

灯塔之所以能够作为国家标志，大多既与它们的形态有关，也和它们的（往往十分惊人的）阈限环境有关。正如瑞典历史学家斯维克·索林所指出的那样，灯塔通常伫立之地的极端条件强化了那种封闭感，而那正是民族国家这个概念的基础。这些顽强坚忍的哨兵终年忍受着暴风和巨浪的袭击和冲刷，归根结底，它们暗示着“这样一种感觉，那就是在内部，在［这个国家］境内，有一种更温和、更舒适的‘家常’气候”。为赞美这种不辞辛苦抵达乐土的精神，许多灯塔形象和文学（大多都是19世纪浪漫主义的产物）便制造出一种“对源于这些终极国家代表的那种严苛的英雄主义的崇拜”[46]。

无论就实体而言还是在想象中，灯塔都令人安心地标记着国家的边缘。它们是国家的忠实守护者。因此，难怪庞大的灯塔网络的创建、管理和规范，通常都与现代民族国家的兴起密切相关。文化地理学家史蒂夫·米林顿指出，作为可见的领土标记，还有作为监控和控制技术，灯塔是新成立的民族国家的权威和实力的象征。[47]

在美国，统一灯塔网络的发展就是由乔治·华盛顿等领导人亲自发起的。有些灯塔是在殖民地时期建造的，维护它们的责任就落在了单个殖民地的肩上。由于各个殖民地的资金条件大不相同，又没有中央集中协调灯塔的运作，该体系极不可靠。华盛顿认为，整个国家及其灯塔都需要更加团结统一。[48]1789年的《灯塔法案》通过之后，美国各地的信标被交由联邦统一管理。近一个世纪后，该网络又有了一个新成员，那是它最非同寻常也最有象征意义的海岸灯塔：自由女神像。这座巨大的雕塑在1901年前一直由美国灯塔委员会管理，是法国人民送给美国的礼物，意在用它明亮的火炬点亮曼哈顿海岸乃至整个世界。

到1907年，美国政府已经建成了“它自己的包括1495座灯塔和自动化信标以及60艘灯船的网络，联邦政府在其中起到了切实的作用，这是美国国家建设项目的一部分”[49]。六年后，该网络据说覆盖了 75 362 公里的海岸线、河流和航道，相当于绕整个地球近两圈。《国家地理》杂志骄傲地宣称，在这么长的距离中，美国建成了“12 824 个各级别的导航辅助设施，相当于沿赤道每两英里便置放一个这样的设施”[50]。

关于建立国家灯塔网络的叙事大多都有一个重要的“民族之光”主题。在这种意义上，灯塔与其他一系列具有象征意义的信标相伴。例如，肯尼亚在 1960 年代初获得解放之时，当地的登山者们登上了乞力马扎罗山和肯尼亚山，在山顶上点燃了火焰。这两座内陆山脉因此成为巨大的灯塔，向世界宣告了新国家的诞生，并向整个非洲大陆传递出希望的信念。[51]

在许多情况下，独立和国家复兴的光明都与暗示（或明确表示的）外国占领的黑暗形成了鲜明的对比。举例而言，希腊国家灯塔网络是在 1820 年代末建立的，当时希腊正在摆脱奥斯曼帝国的统治。根据希腊口头传统，第一座灯塔于 1827 年建在雅典附近的埃伊纳岛上，那年爱奥尼斯·卡波季斯第亚斯（希腊第一任国家元首）宣布雅典为新解放的国家的首都。据说两年后，是卡波季斯第亚斯本人第一次点亮了塔上的灯光。[52]

1887 年，新王国成立了一个特别的灯塔委员会，旨在对整个希腊应该设立灯塔的航线做出规定。到 1895 年，希腊已经有 69 座正常运作的灯塔，两年后增加到 97 座。在 1912 年第一次巴尔干战争开始之前，有近 150 座灯塔在该国运作。随后几年中，其数量继续增加，以至于该灯塔网络的创始人之一斯蒂利亚诺斯·利库迪斯称希腊为“一盏巨大的枝形吊灯”[53]。但照亮海洋并不是希腊灯塔的唯一功能。直到最近的自动化之前，灯塔守护人都有一项任务是在灯塔范围内升降国旗，在面对凶险的安纳托利亚海岸的那些岛屿上尤其如此。

虽然它们象征着主权和独立，但 19 世纪末的灯塔很少是由它们所照亮的国家制造的。具有讽刺意味的是，它们往往是殖民时代的遗产，或过往政权的遗留物。希腊的古老灯塔被从奥斯曼帝国和（1815 年至 1864 年统治伊奥尼亚群岛的）英国那里接管，而新的石灯塔则主要由法国制造。同样，当日本决定追随西式工业发展道路并改善其沿海的照明时，也邀请了法国和英国的工程师前来提供协助。在东京教学的英国教授巴兹尔·霍尔·张伯伦在 1891 年指出："可以这么说，日本在这方面认真学习了十二三年，在那以后，英裔灯塔守护人和大多数其他外国雇员都被解雇了。"

> 然而尽管在 1880 年前后裁减了外国人员，且在 1884 年受到爱国请愿者的强烈敦促，要求其割断所有外国影响，建造只考虑本土航运需求的灯塔，政府却明智地拒绝了这种军国主义政策。灯塔守护人的职责仍然与以往一样，遵循苏格兰北方灯塔委员会的指导。在日本灯塔中使用的大部分反射折射器件仍然是从法国进口的，只不过时钟和其他机械设备已经换成了日本制造。[54]

在 19 世纪余下的时间里，西式灯塔成为日本和亚洲远东沿海地区的常见特征。它们出现在明治时期（1868—1912）的木版画上，作为优美的地标，是被樱花、海松或竹子环绕的标志性景观。远东的西式灯塔也出现在 20 世纪的电影中，例如日本电影《悲欢岁月》（*Times of Joy and Sorrow*, 1957 年）就是在全日本 11 座不同的灯塔实地拍摄的，还有具有浓厚爱国主义色彩的朝鲜电影《灯塔》（*Lighthouse*, 1983 年）。

这部朝鲜电影生动地将灯塔转化成了对国家和领袖忠诚的隐喻。电影《灯塔》的故事发生在战后的朝鲜，讲述了孩童时期就被日本人绑架、整个成年早期被关押在一个与世隔绝的岩石小岛上的仲达的故事，岛上有一座灯塔。他受尽了屈辱和虐待，甚至酷刑，随着日本占领的结束，他总算离开了那座牢笼，踏上了文明世界。他原本打算在大陆上开始新的生活，但当他无意中从金日成将军手下的一名军官那里得知，他的灯

朝鲜电影《灯塔》（1983 年，金春植执导）

塔曾经指引将军从战场凯旋的道路时，仲达深受感动，决定重返那个荒凉的小岛，继续履行旧日的职责。

"我忘不了和将军一同凯旋归国时那一盏迎接我们的灯光。我们那么思念故乡。将军说：'那就是故乡的灯光。我们就是为了那盏灯光，走过了这条艰难的浴血奋战之路。'听了他的话，我们在心中默默地流泪。那灯光看起来就像我们已经故去的父母兄弟的目光。"……

"将军就是沿着那条航道回国的吗？"

"是的，他就是看着你那座灯塔上的灯光回国的……你是在这个解放的国家里第一个迎接我们的人。"

"我还以为我的工作微不足道呢。没想到我曾照亮了他的航道。"……

"不要哭。如今那座灯塔已经属于我们自己的国家了。"

竞赛之灯

作为政治权力的象征和战略基础设施的组成部分，灯塔常常会沦为冲突的受害者。例如，法国大革命爆发时，华丽的科尔杜昂灯塔就变成了怀有反君主主义情绪的民众攻击的目标。其内部装饰的国王胸像被砸得粉碎，整个建筑也遭到了破坏。在德国占领希腊和其他欧洲领土期间，许多灯塔被纳粹摧毁，这一次是为了军事目的，而不仅仅是象征性的。在 1940 年希腊灯塔网络中的 206 座石灯塔里，到战争结束时只剩下 19 座仍在运作。整个国家再次陷入了黑暗。其他著名的例子包括在美国独立战争期间被英国士兵炸毁的波士顿港灯塔，以及在当地起义中遭到攻击的世界各殖民地的灯塔。[55]

不过比受到攻击更加频繁发生的情况是，灯塔一直以来，且至今仍然在领土争端和仲裁中扮演着一个地缘政治的角色。这里所说的灯塔通常不是那些标记大陆海岸线的，而是远离大陆孤立在海洋中的灯塔，在那里，领海的界线模糊，基线含混不清，主权权利也很不明确。在这些情况下，在岩石或浅滩上建造灯塔，可以是一种类似于安插旗帜或安装铜牌的主权行为（或者实际上在许多情况下，是这类主权行为的补充）。

一个著名的例子是“五月一日”信标，它是南极洲的第一座灯塔。它是由阿根廷人于 1942 年在梅尔基奥尔群岛上建造的，当时阿根廷人与英国人因福克兰群岛和南极洲的领土问题而引发的紧张关系正在不断升级。这座灯塔的建造只是在该地区侵犯英国主权的一系列行为的高潮，这些行为还包括升起阿根廷国旗，在废弃建筑上涂抹该国的代表色，以及最重要的安装铜牌，正式宣称位于南纬 60° 以南、西经 25° 到 68° 34′ 之间的全部领土，都归属阿根廷所有。[56]

具有讽刺意味的是，英国帝国扩张的最后一次行动的标志也是安装信标。1955 年，当帝国岌岌可危之时，英国决定宣布对罗考尔岛拥有主权。这是一个不宜居的花岗岩小岛，位于苏格兰海岸以西约 300 公里处，距爱尔兰西北约 423 公里。英国先是在其尖顶上安插了联合王国旗帜并安装了一块铜牌。1971 年，英国人做好了在岛上安装灯塔的准备，以便次年正式将其并入苏格兰。

当然，英国真正感兴趣的不是这个荒凉的小岛，而是它周围的海域。与岛屿不同，礁石无法维持人类生活，因而不可作为专属经济区，但它仍然有权拥有其周围延伸 12 海里的领海（因而有权开发该区域内的渔业资源）。这一伸张主权的行为受到流行文化的讽刺，称之为英国帝国野心的滑稽收场，然而时至今日，英国对罗考尔岛的主权仍然受到来自爱尔兰的争议，同时冰岛和丹麦（通过法罗群岛）也都声称该礁石是其大陆架的一部分，从而断言它们拥有开发该海洋地区或其海底资源的权利。[57]

如果说在罗考尔岛，这座灯塔（实际上也不太可能运行很长时间）的主要功能是彰显一种象征意义，那么在其他实例中，配备人员看守的更大型的灯塔建筑物则被用作人类居住的法律证据，因此用于证明对相关岛屿拥有主权的主张。佩德拉布兰卡岛就是其中一例，它位于新加坡海峡东部入口的中心位置。

从 16 世纪开始，佩德拉布兰卡岛就是马六甲柔佛苏丹国①的一部分，尽管在 19 世纪大部分时间里，它都在英国的势力范围之内。1851 年，英国在未征得柔佛当局同意（甚至没有告知他们）的情况下建造了一座灯塔，并由海峡殖民地（英国在该地区的领土）管理该岛。海峡殖民地于 1946 年解散之后，新加坡接管了该岛的行政管理。然而，与马来西

① 柔佛苏丹国（Sultanate of Johor，1528—1855）亦称天猛公王朝、柔佛－彭亨、柔佛－廖内、柔佛王朝，1528 年由马六甲苏丹国的苏丹马末沙之子苏丹阿拉乌丁二世建立。

亚的争端于1979年爆发，并一直持续了近30年，在马来西亚印制的地图中，这个小岛都被划入它自己的领海。2008年，国际法院裁定佩德拉布兰卡岛属于新加坡的主权领土。原因是，即使这个岛屿曾归柔佛苏丹国管辖，该苏丹国（以及后来的马来西亚）未能对英国和新加坡的主权行动做出回应，所谓主权行动，就是指灯塔的建造及其后续的维护操作。[58]

基于同样的理由，马柴厄斯封印岛这座8公顷的无树小岛位于缅因州和新不伦瑞克之间，与二者的距离几乎相等，岛上就有孤零零的一座仍由加拿大海岸警卫队维护的灯塔。由于美加两国之间的法律边界从未有过明确界定，马柴厄斯封印岛及其周围水域的主权至今仍然存在争议。因此，加拿大的灯塔守护人"为主权目的"而被派驻到这个小岛上——尽管像加拿大当今所有其他灯塔一样，马柴厄斯封印岛的灯塔也已经实现了自动化。[59]

由于这个"灰色地带"没有什么有价值的自然资源，加拿大和美国之间的争端很少引起公众或官方的严正关注。相比之下，在南海，对无人居住的岩礁的领土争端导致了重大的外交紧张局势、大规模抗议、武装冲突甚至死亡。在许多情况下，争端就是由新灯塔的建造所触发的。

修辞的信标

如果说在南海地区，灯塔的公益性质被用来掩盖地缘政治和经济利益，那么在其他地方，灯塔则被卷入了复杂的法律纠纷中。由于它们模棱两可的地位，岩石灯塔已成为近年来因移民而起的法律争端的焦点。最引人注目的案例可能是 2016 年坚守在佛罗里达群岛附近的一座灯塔里的 17 名古巴难民，他们试图通过自制的筏子到达美国境内。这一行动引发了一场法律争议，即这座固定在不到 1.3 米深的珊瑚礁上的钢结构建筑物，是否应被视为美国的陆地。

根据贝拉克·奥巴马的“湿脚／干脚”政策①，这些古巴寻求避难者只要登陆美国领土，便可立即获得居留许可并申请成为合法居民。然而一个联邦法院裁定，虽然这座灯塔为美国所有，但已经近 60 年无人问津，因而那里不属于美国领土。此外，这几名移居者是跳入海水游向灯塔的，因此无论在字面意义还是在法律意义上，他们都是“湿脚”。于是，这 17 个人没有被获准踏足美国。[60]

虽说灯塔最终也总会让移民和难民们面对边境的残酷现实，但传统上，灯塔对移民和难民而言，一直象征着希望——那往往是他们在其“应许之地”的地平线上看到或想象中的第一个地标。典型的例子就是自由女神像的信标张开双臂，欢迎 19 世纪末的爱尔兰和意大利移民来到新世界。艾玛·拉扎勒斯的十四行诗《新的巨人》（*The New Colossus*, 1883 年）被镌刻在自由女神像的底座上，诗中称自由女神为“流亡者之母”，而且

她高擎的信标灯光闪烁

① 所谓“湿脚／干脚”政策，就是凡抵达美国领土的古巴国民均可获准留下，而在海上被截获的古巴人则要被遣返。

欢迎着世界各地的来客

……

“古老的土地啊，守着你们传奇的斑斓浮华去吧！”

她紧闭的双唇发出震耳的声波。“把你们疲惫的、贫苦的，

挤作一团却渴望自由呼吸的人送给我，

那些被彼岸无情遗弃的孤苦魂魄。

把那些无家可归的、颠沛流离的，全都送给我，

为照亮他们的来路，我在金门旁高举手中的灯火！”

闪耀的灯塔欢迎着从世界各地前来美国寻求自由的人这一象征意义，起源于首任马萨诸塞州总督约翰·温思罗普的早期传教思想。1630年在新英格兰登陆之前，这位清教徒领袖曾对他的移民同胞们宣传他关于未来殖民地的计划。他将那个未来的殖民地比作“建造在山上的一座城”（《马太福音》5:14），显明在世人眼前，吸引着他们的目光。英国殖民者自认为是“神的选民”（逃离他们堕落的母国）的清教徒信仰后来与18世纪的共和制启蒙理论结合起来,孕育出了美国的“昭昭天命”。作为被神选中的国家，美国被认为是共和制民主自由的典范国家——换句话说，是整个世界的“希望的灯塔”[61]。

自从灯塔的隐喻被转移至自由女神像以来，它屡屡被美国政治领袖利用，在大西洋两岸来回流传。如同任何政治隐喻一样，信标作为修辞的有效性来源于根植在现成的文化和历史框架中的无意识情感联系。[62]因此，念及它特殊的美国遗产和强有力的宗教联系，温斯顿·丘吉尔曾

利用它来说服美国参加第二次世界大战，这对英国的战略至关重要：

> 人类如何能够超越猿类而成为万物灵长……如何能在无数个世纪里不断进步，拥有慈悲、自由和正义的观念？他们究竟是如何分辨出那些召唤和引导我们的灯塔之光，穿越汹涌澎湃、遮天蔽日的浪涛，如今又将引领我们穿越燃烧的战火线，走向更加美好的未来？[63]

丘吉尔的灯塔比喻大概会让英国听众回想起曾一度照亮遥远帝国边疆的“文明之光”，抑或守卫英伦诸岛不受军事入侵的灯塔。而美国听众则恰恰相反，这个比喻会让他们想起宗教敬畏的叙事，包括温思罗普摆脱压迫、追求自由的呼声。

在丘吉尔的修辞中，这个比喻是由光明和黑暗主导的宏大框架（《圣经》中也出现了这一框架）的一部分。光明是视野、知识和生命的必要前提，是与（未来的）盟军、与自由、与希望联系在一起的——换言之，是与人类的利益密切相关的。相反，黑暗则被等同于无知、邪恶和纳粹。[64]在丘吉尔的演讲中，灯塔（也就是英国，并由此延伸至整个西方）就拥有了黑暗世界中的指路明灯的意义。在其他讲话中，英国政治家也提到盟军的品质和行为就是欧洲“真正的救赎灯塔”，在当前的至暗岁月中闪耀着光辉。[65]

拉扎勒斯在十四行诗中将美国称为在世界其他地方饱受压迫之人追求自由的信标，而丘吉尔使用信标比喻是策略性地呼唤美国的理想主义，作为美国参战的一个理由。[66]然而只有在小马丁·路德·金的演讲中，灯塔比喻才开始大量出现在美国的政治修辞中，成为美国梦和美国自由的同义词。金在演讲中说，《解放奴隶宣言》“对于世界各地被剥夺了应享权利、只敢在梦里享受自由的数百万人，是一盏伟大的希望之灯”；“对于数百万遭受极端不公正的烈焰炙烤的黑奴，是一盏伟大的希望之灯”。[67]

几年后，这个比喻出现在理查德·尼克松的就职演说中。新总统邀请美国人和他一起承诺，将他就任总统的四年变成美国历史上最好的四年。“这样，美国在它两百周年华诞之际，就会像诞生之初那样年轻和生机勃勃，如同全世界的一座光芒四射的希望灯塔。”[68]自那以后，作为“希望灯塔”（或“自由灯塔”）的美国就成了总统演说中的固定修辞。例如，罗纳德·里根在他的告别演说中就明确援引了温思罗普的“山上的闪耀之城”，并在最后说，两个世纪后，美国

> 仍然稳稳地屹立在花岗岩山脊上，面对风暴，她的光芒依旧坚定地闪耀不灭。她仍是一座灯塔，仍是岿然不动的磁石，吸引着所有那些应该拥有自由之人、所有来自失落之地的朝圣者们快速穿越黑暗、走向家园。[69]

无论是共和党还是民主党政治家，都一直在利用这一国家神话把自己说成是美国爱国价值观和理想主义的真正保护人。[70] 2001 年 9 月 11 日，世界贸易中心遭受恐怖主义袭击之后，乔治·W. 布什再度启用

了丘吉尔的光明–黑暗框架，重申美国作为“文明世界”的领袖和首席代表的角色（从而也为他的反恐战争辩护）。他说，美国之所以成为袭击的目标，是“因为我们是世界上最明亮的代表自由和机遇的灯塔”。在这里，灯塔的形象让人们想起了灯塔的指引功能。正如灯塔帮助船只找到自己的航线，美国的领导作用也将帮助西方世界重新找到出路，走出最近这些事件频发的暗夜。[71]

同一个关于美国是“自由和机遇的灯塔”的比喻也被贝拉克·奥巴马在他就任总统之前和任职期间反复使用，不过这一次，通常是作为社会远大抱负的象征（有时也带有个人色彩）：

> 你们可以让这次选举决定我们如何计划留给我们的孩子和世界上所有的孩子一个更安全的星球，一个仍然将美国看作是人类所有良善和可能之机遇的灯塔的世界——在我那位曾在大洋彼岸遥望美国的父亲眼中，它就是这样一座灯塔。[72]

唐纳德·特朗普也使用过灯塔的比喻，只不过他表达的意义又有所不同。他重新启用温思罗普的神话，声称美国是“世界的灯塔”，只需要“像典范那样闪耀……让所有人去追随”。然而正如各类评论家指出的那样，这里的终点不再是通过行动完成使命（也就是维持和拓展美国的全球主义），而是国内事务，从而将这个强大的内向型国家变成世界其他国家的榜样。灯塔的比喻主要被用于国内力量的象征，而不是外向型政策或普世的社会抱负的象征。[73]

英国领导人在多个往往不同的场合使用了这一比喻，与他们的美国同行形成了对照和反差。玛格丽特·撒切尔再度将其作为丘吉尔的光明-黑暗框架的一部分使用它。在这一二元框架中，英国的灯塔成为安全的比喻，英国对抗纳粹，并取得最终的胜利。

托尼·布莱尔、戴维·卡梅伦和特蕾莎·梅等英国政治领导人都曾利用灯塔比喻来推行各自的议程，并将其作为各自政策的积极代表——无论是支持教育、自由企业还是移民政策。布莱尔在1997年大选后的演讲中甚至说，英国“堪称21世纪的典范国家，是全世界的灯塔”——道出了英国版的美国梦。[74] 2015年，在宣布政府计划反对英国针对寻求庇护者的规定时，梅呼吁对那些滥用制度的人采取更严厉的措施，同时确保英国仍然是“那些真正需要帮助的人的希望之灯塔”[75]。

2019年在法国比亚里茨召开的G7峰会全体与会者，背景是一座灯塔

更有趣的是，一座真正的灯塔为 2019 年法国比亚里茨主办的 G7 峰会提供了标志性的背景。正如许多法国评论家所指出的那样，这个选择绝非偶然。“从政治上讲，灯塔是一个默认的选择。”《巴黎人报》（*Le Parisien*）如是说。它位于海角的阈限位置让国家元首们远离“口哨声和黄背心”的骚扰。[76] 与此同时，在一个全球危机的时代，灯塔将继续履行其作为希望和指引之象征的功能。“灯塔的光引导着船只，为这第一次会议提供了一个具有象征意义的独特的框架，而在几公里之外，反对峰会的抗议活动则正在质疑这些世界上最富裕的国家在应对气候变化和贫困方面缺乏远见。”《世界报》（*Le Monde*）评论说，彼时亚马孙森林正大火肆虐。[77]

从第二次世界大战到“9 · 11”和比亚里茨，灯塔的比喻总是在全球危机之时，也就是希望之灯看似要熄灭之时，出现在政治修辞中，这毫不奇怪。这些隐喻的有效性和承诺潜力与帝国实力和国家神话纠缠在一起，难解难分。在更深层意义上，它们的有效性在于灯塔作为灯光和生命的承载者其内在的视觉特质。而下一章将会说明，灯塔的象征、情感和政治力量也与其声音特质密切相关。

1 Teresa Costa, 'To the Lighthouse: Sentinels at the Water's Edge', in *Art and Identity at the Water's Edge*, ed. Tricia Cusack (Aldershot, 2012), p. 99; Philip Steinberg, *The Social Construction of the Ocean* (Cambridge, 2001).

2 Thomas Stevenson, *Lighthouse Construction and Illumination* (London and New York, 1881), p. 1.

3 Baldassarre Giardina, *Navigare necesse est: Lighthouses from Antiquity to the Middle Ages; History, Architecture, Iconography and Archaeological Remains* (Oxford, 2010). 关于波伊廷格地图，见 Richard Talbert, *Rome's World: The Peutinger Map Reconsidered* (Cambridge, 2010)。

4 Suet., Cal. 46.

5 Giardina, *Navigare,* pp. 32–33; Ios., Bell. *Iud.* 5.4.

6 Baldassarre Giardina, 'Navigare necesse est: Il faro tra mondo antico e medioevo', *Histria antiqua*, xxi (2012), p. 454; Giardina, *Navigare*, p. 49.

7 R. G. Grant, *Sentinels of the Sea: A Miscellany of Lighthouses Past* (London, 2018), p. 23.

8 正如威尼斯托钵修士和宇宙志学者 Vincenzo Coronelli 所指出的，它“最为精湛”的建筑结构由亨利二世和亨利四世修复，后来又由路易十四在 1665 年“以更加辉煌的形式”大举重建，希望为后世保留下这座壮观的建筑。这一行为在一块大理石铭文中被记录下来：“LUDOVICO XIV./ Galliae, Navarraeque Regi Christianissimo Triumphatori, Pacis Assertori, semper Augusto./ Ob instauratam arduo labore Turrim Corduanam,/ Redditamque Navigantibus securitatem,/ Aetern. Ponit Monument” (Vincenzo Coronelli, *Atlante Veneto. Tomo I nel quale si contiene la descrittione geografica, storica, sacra, profana, e politica, degl'imperij, regni, provincie, e stati dell'Universo, loro divisione, e confini, coll'aggiunta di tutti li paesi nuovamente scoperti, accresciuto di molte tavole geografiche, non piu publicate* (Venice, 1690), p. 117)。

9 Uma Kothari, 'The Lighthouse as a Site of Refuge and Welcome', in *From the Lighthouse: Interdisciplinary Reflections on Light,* ed. Veronica Strang et al. (London and New York, 2018), p. 199.

10 William Henry Davenport Adams, *Lighthouses and Lightships: A Descriptive and Historical Account of Their Mode of Construction and Organization* (London, 1878), p. 95.

11 Steve Millington, 'Trinity House and the Formation of the Modern British State', in *From the Lighthouse*, ed. Strang et al., p. 170.

12 Adams, *Lighthouses and Lightships*, p. 213.

13 Peter Williams, *Beacon on the Rock: The Dramatic History of Lighthouses from Ancient Greece to the Present Day* (Edinburgh, 2004), p. 38.

14 Patrick Beaver, *A History of Lighthouses* (London, 1971), p. 61.

15 Grant, Sentinels, p. 33; Adams, *Lighthouses and Lightships,* pp. 252–253.

16 Adams, *Lighthouses and Lightships*, p. 252.

17 Ibid., p. 212.

18 Ibid.

19 Alexander Findlay, *A Description and List of the Lighthouses of the World* (London, 1861), p. 1.

20 Ibid., p. 2.

21 Giovanni Aldini, *Saggio di osservazioni sui mezzi atti a migliorare la costruzione e l'illuminazione dei fari, con appendice sull'illuminazione dei fari col gas* (Milan, 1823), p. 127.

22 George Putnam, 'Beacons of the Sea:

Lighting the Coasts of the United States', *National Geographic*, XXVI (1913), p. 51.

23 Luciana Martins, 'Mapping Tropical Waters', in *Mappings*, ed. Denis Cosgrove (London, 1999), p. 166.

24 Adams, *Lighthouses and Lightships*, p. 254.

25 See, for example, Beaver, *History of Lighthouses.*

26 Jules Verne, *The Lighthouse at the End of the World* [1905] (London, 1923), p. 24.

27 Alberto Alpozzi, *Il faro di Mussolini: Il colonialismo italiano in Somalia oltre il sogno imperiale* (Massa, 2015), p. 146.

28 Augusta Perricone Violà, *Ricordi somali* (Bologna, 1935), pp. 40–41.

29 Alessandro Befani, *La civiltà cattolica*,vol. XII (Rome, 1888), p. 215.

30 Giuseppe Stefanini, *In Somalia: Note e impressioni di viaggio* (Florence, 1922), p. 17.

31 引自 Alpozzi, *Faro di Mussolini*, pp. 118, 223。

32 Gustavo Chiesi, *La colonizzazione europea nell'est Africa* (Turin, 1909), p. 140; Stefanini, *In Somalia*, p. 19.

33 Alonzo Barton Hepburn, *The Story of an Outing* (London and New York, 1913), p. 12.

34 Violà, *Ricordi somali*, p. 44.

35 Guido Corni, *Somalia italiana* (Milan, 1937), p. 36.

36 *La Stampa*, 17 November 1934; Violà, *Ricordi somali*, p. 46.

37 Alpozzi, *Faro di Mussolini*, pp. 218, 222; Michael Billig, *Banal Nationalism* [1995] (Los Angeles, CA, 2018).

38 Cited in Alpozzi, *Faro di Mussolini*, pp. 143–144.

39 Patrick Gordon Taylor, *Forgotten Island* (London, 1948), pp. 71–72.

40 'Clipperton Lighthouse', in *Lighthouse Directory*, www.ibiblio.org, 2019 年 10 月 18 日 访 问；'Clipperton / Ile de la Passion'，www.globalsecurity.org, 2019 年 10 月 18 日访问。

41 Jimmy Skaggs, *Clipperton: A History of the Island the World Forgot* (New York, 1989), p. 106.

42 Taylor, *Forgotten Island*, pp. 94, 125–126, 115.

43 Benedict Anderson, *Imagined Communities: Reflections on the Origins and Spread of Nationalism* (London, 1983).

44 Costa, 'To the Lighthouse', p. 87.

45 Mohammed Abdullah Eben Saleh, 'Structuralism, Transformation, and Process of Meaning in the Towers of the Arabian Peninsula', *Architectural Science Review*, XLI (1998), pp. 25–36.

46 Sverker Sörlin, 'Monument and Memory: Landscape Imagery and the Articulation of Territory', *Worldviews*, II (1998), p. 275.

47 Millington, 'Trinity House', p. 170.

48 Ray Jones, *The Lighthouse Encyclopaedia: The Definitive Reference* (Guilford, CT, 2004), pp. 21–22.

49 Millington, 'Trinity House', p. 170.

50 Putnam, 'Beacons of the Sea', p. 1.

51 Edwin Bernbaum, *Sacred Mountains of the World* (Berkeley, ca, 1996), p. 141.

52 Viktōr Dousmanēs, *Μεγάλη Ελληνική εγκυκλοπαίδεια*, vol. X (Athens, 1926), 205; Nikos Belavila, 'Γέννηση του φαρικού δικτύου', in *Αφιέωμα 'Το φαρικό δίκτυο'. Η καθιμερινή Επτά Μέρες*, 13 August 1995, p. 9.

53 Elinor De Wire and Dolores Reyes-Pergioudakis, *The Lighthouses of Greece* (Sarasota, FL, 2010), pp. 11–12. Nikos Benos-Palmer, 'Η γοητεία των φάρων', in *Αφιέρωμα*, p. 15; 'Οι ερημίτες της θάλασσας και τα πέτρινα μνημεία τους' (1997), https://archive.ert.gr, 2019 年 10 月 18 日 访 问；'Ιστορικό

και ανάπτυξη του Φαρικού Δικτύου', http://yf.hellenicnavy.gr, 2019 年 10 月 18 日访问。

54 Basil Hall Chamberlain, *Things Japanese, Being Notes on Various Subjects Connected with Japan* (London, 1891), p. 206.

55 Jones, *Lighthouse Encyclopaedia*, p. 255.

56 John Dudeney and John Sheail, *Claiming the Ice: Britain and the Antarctic, 1900–1950* (Newcastle upon Tyne, 2019), p. 235.

57 Douglas Bland Hague and Rosemary Christie, *Lighthouses: Their Architecture, History and Archaeology* (Llandysul, 1975), p. 138; 'Rockall Q&A: Fishing dispute between Scotland and Ireland', bbc News, 15 June 2019. 关于岛屿和礁石在法律上的差别，见 Jon Van Dyke and Robert Brooks, 'Uninhabited Islands: Their Impact on the Ownership of the Oceans' Resources', *Ocean Development and International Law Journal,* XII (1983), pp. 265–300。

58 International Court of Justice, 'Sovereignty over Pedra Branca/Pulau Batu Puteh, Middle Rocks and South Ledge (Malaysia/Singapore)', Press Release No. 2008/10 (23 May 2008), web.archive.org, 2019 年 10 月 18 日访问。

59 Stephen R. Kelly, 'Good Neighbors, Bad Border', *New York Times*, 26 November 2012.

60 'Australia Resettles Cuban Refugees Found Clinging to Lighthouse off Florida Keys', *The Guardian*, 22 August 2017. Uma Kothari 对这个故事进行了评论，'The Lighthouse as a Site of Refuge and Welcome', in *From the Lighthouse*, ed. Strang et al., pp. 184–187。

61 Steffen de Rudder, *The Architect Hugh Stubbins: Fifties American Modernism in Berlin* (Berlin, 2007), p. 121.

62 Jonathan Charteris-Black, *Analysing Political Speeches: Rhetoric, Discourse and Metaphor* (London, 2018), p. 202.

63 Winston Churchill, 20 January 1940, 引自 Jonathan Charteris-Black, Fire Metaphors: *Discourses of Awe and Authority* (London, 2018), p. 191，强调是我所加。

64 Jonathan Charteris-Black, *Politicians and Rhetoric: The Persuasive Power of Metaphor* (London, 2016), pp. 50–55.

65 Winston Churchill, 8 October 1940, cited ibid., p. 52.

66 Charteris–Black, *Fire Metaphors,* p. 192.

67 Martin Luther King, 17 May 1957 and 28 August 1963, cited ibid., p. 190.

68 Nixon, 20 January 1969, cited ibid.

69 Reagan, 11 January 1989, cited ibid., 192.

70 Ibid.

71 Federica Ferrari, *Non solo metafore: (De) costruzione della strategia persuasiva di G. W. Bush Jr.* (Limena, 2013), pp. 148–149.

72 Charteris-Black, *Analysing Political Speeches*, 198.

73 Cited in Jérôme Viala-Gaudefroy, 'President Trump and the Virtue of Power', *Revue LISA/LISA e-journal,* XVI (2018); Jason Edwards, 'Make America Great Again: Donald Trump and Redefining the U.S. Role in the World', *Communication Quarterly*, LXVI (2018), p. 182.

74 Charteris-Black, *Analysing Political Speeches,* pp. 197–198.

75 'Theresa May on Asylum Seekers: Let Britain Be a Beacon of Hope', *BBC News*, 6 October 2015.

76 Ava Djamshidi and Eric Pelletier, 'G7 de Biarritz: les secrets d'un dîner au phare', *Le Parisien*, 7 September 2019.

77 Raphaelle Bacqués, 'Les coulisses du G7 à Biarritz: un phare pour dîner, un palace pour dormir', *Le Monde*, 24 August 2019.

5 声音的信标

在远离尘嚣的冰冷海上，我们每晚都在等待着大雾，当它终于降临，我们给黄铜装置上了些油，点亮了石塔顶端的雾灯。麦康和我就像灰色天空中的两只鸟儿，把光散播出去，红色，然后是白色，接着又是红色，去关注海上那些孤独的船只。如果它们看不到我们的灯光，总可以听到我们的声音，我们的雾号低沉地呼叫，震颤着穿过薄雾，惊得海鸥们像一副副被打散的纸牌一样乍然飞起，激起一波海浪四溅。

——雷·布拉德伯里，《雾号》(“The Fog Horn”)

虽说“灯塔”、“信标”及其希腊语同根词 *pharos* 在词源上都跟可视性有关，但灯塔不仅仅存在于人们的视野中。当灯塔的光被阴天浓雾遮蔽，雾号为船只提供了可听的警示，提醒它们注意裸露的岩石、浅滩、地岬和航行中可能遇到的其他危险。雾号的前身是加农炮、钟声等发声装置，它在 19 世纪发展起来，当时全球贸易的需求日益增长，人们满含热情地投入了相关的科学试验。

1920 年代，“灯塔之音”延伸到了无线电，第一批无线电信标出现在北美各处海岸。用摩尔斯码传递定向信号的无线电信标帮助船只找到灯塔和灯船的方位，并确定其自身在海上的位置。如今随着卫星全球定位系统（GPS）技术的兴起，这些海岸站点有许多都退役了，然而无线电信标对航空导航——乃至对全球定位系统本身，仍是必不可少的。它

马萨诸塞州科德角特鲁罗的高地灯塔和无线电信标的明信片

们也被业余报务员和科学家们用于研究无线电波的传播，追踪动物、卫星甚至前往遥远星球的航天探测器。

与灯塔一样，这些声音和无线电装置也有着悠久的文化历史。它们不仅使灯塔成为科学试验的最佳场所，也为“心灵的灯塔”增加了一层强烈情感的维度，虽然这种情感很难用言语表达——在当代集体想象中依然如此。与雾号忧伤的低号相伴的，是无数即将发生的船难的故事。它变成了文学和电影中的一个险恶的凶兆。它也是沿岸那些小规模社区日常生活的一个标志。与耳熟能详的电影配乐一样，它有助于建立一种在地感，以至于在某些港口城镇，雾号退出历史舞台会导致当地的大规模抗议。更刺激的是，在冷战期间，由“斯普特尼克号”等早期人造卫星携带的无线电信标导致人们陷入了空前的兴奋和焦虑。与新闻报道一样，早期倾听者的个人叙述也见证了从这些外太空的“灯塔”发出的一个微弱无线电信号的颤抖音符，可以在人群中引发怎样激情四射的回应。

如今，在一个基本上已被数字化技术“消声”的世界，雾号那打破浓雾弥漫的冬日寂静的深沉呼叫声，或是海上信标的摩尔斯信号在无线电噪声中直达耳膜的高频音符，都变成了令人怀旧的旧日声响。它们是不那么久远却一去不返的忧郁之声，永远地消失在时间的浓雾之中。

灯塔之音

海岸灯塔标记的地点是海浪行至的终点。在灯塔所在的阈限地形，有时千尺高的海水以万钧之力发生碰撞和爆破，有时静静的涟漪以永恒的节奏一个接一个温柔地碎裂。然而对于其他类型的海浪而言，灯塔却是起始点。它们是各类人造波产生的地点，这些波从这里开始在陆地大气中传播。其中最重要的是电磁波，它们形成强大的聚焦光束，扫过黑暗的夜空，为水手提供视觉上的安慰。不过还有其他穿过同样介质却对人眼不可见的波，即由雾号发出的声波和由无线电信标产生的电磁波。

和海浪一样，声波也是机械波。它们是由振动的物体产生的压缩波，通过空气或其他介质向外辐射其能量。辐射的能量以不同的速度通过介质传播。分子间距较近的更密集的介质（例如水或金属）使得能量可以传播得更快。在空气中，声音通过温度较高物质传播的速度要比通过温度较低物质的速度更快。

相比之下，无线电波是由人造电子器件（发射器）连接到一根天线上产生的电磁波（不过像声波一样，它们也存在于自然界中，比如闪电产生的无线电静态脉冲就是一例）。无线电波占据与光相同的电磁谱，只不过它们振荡得更慢，因此占据了人眼看不见的较低频率范围。与耳朵感知到的声波不同，无线电波需要一种电子器件（接收器）来监测并转化为声音。电磁波不同于海浪或声波，它不是机械波，因此不需要介质传播。它们可以穿过空气和水，但也可以穿过真空（与声波不同），因此可以穿越外太空。

声波和无线电波都从灯塔开始传播的主要原因，是光线无法穿透浓雾。19 世纪初，阿尔迪尼哀叹道："有时候，在夜间的狂风骤雨中，浓雾使灯塔变得毫无用处，船只陷于无边的黑暗，仿佛灯塔根本不存在。"[1] 雾的确能让最强大的光束也彻底失效。爱尔兰物理学家约翰·廷德尔

（1820—1893）在半个世纪后指出，想想火车喷气产生的烟尘就能遮蔽正午的阳光，这实在不足为奇。[2]

人类使用不同形式的雾信号已有悠久的历史。据说亚历山大的法罗斯灯塔有四座诸位海神侍从手持号角的雕像。这些雕像位于灯塔二层的四个角落，当有风穿过号角时，雕像就会被激活，为进入港口的航海者提供预警信号。[3]在中世纪的英格兰和法国，号角会从城堡和塔楼的顶端吹响。早期的灯船使用中国锣（或铜锣），这种乐器是由法国化学家让-皮埃尔-约瑟夫·达尔塞（1777—1844）带回欧洲，继而在欧洲的工厂中复制的。[4]

在最早的那批现代海岸灯塔中，有一些也曾使用过加农炮。北美的第一门加农炮早在1719年就安装在波士顿灯塔上了。守护人必须仔细倾听来船的雾信号。一旦听到，他就发射加农炮作为回应，提醒船只注意它正在接近灯塔。正如威廉姆斯所说，这“是一种试探性方法，容易产生混淆，实用性不大”[5]。何况爆炸总有可能损坏灯塔的窗户和照明装置，取决于爆炸的发生处距离灯塔有多近。

自然特征偶尔也会被当作信号使用。浓雾笼罩的船只多亏灯塔守护人的狗不停地嚎叫才幸免于难，或一群海鸟用巨大的叫声将海员们从危险的地岬引开，还有巧妙地安装在洞穴气孔里的机车汽笛，这样的故事久久流传。[6]在不列颠，最著名的自然雾信号的故事，恐怕要数沃尔夫崖（Wolf’s Crag，直译为“狼崖”）上曾经立着的一块空心石了，那是一座危险的暗礁，位于康沃尔郡兰兹角以西13公里处。风浪常常会把船推向暗礁附近那些致命的漩涡，它的利齿会在一瞬间将船撕咬成碎片。那些曾经冲刷空心石的海浪的声音听起来像狼嗥，这处暗礁得名于此。

然而据哈迪说，那个不祥之声后来被迷信的当地渔民静音了，他们“不喜欢那怪异的音乐，就在洞穴中填满了石头”。由于在那座危险的暗礁上建造一座灯塔起初被认为是不可能的任务，人们就提议建造一座狼铜像来疏导气流，制造出同样的嗥叫声，替代此前那块空心石：“铜像建造如期开始，但即便在风平浪静的日子，海浪仍然以巨大的力量冲刷礁石，使得建造工作进展十分缓慢，这个想法不得不被放弃了。”在浮标上安装鸣钟的替代计划也流产了，原因是渔民们反对，称它可能会吓跑海鱼。事实上，哈迪解释说：“与附近利泽德半岛的居民一样，兰兹角的渔民不怎么关心警示危险，任何预防船难发生的方案都与他们无关。”[7]

钟声是北大西洋最广泛使用的早期雾信号。从教堂钟声到特别制作并安装在浮标和灯塔上，甚至在水下操作的信号，都属此类。教堂钟声是传统欧洲沿海声景的一部分，其所发挥的地标职能堪比放置吊钟的尖塔。在往往伴随着浓雾的静寂天地中，任何从岸上发送到船上的声音可能都有助于确定大致方位以及适当航线。当大气条件有利时，当地港口的教堂钟声或许在几英里外的海面上都能听到。这抚慰人心的声音将引导当地的水手驶向海岸，正如在陆地上，它曾帮助疲惫的旅人和迷路的朝圣者在密林和起伏的地形（或者更笼统地说，在钟声传递的范围之内）中找到自己的定位。[8]

亚当斯写道，附着在浮标上的特制鸣钟随着海浪的震荡“来回摇摆”，发出庄严而铿锵的鸣响。它们仿佛在喊“‘小心，小心！’，然而

《一个装有吊钟和灯的航海信标附近的船景》(*Shipping Scene around a Navigational Beacon with a Bell and Light*),弗朗索瓦·路易·托马·弗朗西亚,1811 年,蚀刻画

待它们的警告声被听到时,往往都太迟了”[9]。有一个这样的装置在浪漫主义诗人罗伯特·骚塞(1774—1843)的笔下变得举世闻名,诗人把它的传奇故事写成了一首歌谣。14 世纪,阿布罗斯(位于苏格兰阿伯丁西南)的一位修道院院长约翰·戈迪,据说曾把一口带浮标的钟放置在危险的因什角岩上。鸣钟就这样被海浪敲响,用它深沉的响声为海员们提供了他们急需的危险预警。

阿布罗斯修道院院长
曾把那口鸣钟放在因什角岩上;

它的浮标在风暴中漂浮和摇曳，
它的警钟在巨浪中响起。
当那块岩石被涌起的浪涛遮挡，
水手们还能听到警钟敲响；
后来他们知道了那块危险的暗礁，
便一起祝福阿布罗斯修道院院长。[10]

然而故事接下来讲道，有一天，一个名叫"漫游者"拉尔夫爵士的阴险人物拿走了那口钟。多年后，他忘记了自己的恶行，自己的船却在黑暗的海上撞上了同一块暗礁。骚塞以典型的浪漫主义风格描述了那艘船在汹涌的海浪中沉没的戏剧化场面，因为恶人听到魔鬼召唤他下地狱时，敲响的正是他自己拿走的鸣钟：

然而就算在临死的恐惧中，
漫游者也能听到一个可怕的声音；
那声音仿佛来自因什角岩的那口鸣钟，
那是地狱中的魔鬼敲响了他的丧钟。[11]

至少从 18 世纪开始，灯塔上就使用雾钟了。一个有记录的最早的典范就是 1766 年在瑞典南部海岸附近的尼丁恩岛上建立的。那口鸣钟被放置在灯塔旁边的一座特制的木塔里。1811 年，史蒂文森完成了贝尔岩石灯塔的建造之后，被派往苏格兰的北方灯塔专员签发了一份《致航海者通告》，其中写道："在浓雾天气和阵雪持续期间，将每隔半分钟用机械敲钟一次，日夜不停。"[12]

到1820年，许多欧洲灯塔的灯廊里都悬挂了雾钟。1863—1864年，英格兰的官方灯塔机构三一楼①在法国之后循例进行了一连串雾钟测试。水下信号钟也被开发出来，其所基于的假设是跟空气相比，声音通过水传播的距离更远、范围更大，也更均匀。随后不久，还在1871年为每一口灯塔鸣钟指定了一个独特的字符（很像灯塔独特的灯光模式）。不列颠最后一口仍在服役的雾钟是1922年在威尔士安格尔西岛的陶因杜灯塔上安装的。[13]

鸣钟服役的时间虽然久远，却绝不是最有效的雾信号。灯塔鸣钟的传播范围仅有几英里，而水下信号钟除了要求船上有特殊的接收设备之外，通常还会受到轮船噪声的干扰。[14]与此同时，雾仍然在全球各大海洋中造成灾难性的船难。1875年，廷德尔哀叹道，过去十多年里，据报道有不少于273艘船因大雾或阴天而彻底消失在不列颠各处沿海区域。他猜想，所造成的损失大概"远远超过美国沿海区域的类似事故，而那里的贸易更紧迫，大雾也更频繁"[15]。官方提议的行动方案是"停下来等待大雾散尽"。然而不耐烦的贸易者和商人们觉得惊奇："如果每次一有雾降临，船就不得不抛锚，还怎么在不列颠继续进行商业活动。"[16]新的、更有效的雾信号的开发仍迫在眉睫。

① 三一楼（Trinity House）是英格兰、威尔士、海峡群岛和直布罗陀的灯塔官方机构。三一楼还负责提供和维护其他航标，例如轻型船，浮标和海上无线电/卫星通信系统。它还是官方的深海引航当局，为在北欧水域交易的船舶提供专家级的导航员。

水下钟的雾信号，摘自乔治·R. 帕特南《海上信标：美国海岸的灯光》（“Beacons of the Sea: Lighting the Coasts of the United States”），《国家地理杂志》，XXIV/1（1913 年 1 月）

蒸汽动力雾号，摘自《美国灯塔委员会年度报告》（*Annual Report of the U.S.Lighthouse Board*, 1873 年）

除了鸣钟之外，1850 年代，大西洋两岸都开发和测试了更加强大的装置。美国发明家切拉东·利兹·达博尔发明了一种名为“达博尔号角”的雾号，它使用一个烧煤的热空气小引擎，将空气压缩在一个圆柱体内，在圆柱体顶部放置了一个巨大的金属簧喇叭。振动的簧片产生的“尖叫声，每分钟都有若干秒可以在很远的距离被听到”[17]。这个装置起初被斥为“不可靠的危险源，不该被用作导航辅助工具”，但它还是开创了格兰特所谓的“雾号时代”。[18]

1854 年，移居加拿大的苏格兰裔土木工程师罗伯特·福尔斯发明了蒸汽汽笛雾信号（一种蒸汽动力的雾号）。据说他有一次在大雾中往家走时，听到女儿在练习弹钢琴，注意到低音比高音听得更清楚。虽然高频音符在大风和喧嚣的海上更容易被听到，但低频音符的确能够穿透浓雾传到距离远得多的地方——这就是为什么昔日的雾号会有那种特征性的低沉声音。[19]

19 世纪初的科学家大多假定声音传播的规律与光线辐射一样。然而，随着新的技术被开创和测试，“声音传播的不确定性使得雾信号的选择只能依靠经验推断和实践常识”[20]。于是在 19 世纪下半叶，灯塔变成了测试雾信号装置以及其他技术（包括透镜、灯头和电）的最优地点。例如，肯特郡南部的邓杰内斯角灯塔就被三一楼用作试验站点。1860 年代，它是三一楼管辖的灯塔中首座安装雾号和首座拥有永久电灯的灯塔。1864 年，该灯塔还成为一系列使用炮弹的雾信号的测试点。这些炮弹从灯塔上引爆，驻扎在不同距离之处的观察员记下它们的有效性。然而，由此得出的报告最终揭示，即便在表面条件看起来相似的情况下，声音通过空气传播的结果也是不可预测的。[21]

最有趣的发现是廷德尔十年后在多佛尔附近的南福尔兰角灯塔进行的广泛测试中获得的。廷德尔是三一楼的科学顾问，也是维多利亚时期科学界的重要人物。除其他的重要贡献外，他还被认为是温室气体的发现者，同时他还改变了人们对空气的想象方式：从一种空虚的空间变成了一个充满无法感知的力量和各种隐性表面状态的复杂介质。[22] 南福尔兰角灯塔位于海平面以上 90 米，因其高耸陡峭的悬崖而被选为声学试验的信号站。当时建立了两个站点，一个在灯塔顶部，另一个在底部，为的是比较从这两个位置传输声音的有效性。观察主要在海上进行，使用由三一楼提供的灯船和游艇。

每天，人们都会在两个站点测试不同的设备。这些设备包括喇叭、汽笛和炮弹。由于先前的观察已经清楚地表明锣和鸣钟的效果不如喇叭，所以未对其进行测试。这些试验揭示了喇叭声音的优越性，甚至比枪声还要好。更有趣的是，它们还意外揭示出与当时的科学理论相矛盾的传播规律。

由于人们认为声音会遵循光的传播模式，因此光学透明度被认为是声学透明度的标准，而晴朗的空气则是“声音最佳的载体”。相比之下，雾、雨和雪被认为会阻碍声音的传播。然而，在南福尔兰角灯塔进行的测试似乎对这些假设提出了质疑。最好的结果并不是在光学透明的条件下（也就是晴朗的天气中）获得的，而是在云层遮挡太阳或夜晚逐渐降临时。因此，廷德尔记录道：

> 我认为，在距离福尔兰角两英里处，下午5点钟的声音强度可能是下午2点的50倍。大气层会出现如此意想不到的波动。当我们在晚上10点返回多佛尔湾时，我们听到的声音不仅清晰，而且非常响亮，而早上却什么也听不到。[23]

英格兰多佛尔附近的南福尔兰角灯塔

廷德尔认为，阳光导致的海面水汽蒸发是造成不良声学条件的原因，相反，声音传播的改善则是由于蒸发的减弱。他认为，声音会被无形的“声反射云”所抑制或反射，这些云可以“在完全光学透明的条件下填充大气层”。[24]虽然后来的科学家否认了声反射云的存在，但廷德尔还是确认了许多相关的研究领域，例如声音通过不同密度和湿度的气团传播、风对声音传播的影响，以及可能导致声音减弱和空中回声的原因。正如灯塔历史学家艾伦·伦顿所指出的那样，如果说从科学的角度来看，廷德尔的实验揭示了空气是一种复杂的非均态介质，那么“在实际层面上，它们证实了雾信号无法像灯塔一样提供可靠的航行辅助。它们起到的仍然主要是警示作用”[25]。

雾中的呼号

与灯塔强烈的引导光束相反，雾号的信号根本不是线性的。正如廷德尔的试验显示的那样，它们的可听音域极端不可预测，原因是大气的瞬息变化。它们的方向也很难精准地确定，特别是在浓雾笼罩之下的船只舰桥上时。在现代航海史上，由于没听到或听到混乱的雾信号而导致船难的故事比比皆是，从 1887 年英吉利海峡通勤轮船“维多利亚号”沉没的悲剧（事故原因是阿利角灯塔的助理守护人的疏忽），到 1934 年臭名昭著的“楠塔基特号”事故，在那次事故中，这艘北美灯船被一艘没有听到其雾笛喇叭警示的远洋班轮拦腰撞断了。[26]

虽说到 20 世纪初，每一个雾号都有其独特的信号，但其接收却要

424 THE GRAPHIC April 23, 1887

THE "VICTORIA"

THE FOG HORN AND LIGHTHOUSE AT POINTE D'AILLY, WHERE THE "VICTORIA" WENT ASHORE

THE WRECK AS SEEN FROM POURVILLE

THE WRECK OF THE CHANNEL STEAMER "VICTORIA" NEAR DIEPPE

《英吉利海峡通勤轮船“维多利亚号”在迪耶普附近失事》，查尔斯·威廉·怀利，1887 年 4 月 23 日《图片报》(*The Graphic*) 插图

受到各种大气条件和当地沿海地形的影响。混淆可能是致命的。1906 年，皇家海军舰艇“蒙塔古号”正在布里斯托尔海峡进行无线电试验时，船长误将兰迪灯塔的信号当成了一艘轮船发来的信号，听到了他所谓的“两个高音、两个低音音符的信号声”。人们还没来得及意识到错误，船就触礁了，一名船员付出了生命的代价。[27]

还有些时候，船被笼罩在浓雾中，并被强大的洋流推至偏离航道，1924 年的“塔提亚娜号”就是一例。这艘船离开不列颠哥伦比亚省的弗拉特里角三天后遭遇了浓雾，船长因而无法确定船只所在的位置。“船长看不到地标，只能小心前行，希望从岸边传来令人欣慰的雾笛声。”

《“楠塔基特号”灯船被皇家海军军舰“奥林匹克号”撞沉》(*Lightship “Nantucket” Sunk by RMS Olympic*)，查尔斯·马祖基安，1976 年，布面油画，受美国海岸警卫队委托为 1976 年美国建国两百周年纪念而作

然而，由于被洋流向西推移，“塔提亚娜号”突然驶出了比格尔角雾笛的覆盖范围，因而没有听到任何声音，结果船尾受到严重撞击，螺旋桨断了。[28]

与这些故事相对的，是孤独的灯塔守护人在湿寒漫长的雾夜中一刻不间断地发出警报以警示船只的英雄故事。例如，据说旧金山湾天使岛的女守护人曾在报告雾号故障之后，徒手敲击鸣钟“达 20 小时 35 分钟，直到雾气散去”。两天后，她“整晚站在外面的平台上，用铁锤狠命地敲击鸣钟。那时雾很浓”[29]。然而另有一些时候，守护人只能无奈地目睹海上悲剧的发生。意大利东北部皮亚韦维奇亚的守护人回忆道：

> 那是 1928 年的一个冬夜，我当时负责的是伊斯特里亚的梅尔拉腊角灯塔。那天大雾弥漫，雾浓得仿佛都可以用刀子割开，伸手不见五指。我启动了号角，警报声定点响起。突然，我看到浓雾中有一个巨大的阴影，同时还听到了引擎的声音。我意识到那是一艘船，而且是一艘大船。但我无能为力：他们已经驶入了完全错误的航道，正直直地撞向岩石。那艘船什么也看不见。一切都在一瞬间结束了。我看到那艘巨大的轮船（那是“贝内德·托马塞洛号”）伴着金属船板破裂的可怕声响爬上了礁石。[30]

整个 20 世纪，雾号那哀婉悲伤的低号不仅出现在新闻报道的显著位置和守护人故事中，在国际文学作品中也占据了一席之地，有时它们会唤起一种神秘和茫然之感，有时则会引发忧郁和怀旧之情。有时候，出现在寂静浓雾中的低沉的喇叭呼号声像是一声警报，抑或一则凶兆。希腊作家弗蒂斯·孔托格鲁在一篇短篇小说中，把灯塔的寂静比作死亡的寂静：

> 恶劣天气持续了一个半月以上。当风停了下来，大海被浓雾笼罩，灯塔的光线看不见了。路过灯塔的渔民说，他们甚至没有听到灯塔在雾中发出的警报声……他们说两个守护人很可能已经死了。[31]

相反，希腊诗人尼科斯·卡夫瓦迪亚斯由"灯塔之声"联想到了忧伤的雾中海景，其中万物都丧失了轮廓，融入到遥远的声音中：

> 当浓雾把我们全都包围，
> 我们还能听到灯塔的呼号
> 那些看不见的船只
> 从旁经过，吹响了警报。[32]

这类忧郁和失落的情感在雷·布拉德伯里的短篇小说《雾号》（"The Fog Horn"，1952年）中被增强了：在一个11月份的多雾寒夜，一座未具名的美国灯塔的守护人开始讲述起他令人毛骨悚然的诡异故事：

多年前有一天，一个男人独自走到阴冷的海岸，站在那里，四周都是海风海浪的声音。他说："我们需要一种能够穿过海面的声音，警示船只；我要制造一种这样的声音。我要制造出一种声音，它就像整晚在你身旁的一架空床，像你打开门走进的一座空屋，像树叶落光的一棵秋树。那声音像众鸟啾鸣着南飞，那声音像11月的风，像站在冷硬海岸上看到的大海。我要制造一种声音，它孤独得没有人能够错过，听到它的人必将发自内心地哭泣，即便住在遥远的城镇也能听到它。我要为自己制造一种声音和一个装置，他们称之为雾号，听到它的人都会了解永恒的悲伤与生命的短促。[33]

短短几行后，那种雾号的声音获得了更加生动和令人不安的特质。守护人将其低沉的号声比作野兽："一头孤独的巨兽在黑夜里嚎叫，它端坐在千万年的边缘，对着万丈深渊嚎叫。"雾号的悲声笼罩上一种原始而神秘的力量。它把灯塔变成了一条纵轴，连接着人类世界与深海和时间的那一道看不见的深渊。然而随着雾号"从灯塔那高高的喉头发出含混的声音"突然唤醒了一头安睡在万仞深渊里的怪兽，比喻与现实之间的界限变得模糊起来。

它缓慢地、威严地从遥远的冰海中游出来。大雾降临，笼罩着它，一时间抹去了它的轮廓……一声呼号穿过百万年的海水和薄雾。那呼号如此痛苦，如此孤独，令我的头脑和身体为

> 之一震。怪兽在塔顶尖叫呼号。雾号吹响了。怪兽又一次嚎叫起来。[34]

读者或许会觉得布拉德伯里小说中的生动描述只是诗意的虚构，而事实上，它们精准地合成与传达了人们长期以来对雾号声的感受。与灯塔廊道的玻璃透出的缥缈得近乎崇高的炫目光照，甚或鸣钟的青铜之音相反，雾号那深沉的低音有种粗犷、原始乃至骇人的东西。长期以来，这“东西”一直触动着人类的集体想象。

自其问世以来，雾号之声常常被比作野兽的声音，例如“一头受伤的驼鹿的怒嚎”、“急需挤奶的母牛的哀嚎”、“猪发出的低吼”或“一头巨大的公牛与它巨大的配偶交配的声音”等等。[35] 在南福尔兰协助廷德尔进行测试的一艘灯船的船长称某个汽笛的声音“很难听，像一头公牛的低嚎”[36]。多年后，在强斯兄弟灯塔工程公司进行测试的雾笛的声音被当地一名新闻记者比作“一千头大象的咆哮”，而 1905 年，一种新英格兰雾信号被比作“一群黑豹的尖叫……音符逐渐降低，半分钟后，变成了一千头疯牛的咆哮”[37]。仿佛心灵的灯塔只要获得了一种声音——无论多么怪异或神秘的声音——就从威严泰然的海上看护员变成了各种毫无理性的生灵。

然而，雾号声的神秘特质，以及迷雾的不可预测和寂静无声，并没有停留在关于动物和怪兽的想象空间中。恰恰相反，它们被用作超验经验的隐喻。“我的家乡是个多雾的地方。”一位意大利天主教传教士曾经对他那些年轻的墨西哥神学院学生说。

> 一天夜里，我和父亲一起驱车回家。浓雾弥漫，以至于某一刻我们茫然不知所措。我们看不到车前一米之外的任何东西……请你们试着想象一下我家乡近旁浓雾弥漫的大海吧。整个冬天，我们就生活在这样的大雾和雾号中……雾号是个吵闹的灯塔。它不发光，而是发出从很远的地方就能听到的特殊的噪声……请想象一下在这样的寒冬大雾中航行的情景。[38]

据这位传教士说，人身体上的眼睛只能提供一种“盲视觉”，就像在汹涌的亚得里亚海航行穿过重重浓雾。他指出，真正看得见的眼睛是“心灵的眼睛”，因为上帝只能被感知而无法被展示。与从灯塔处散发出的耀眼光束不同，声音和大雾超越了视力和理性。雾号的呼号是深藏肺腑的，它向人类的心灵传话，而非理性。同样，上帝也看不见，亦无法像灯塔那样被定位，而只能在黑烟的寂静中被感知（《出埃及记》19:18）。

消失的声音

虽然有这么多文学和神学联想，但灯塔的声音一直是沿海社区日常生活的组成部分。当密布的浓雾沉默地笼罩大海席卷上岸，海平面消失不见了。光暗淡下来，人们紧闭家门，退回到其居所那私密温馨的空间。继而，一个大雾重重的冬夜的寂静被雾号那有节奏的呼号声打破了。正是这种遥远却又熟悉的声音每晚对村民们道晚安。也正是同样的声音在另一个潮湿而寒冷的冬晨薄雾中，将他们从睡梦中唤醒。

廷德尔等科学家将孤立的声音概念化为穿过大气行进的纯粹能量，并将环境背景简化为单纯的一套变量，但雾号的低鸣事实上却是复杂且时常有争议的文化声景的组成部分。“雾号非常有用，”哈迪说，“但也正是因为它，在邓杰内斯角社区度过的有雾的夜晚绝对算不上宁静。”[39]

在大西洋的另一侧，那些古怪的、有时甚至令人不安的新的声音也同样带来了不少问题。“有时候，需要一种又响亮又独特的声音来帮助在雾中航行的水手，与雾信号站所在的海边居民们安静舒适的生活之间存在着利益冲突，实在令人遗憾。”1913 年，美国灯塔管理局专员哀叹道。“就连响哨浮标的悲伤音调也会引发附近沿海居民们的抱怨。”[40]

当三一楼的总工程师詹姆斯·道格拉斯在廷德尔测试期间造访南福尔兰附近的村庄时，他说自己听不到雾信号，却有一名女店主告诉他说，“她常常在家中听到雾号声，它们有时会让她感觉非常糟糕”[41]。同样，五年后，一种新的警报声在利泽德安装之后，一名当地的新闻记者觉得那声音“没有意料中那么响亮和令人不安，但那声音很怪，很悲伤……它响起来，振动的回声持续很久，响彻周围的悬崖和洞穴”[42]。更令人担心的是，那个世纪末，位于苏格兰西部克洛赫角灯塔对面的达农镇的医生抗议说，雾号那“可怕的鸣叫声”被当地的地形放大之后，延缓了他们的病人的康复：“发出的声音很像是重症患者的哀号，哪怕是最健康的人听到，也难免心烦意乱。”[43]

据艾伦·伦顿说，关于雾号的信号悲伤抑郁的观念很可能与它们的声音是小调有关，或者干脆与人们在潮湿而阴郁的雾天里的情感联想有关。然而随着时间的流逝，那种声音逐渐变成了人们日常生活的背景音，用它安静而有规律的节奏标志着四季变换和相关的人类活动，人们的观念也会发生变化。对于在海上航行的水手来说，雾号的声音不仅是警示，也是一种安慰，一种从远方响起的友好的声音。在安全温馨的住宅中听来，它提醒人们注意大自然的各种元素和黑夜的危险。一个密歇根州灯塔守护人的女儿回忆说，她童年时，在床上倾听雾号声会想象自己被转移到一艘在大雾中航行的船只甲板上："海浪冲刷着山崖。从无边的黑暗中，传来怀特菲什角雾号那挽救生命的响声。"[44]

对那些习惯了雾号声音的人而言，它会在人心中唤起一种舒适和温暖的亲密感。它强化了内外之间、家庭生活与外部世界之间的边界。在一封写给朋友的信里，一个灯塔守护人的妻子写到她在一个大风的天气中到达自己位于陆地边缘的新家，迎接她的是"雾信号的一阵可怕的响声"。

> 雾很大，狂风呼号！我在到达这里之前，从不知道风的威力会有如此之大。我刚踏出出租车，就仿佛被一只巨手抓住，身不由己地穿过庭院，来到了 P.K. 的房舍近旁——一路上死命地按住帽子和围巾。我不记得其他人到家的情景了，但一进屋，外面的大雾和狂风很快就被忘记了。[45]

这个女人继而开始抱怨起"那悲伤的雾信号"仍在继续。"它这么响个不停，孩子们怎么睡得着？"然而过了一段日子，她再次提笔写信，却在结尾说虽然有着种种不便，"但这里就是我们的家，当周围的大自然癫狂失控之时，这里是我们的避风港——与外面的凄风冷雨形成了鲜明的对比”[46]。雾号早已变成了孩子们的摇篮曲。

每在新型雾信号安装完毕之后，当地居民常常会向灯塔管理机构抱怨那些讨厌的噪声。在1970年代和1980年代较高音频的发射器被投入使用的时代尤其如此。这些电动的警报与灯塔自动化的启用相伴。它们替代了较为古老的雾号，从而不再需要人力来操作那些复杂的机械装置了。很多时候，公众的抗议导致官方试图修正信号，通常会降低它们的频率。然而和过去一样，当人们习惯了那种声音，抱怨也就停止了。许多时候，人们甚至对那些声音产生了情感上的依恋。

近些年来，这种情感依恋似乎变得比以往任何时候都更加强烈。2012年，在一项国际指令被颁布之后，就连电动警报也开始退役，人们起初对信号声的厌恶奇怪地变成了对于正在消失的声音渐渐生发的浪漫感。亚得里亚海沿岸的一座城镇群起抗议港口官方取消其雾信号的决定。“[警报声]是在大雾天气里为码头上的里米尼人引路的歌声，那里是费里尼的电影《阿玛柯德》(*Amarcord*, 1973年)开始和结束的地方；是里米尼人在一年四季和一日四时漫步的地方。”一名意大利记者写道。“码头就是码头，而如今，没有了警报声，感觉已经不一样了。这些日子，当整个城市被浓雾包围之时，许多人都注意到了这一点。大雾仍在，灯塔如今却销声匿迹了。”[47]

在佩萨罗附近的法诺①，雾信号的退役引发了同样的甚至更加强烈

① 法诺(Fano)、佩萨罗(Pesaro)和里米尼(Rimini)均为意大利中部濒临亚得里亚海的市镇。

的不满。当地媒体频繁地将警报那温暖、友好而抚慰人心的声音与如今冰冷的新技术的沉寂进行对比。警报声的呼号向法诺人做出最后的告别，甚至启迪诗人写出了这样的诗句：

> 我以为我如大海般永恒。
>
> 我以为我的声音会安抚法诺的人们，哄他们的孩子安睡。
>
> 我的哀鸣是面临危险的城市的声音，挽救水手们走出了险境。
>
> 有人却想要撕扯我那颗无私的血肉之心。[48]

经过公众抗议和官僚部门长期的争吵，法诺的警报声在 2017 年重新响起，里米尼的警报也于 2019 年重新启用。

意大利亚得里亚海沿岸法诺的雾信号

在海峡对岸，抗议也让位于很有创意的做法。2013 年，当雾号从不列颠沿岸声景中消失，英格兰东北部的苏特灯塔举办了一场露天音乐会来庆祝此事，那里正是一个已废弃的大功率雾号在 1980 年代末退役的地点。一曲乐谱被适时创作出来给乐队表演,其中就包括灯塔的号声，以及 50 艘船和三支铜管乐队的声音。停泊在海上的每一条船都相当于一件调好音的乐器。50 分钟的表演吸引了大约 10 000 名听众，音乐会在灯塔雾号的最后一声轰鸣中达到高潮，“一个音符绵延不停，直到最后，它的气囊几乎都空了”。用组织者的话说：

> 那声惊人的呼号持续了一分多钟才开始颤抖和哽咽，仿佛它的巨肺被耗尽，最终不再产生乐音，只剩下流动的空气的温柔之声，就像一个垂死的生灵在海上吐尽它的最后一口气。[49]

人们用动物形态甚至拟人的比喻来描述“垂死的”雾号，表达出欧洲沿海社区对那些昔日的声响深深的眷恋之情。然而，这些情感又源于何处呢？

声音指代的是所产生和被接收的环境。因此，消失的声音必然有一种独特的能力，让人联想起并唤起关于那种环境的长期记忆。它们创造了一种过去的延续感，或者更确切地说，它们唤起了对于不复存在但被理想化的昔日旧时光的怀旧之情。声音信号定期发生。虽然它们始终只是背景音，但它们也恰恰从这种重复中获得了自身的力量。雾号有节奏的声音就像响彻村庄的教堂钟声。它为日常和四季的例行事务做出标记；它引发了一种时光流逝之感；它孕育回忆；它唤起那些被忘却的事，并因而巩固了社群的身份认同。[50] 加拿大作曲家和声学通信学者巴里·特鲁阿指出，已经消失的雾号之声听起来十分浪漫，因为它能够唤起人们对过去环境的记忆并占有那种环境。“大脑抛却了无关的细节，因而声音在记忆中振荡。”[51]

作为心灵的灯塔在声音上的延伸，或者干脆就是在远方回荡的温柔的忧郁之声，雾信号的声音特别能够美化日常生活，甚至赋予它一种迷人的魅力。对许多人来说，昔日雾号那唤起回忆的声音曾经鼓励他们内省，促使他们平和，其有规律的节奏盖过了海浪的声音和人们呼吸的节奏。[52]

灯塔与无线电实验

雾号的独特之处就在于，它们的声音是由雾号本身和周围的环境共同创造出来的。雾号的声音是“一种对时间和距离、大气条件，以及上百万次的回声及其所穿越的物理环境的振动独一无二的编码”[53]。与灯塔一样，它也无法与它嵌入其中的环境分隔开来。无线电波则相反，它们不受变化无常的天气的影响，在大多数情况下，也不受相邻陆地的影响。原因是它们不是由空气或物质的机械振动或干扰产生的，而是由电场和磁场的变化产生的。

电磁波的理论最早是由苏格兰物理学家詹姆斯·克拉克·马克斯韦尔在1860年代末提出的。20年后，海因里希·赫兹证明了它们的存在。

赫兹在实验室中生成了无线电波，证明它们具有与光相同的波属性。这几位和其他的科学家主要把他们的工作看作是对电磁辐射物理规律的知识的拓展，而电磁波被实际应用于远距离通信还要归功于意大利诺贝尔奖得主古列尔莫·马可尼（1874—1937）。

1895 年，时年 21 岁的发明家在他位于博洛尼亚附近的庄园中，成功地将一个无线电信号传输到了山丘的另一侧。由于他的实验研究在意大利未能得到认可，次年马可尼与他的爱尔兰裔母亲一同前往英格兰。在那里，他创建了自己的公司并设法获得了进行大规模实验所需的手段。荒凉的英格兰南部海岸很快就变成了他的户外实验室。在那些与世隔绝的海岸上，马可尼发现了美、自由和灵感。他的女儿德尼亚回忆说："生活在大海近旁，每日受到风暴的冲击，他的天性得到了释放。"[54] 不到五年后，马可尼发射的无形信号越过了英吉利海峡并继而穿越大西洋，永久地证明了无线电波能够超越地球曲率传播。

不出所料，马可尼在英国进行的许多早期实验都是在灯塔或其附近进行的。灯塔位于偏远的海角，即陆地的极端边缘，它们是天然的跳板，可以从那里向海平面进发并尝试越来越长的跨越。其中有几座灯塔如今仍然伫立在那里，是这位意大利科学家所创下纪录的纪念碑。值得注意的是，第一个在公海发送的无线电信号是 1897 年 5 月从布里斯托尔海峡的弗拉特岛灯塔发射的。这条信号被马可尼在 5 公里外的威尔士格拉摩根谷的莱弗诺克角接收到。目睹实验过程的德国教授阿道弗斯·斯拉比回忆道："我们五个人在一座防风的木头小屋里，站在那些器械的周围，视觉和听觉都集中在仪器上，那种关注程度几乎让人有些痛苦。”

> 突然间，我们听到了第一声“嘀嗒”“嘀嗒”，看到摩尔斯仪器印出信号，这些信号静静地从岛礁传来，肉眼几乎很难看到它的轮廓。它们通过那个未知而神秘的介质——以太，舞动着来到我们的身边。[55]

四年后，马可尼成功地在怀特岛的诺尔斯农场实验站（就在圣凯瑟琳灯塔旁边）和他位于康沃尔郡利泽德角的新站点之间建立了联系。两地相隔 315 公里，当时是无线电波传播的历史最远距离。

马可尼进行实验的最著名的灯塔地点是南福尔兰，也就是廷德尔近 20 年前曾进行雾信号测试的那座灯塔。三一楼当时正在寻找一种可靠的系统，以便从海岸与他们的灯船进行通信。正如马可尼所写，这个问题引起了他们浓烈的兴趣，因为到那时为止，人们尝试的所有其他通信系统的结果都不够令人满意。此外，连接到某些灯船的电报电缆非常昂贵，在风暴期间还很容易受损中断。[56]因此，1898 年 12 月，三一楼邀请这位意大利科学家展示他的系统。

南福尔兰角灯塔坐落在白垩崖高处，俯瞰英吉利海峡，是测试无线电技术的理想地点。马可尼选择的通信灯船是“东古德温号”，在五艘停泊在该地区的灯船中，它的位置距离灯塔最远。它停泊在臭名昭著的古德温沙洲东侧，距离灯塔 19 公里。马可尼的助手乔治·肯普前往灯船，而马可尼负责监督在灯塔附近的陆地上安装一座大型天线。在圣诞夜猛烈呼号的大风中，南福尔兰首次记录了从船到岸的无线电传输，双方互致圣诞问候。大风持续了十天，肯普在“东古德温号”上度过了圣诞节。直到 1899 年 1 月 10 日，他才设法登陆岸上，对南福尔兰的设备进行最后的调整。[57]

英国物理学家和电气工程师约翰·安布罗斯·弗莱明参与了实验的辅助工作，他在《泰晤士报》上充满惊喜地撰文称：

> 马可尼在古德温沙洲安排了一艘灯船，它日夜与南福尔兰角灯塔进行即时通信，堪称奇迹。只要轻触灯船上的按键，12 英里之外的南福尔兰角灯塔就会响起电铃，简直就像在酒店房间里召唤仆人一样轻松而可靠。[58]

从那时起，尽管沿岸全年遭受着数不清的猛烈风暴，用马可尼的话说，灯塔与灯船之间的通信一直保持着“惊人的稳定”。马可尼本人在“东古德温号”船上待了很长时间，以便进行更多的实验。船员们受到了如何操作设备的指导，他们很快便学会了。事实上，马可尼开玩笑地说：“由于我的助手在风暴中表现出糟糕的水手素质，大部分通信都是由这些临时无线电操作员传输的。”[59]

然而对无线电之功用的最为决定性的证明，发生在 1899 年 4 月浓雾弥漫的一天，一艘大型轮船撞上了“东古德温号”。此事就发生在马可尼在南福尔兰进行实验期间。灯船呼叫了灯塔操作员，后者立即向海岸警卫队发出警报。此事发生之后的大量宣传让人们意识到海上无线电通信的重要性，帮助马可尼获得了继续实验所需的支持。其后两年间，“东古德温号”又发出了四次紧急呼叫，有些是因为航船在大风期间撞上浅滩失事，还有一次是为了救助一名重病的船员。[60]

除了接收到有史以来的第一次求救信号之外，南福尔兰角灯塔之所以举世闻名，也因为另一个划时代的事件：第一次国际无线电联络。马可尼解释说，起初安装的天线要比与灯塔联络实际所需的天线高得多，原因是他计划进行“长距离实验”[61]。因此在获得了法国政府的必要授权之后，他们在英吉利海峡另一侧的布洛涅附近新建了一个联络站。

两个站点之间的第一次联络发生在1899年3月底，当时在场的法国政府、陆军和海军代表脸上全都带着不敢相信的表情。无线电的沉默突然被摩尔斯电码“..._”（“V”）打破了，“代表长距离通信的努力获

古列尔莫·马可尼与助手乔治·肯普一起在南福尔兰角灯塔操作无线电，1898年

加拿大纽芬兰的开普雷斯灯塔和天线

得了胜利（victory）”[62]。人们跨越 45 公里的距离，以每分钟 15 个单词的速度交换了信息。据媒体报道，那些信息“能被清晰地阅读，与有线终端连接别无二致”[63]。《泰晤士报》的一名特派记者当时也在场，第二天，南福尔兰角灯塔接收到了通过无线电报发送的第一条国际新闻信息。科学被“提升到了举世瞩目的水平”[64]。

几天后，一个由邮政电报官员组成的委员会从伦敦前往南福尔兰角灯塔，视察马可尼安装的设备，并目睹了英格兰与布洛涅之间的通信演

示。“那天的大气条件几乎是这个冬天最糟糕的。”一名伦敦记者写道。

正如马可尼先生所说，那是呈现出“各类天气样本”的一天。狂风大作，有时还大雨倾盆。下午出现了雷暴，有夸张的闪电，其后又出现了雪和雹飑，一度使半个海峡笼罩在一片黑暗中。在所有这些不同的天气条件下，与布洛涅和“东古德温号”灯船的通信一直都在进行，没有出现任何故障或中断。[65]

不列颠的几座灯塔见证了马可尼在技术上的成功，那以后不久，大西洋另一侧的一座灯塔也跻身航海通信的历史。1912 年 4 月，在“泰坦尼克号”的致命航行中，加拿大纽芬兰的开普雷斯灯塔与那艘船联络成功，一举成名。呼救信号起初是被一个 14 岁男孩收到的，当时值班的操作员恰巧起身离开了无线电操作室。随后，该信号通过由当地的电缆站发送的电报传遍了全球。几小时后，“泰坦尼克号”在距离该海角 595 公里的地方沉没了。位于 108 公里外的“喀尔巴契亚号”轮船也接收到了呼救信号并投入了救援。

多亏有无线电，2200 名乘客中有 712 名最终获救了，马可尼本人亲自前往纽约港迎接他们。这次事件在全世界引发了巨大轰动，以至于几个月后召开了一次国际会议，提出出海的每一艘船都必须使用无线电报。如今，开普雷斯灯塔是自“泰坦尼克号”沉没以来唯一一座仍然伫立海角的灯塔。[66]

无线电信标

除促成了船只对海岸以及船只对船只的通信之外，无线电还执行了其他几项对航海安全至关重要的职能。值得注意的是，无线电信号可被用于指示某一座灯塔或某一艘灯船的位置，这样一来，它们本身也就变成了灯塔。一个发射台或者无线电信标不间断地以专有的频率用摩尔斯码发布识别信号。船上安装无线电罗盘（一种安装有旋转定向天线的无线电接收器）之后，就能接收该信号，灯塔的位置就可以确定，危险也就能即刻避免了。

船用无线电罗盘，可转线圈型，摘自乔治·R.帕特南《无线电信标和无线电信标导航》（*Radiobeacons and Radiobeacon Navigation*, 1931 年）

如此一来，无线电信标就提供了可视性导航标志，且不受能见度条件的影响。另一方面，它们也远比雾信号更加可靠，因为无线电波往往可以直线传播，而且与声音不同，它们不受天气影响。美国灯塔管理局专员乔治·罗克韦尔·帕特南在1931年骄傲地宣称："海岸上或许浓雾笼罩，一切可见的信号都被雨雪遮挡，一切声音警报都被风暴淹没，但领航员如今能够蛮有把握地通过无线电信号确定一两百英里距离之外的任何方位。"[67]

无线电信标的另一个重要功能是定位。当船在两个或两个以上海岸无线电信标的覆盖范围之内时，就有可能确定它的位置，哪怕在最浓的大雾中也毫无问题。显示在图纸上，每个信标的方位就变成了定位线，其交叉处就是船只的定位点。

无线电信标将灯塔的作业范围延伸到了地平线以外数百英里。现今商业调频广播站和移动电话使用的甚高频（VHF）及以上频率的无线电波都是沿直线传播的，而马可尼最初使用的、由巴黎国际无线电委员会于1919年正式分配给海上无线电信标的低频率（LF）都会发生衍射。它们会绕过障碍物并传播到地平线以外。因此，当船远离灯塔的可视范围或雾号的可听范围时，仍可以听到无线电信标的信号。仅需500瓦（相当于商业广播电台使用功率的一小部分），无线电信标信号就可以在远至320或485公里的距离处听到。相比之下，最大功率的空气中的雾信号声音，在有利的天气条件下，也只能在16或24公里之外听到（通常范围不超过8公里），而海岸灯塔灯光的可视范围不超过24到32公里。[68]

无线电刚刚被发明出来，人们就开始用它的信号来确定灯塔的位置了。马可尼早在1899年就开始研究定向导航系统，并在接下来的几年中继续进行定位实验，当战争的迫切需求导致无线电导航加速发展时更是如此。然而直到1920年代初，第一批无线电信标网络才开始在北美海岸运行，欧洲海岸也在其后不久开始启用。[69]

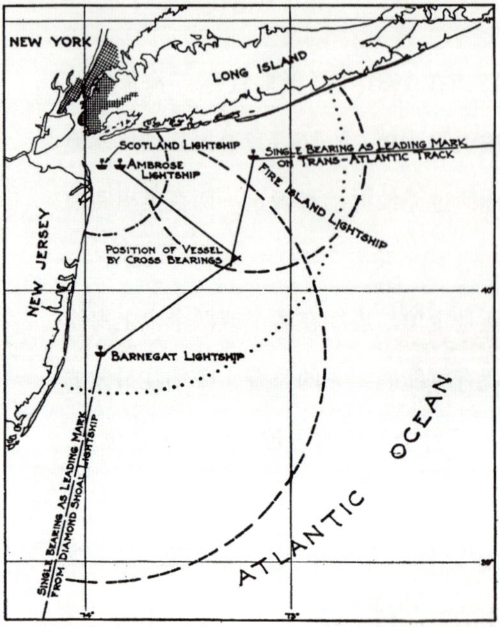

纽约附近的无线电信标，证明了它们在航海中的广泛应用，摘自乔治·R. 帕特南《无线电信标和无线电信标导航》（1931 年）

1921 年，新泽西州的希格特灯塔成为美国第一座安装无线电信标的岸上设施。该系统旨在使船只在雾天或能见度差的情况下安全驶入纽约港口和周边水域。发射器开始向海上的船只广播，通过架设在灯塔上方的两座骨架塔之间的电线发送无线电信号。类似的收发器也安装在纽约港口入口处的“安布罗斯海峡号”灯船和长岛南岸附近的“火岛号”灯船上。海员可以通过跟踪这三个站点的无线电信号来确定自己的位置。[70]

这些仪器安装的成功促使美国灯塔服务处扩展了该系统。在其服役的前十年内，该系统呈指数级增长。到 1924 年，世界各地定期使用的无线电信标数目从 3 个增加到 23 个；到 1927 年增加到 63 个；到 1931 年增加到 192 个。其中有 90 个位于美国境内（包括阿拉斯加和夏威夷）。据帕特南估计，配备无线电罗盘的船只数量约为 4000 艘。[71]

可以追溯至 1930 年代末的美国无线电信标地图证明了该系统到那时为止所达到的广泛覆盖范围和复杂性。与灯塔一样，无线电信标也可分为三类，其范围从 16 公里到 485 公里或更远不等。同样，遵循与沿海灯塔相同的原则，每个信标也被分配了独特的呼叫信号。一个不断重复的单个摩尔斯字符比三个字母的呼叫信号更有效，因为不需要受过专业培训的操作员也能轻松识别。水手只须查看他的无线电信标清单或地图，即可识别站点。[72]

作为技术进步的标志，高大的金属塔和支撑巨大天线的立柱成为美国沿海景观的常见特征，也构成了 20 世纪灯塔图标的组成部分。它们响应了一种新的现代风景画的美学。有时，明信片上会展示这些巨大的架构高耸在开阔的地平线和布满海石竹的崎岖悬崖上的画面。还有些时候，高塔和电线鲜明地叠加在傍晚天际的整个调色板上，橙色和金色褪去，转变成不可思议的蓝色，偶尔点缀着白云。

马萨诸塞州科德角北特鲁罗的高地灯塔和无线电信标的明信片

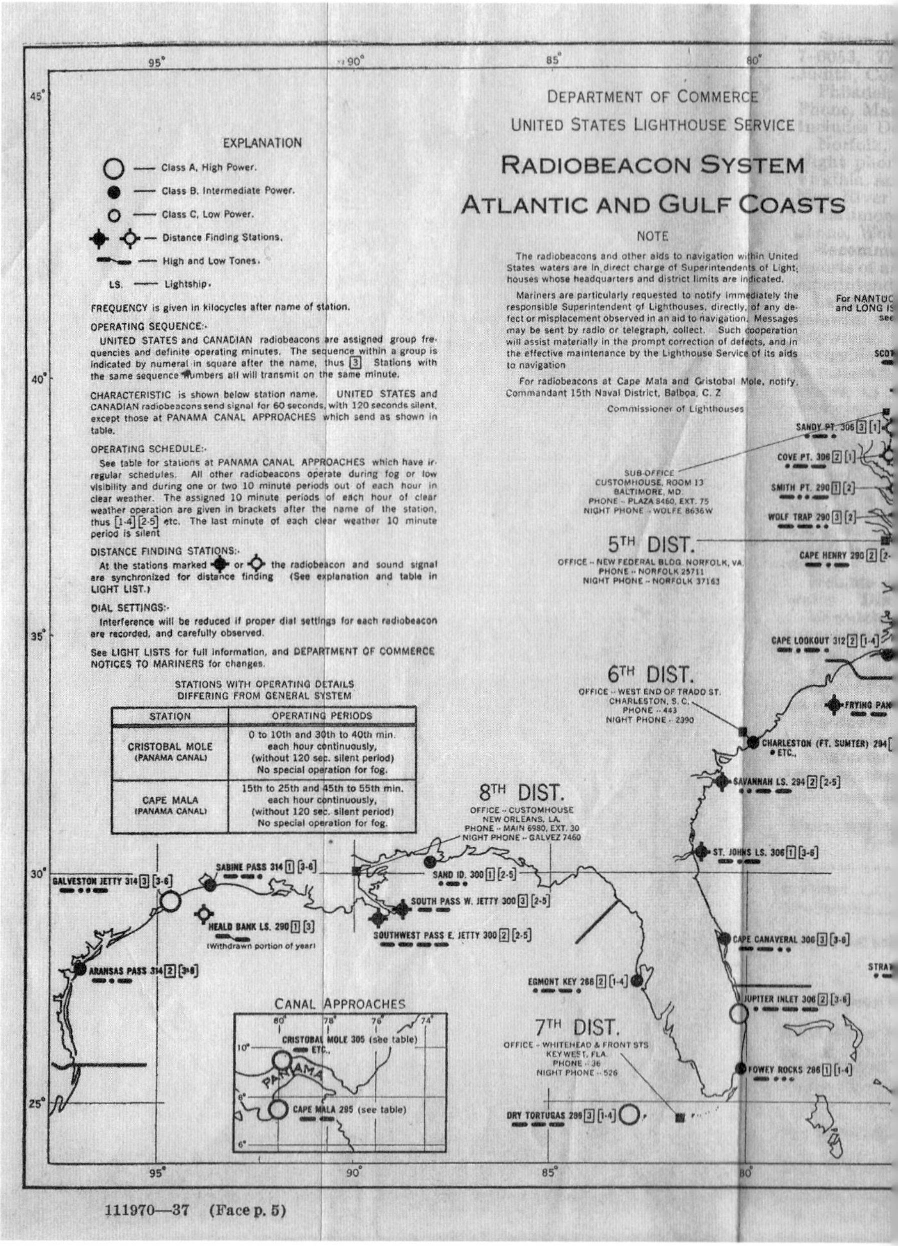

大西洋和墨西哥湾海岸无线电信标的地图，美国灯塔服务处，1937 年

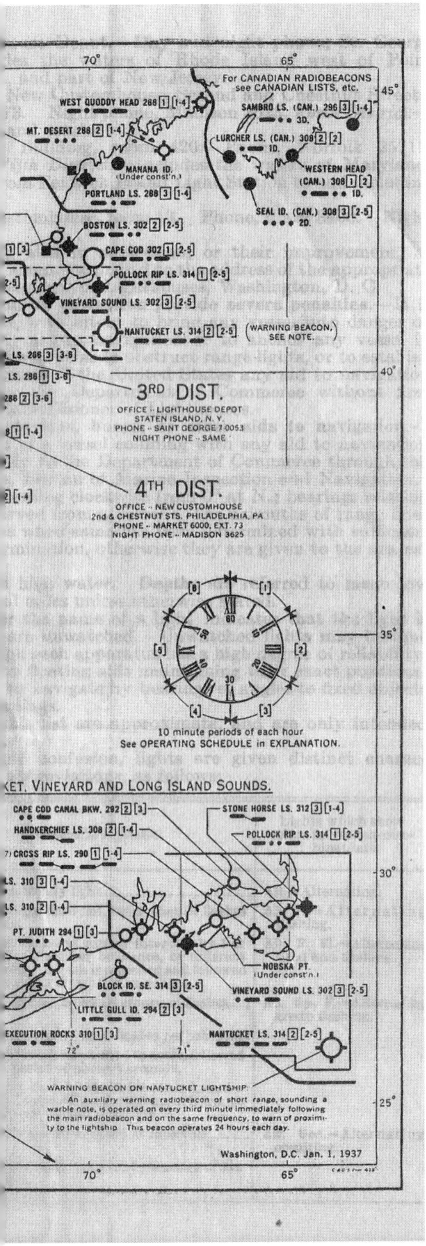

在大西洋的另一侧，无线电信标雾号也从位置同样壮观的灯塔上发出，例如南福尔兰角和邓杰内斯角。出身于苏格兰著名的灯塔建造家族的戴维·艾伦·史蒂文森（1854—1938）对无线电产生了浓厚的兴趣。他开创了一种被他视为比当前的定向系统更实用也更便宜的替代品的原型：“对讲信标”。它由一个同步的无线电和雾笛信号组成。与源头之间的距离可以通过两个同步信号之间的时间差计算得出（无线电信号以光速传播，空气中的声音信号的传播速度大约是每 5 秒钟 1 英里）。该系统在苏格兰的坎布雷灯塔进行了测试，自 1931 年起开始运行。但与无线电信标不同，它从未获得成功。批评主要集中在空气中的声音信号这一根本问题上，也就是说，因大气条件的不可靠性，它们无法达到预期的

效果。[73]

与此同时，传统的无线电灯塔被国际媒体誉为“自罗盘问世以来最伟大的进步”，无线电波也受到热情的赞扬，人们称它能“像阳光穿过晴朗的天空那样”穿过薄雾，事实上还有人说它能“瞬间穿透大自然的每一层帷幕”。[74] 马可尼和他的同行们创造出的那种看不见的电磁波似乎以某种神秘的方式帮助人类掌控了大自然，或者至少有助于揭示大自然的运作方式。例如，由于低频音对静态噪音较为敏感，只须观察最大水平噪声的方向，就可以用船上的无线电罗盘来确定飓风中心的方向。[75]

从灯塔发出的无线电脉冲被比作“昆虫的触角，只不过效果是相反的。昆虫的触角用来提醒它的主人后者正在接触什么东西，无线电信标的触角则用来警告它所接触到的物体”[76]。与用于形容强大而难以驾驭的雾号之声的动物比喻不同，昆虫的比喻暗示了新技术的精确性。一名美国记者援引一名船长的话自信地说，无线电信标“已经将猜测排除在导航系统之外了”[77]。

然而，该系统并不是完全可靠的技术，在初始阶段尤其如此。信标信号的混乱可能会导致灾难。1923 年，一个无线电信标提供的定位错误就引发了一场重大灾难，造成了美国海军舰艇在和平时期的最大损失。七艘驱逐舰以 20 节（每小时 37 公里）的速度行驶，直接撞向加利福尼亚州南部阿圭洛角附近的礁石。那些被认为是世界上速度最快、技术最先进的船只，原计划以纵队队形排在旗舰美国海军“德尔菲号”舰艇之后从旧金山湾驶向圣迭戈。当“德尔菲号”沿着海岸线航行时，能见度较差，导航员不得不使用航位推算法继续行驶。“我们没有星星来指引航程，当时正试图通过两个岸上无线电台收到的无线电信息来核对我们的推算结果，但是‘古巴号’（一艘两天前在附近水域搁浅的客轮）的无线电信息混乱，使我们根本无法进行核对。”舰队的一名军官在听证会中透露。[78]

这个错误导致“德尔菲号”舰艇在距离阿圭洛灯塔不远的洪达角搁浅了。紧随其后的驱逐舰也毫不犹豫地遵循它的轨迹，一个接一个遭受了同样悲惨的结局。现场是一片噩梦般的景象。“撞击的声音就像刀叉在盘子里响起，此起彼伏。”一名目击者回忆道。

> 锋利如剑的礁石划破了船体，椭圆形的油箱也被撞破了，试图挣扎上岸的人们身上沾满油污，让他们更加不舒服……就因为整个人浑身上下包裹着油污，一些人即便跳进海里也无法获救。[79]

这场灾难导致 23 人丧生。

到 1930 年代初，无线电信标的功能已经扩展到了航空导航。正如一份波士顿报纸高调宣称的那样，“作为唯一可以穿越任何天气条件的人为力量，无线电已经进行了调整，可以引导飞机沿着城际航线飞行”。航空信标在同一罗盘的交替象限中向单一方向发送相反的信号（分别为摩尔斯码中的“A”和“N”，即“._”和“_.”）。无线电信标的传输时间被安排得如此精确，以至于在两个信号相交的线路上，它们的点和线结合在一起，形成了沿着航线飞行的飞行员听到的单一连续的嗡嗡声。

1923 年在加利福尼亚州阿圭洛角附近失事的美国海军军舰

相反，向两侧飘移会导致“A”信号或“N”信号变得突出，从而提醒飞行员航道发生了偏离。由此产生了一个高速公路比喻：“如今，飞机就像在汽车公路上一样，在标记明确的车道上行驶……当飞行员偏离航道时，他会感受到突然的震荡，就像汽车驾驶员滑下道路一侧时一样。而且飞行员还不必观察道路，他只要听到就可以了。”[80] 有了无线电信标，原本空荡荡的空间变成了一个由无形航路、限制区域和禁飞区组成的复杂地形。

如今，无线电信标大多已经被全球定位系统取代了，但航空用信标仍在为空中飞行提供引导。在微观层面，无线电信标也在指导我们的日常移动。讽刺的是，在灯塔已被认为是过时的航海技术的时代，成千上万无形的蓝牙信标开始充斥在日常空间里，作为室内导航和移动购物等行为的辅助工具。蓝牙信标是低能量发射机，向附近的智能手机和平板等可移动电子设备播报其标识符。该技术使得接收设备能够在某个信标附近行使各项功能。例如，零售商利用这些信标向过路人提供商品打折消息。由于数字信息正越来越在真实世界被进行地理标记和编码，这种信标已逐渐变成了新世纪特有的思考、经历和管理空间的方式。

外太空的信标

与灯塔不同，无线电信标不必固定在地面上。它们可以被安装在移动的交通工具、物体、动物甚至人身上。紧急定位信标，或使用电池的特制无线电发射机，可用于定位陷入困境的飞机、船只和人。一旦发生紧急情况，例如飞机坠毁、船只沉没或徒步者迷路，发射机就开始发送持续的无线电信号，该信号被搜救队用于确定紧急情况发生的具体地点。移动无线电信标还被科学家们用来追踪动物的活动和迁徙规律。最复杂的是由收集自动物身体热量的热电能量供能的信标。[81] 更值得一提的是，无线电信标被用于追踪外太空中的物体——从行星际探测器到低轨卫星。

人造卫星通常携带一个或多个信标，正常情况下在甚高频段或更高的固定频率上发射信号。该信标用于确定卫星的方位角和俯仰角，从而获取其在天空中的位置。还可以通过信标来传输遥测数据，即卫星的健康状况（如电池电量和内部温度）。对于太空信标发射的无线电波特性的分析结果已被用于研究地球电离层（75 到 1000 公里之间的大气层）乃至行星际等离子体的成分。[82]

太空无线电信标也被用于地面导航和大地测量。1978 年，美国以四颗轨道卫星建立了一个简陋的全球定位系统网络。到 1993 年，一整套由 24 颗卫星组成的网络绕地球运转。每个设备每天绕地球飞行两次，地球上的任何一个地点都至少可以看到四颗卫星。“这些忙碌的机器人不断报告它们的位置和传输时间。实际上，全球定位系统就是通过不断地环地球监测而生成的整个世界的计时器加地图。”[83]

虽然在过去几十年，空间无线电信标已经飞向了遥远的星球，技术水平日新月异，但历史上最著名的“太空的心灵灯塔”仍然是“斯普特尼克一号”① 那简单的蜂鸣音信号。这颗苏联人造卫星于 1957 年 10 月 4 日发射升空，正值冷战的高峰期，是人类发射进入地球轨道的第一个物体。

在苏联，发射前很久密集的准备工作就开始了。从波罗的海到西伯利亚，共有 26 个观测点组织起来，报告卫星的进展情况。无线电信标的频率在苏联《无线电》（*Radio*）杂志上公之于众，还承诺给成功收听者颁发奖品和特别的卡片。[84] 相反，在美国，发射的消息完全出人意料，或者说引发了举国震惊。当这颗小小的苏联人造卫星穿过西半球的夜空发出持续的无线电蜂鸣声时，人们既兴奋，又焦虑。

---

① “斯普特尼克一号”（Sputnik I）是第一颗进入行星轨道的人造卫星。苏联于 1957 年 10 月 4 日自拜科努尔航天中心发射升空。由于这时正值冷战，斯普特尼克一号毫无先兆而成功的发射震撼了整个西方，在美国国内引发了一连串事件，如斯普特尼克危机、华尔街小股灾等。

按照《洛杉矶时报》的说法，斯普特尼克的成功发射证明苏联人的火箭技术已经可以将物体投射到相当远的距离，包括洲际弹道导弹，甚至可能是原子弹。[85] 第一次，美国拥有无可争议的科学技术优势的神话被打破了。正如密歇根州州长对媒体所说，斯普特尼克那冰冷的蜂鸣声向人们提出了“那个令人不安的问题：美国是否将成为二流的世界强国”[86]。

寄送给卫星收听者的斯普特尼克确认（收信确认）卡，1957 年

那颗卫星令人不安而无形的声学存在加剧了人们的焦虑感。虽然这个闪烁的人造小月亮只有在晴朗无云的夜空中才会被瞥见，但它每次绕轨道飞行时，任何拥有足够好接收设备的人都可以听到它的“声音”，每次持续约 15 到 20 分钟。不过，西方科学家对于这么快就接收到这样的信息毫无心理准备。每个人都期待第一个进入轨道的卫星是美国的，而且国际地球物理年委员会（卫星将参于其中）同意的信标频率为 108 兆赫。然而斯普特尼克的信标却在低得多的频率上进行了传输。

在匆匆把为 108 兆赫建造的设备改为 20 兆赫和 40 兆赫的同时，为了获取类似的轨道，美国请求全国各地的无线电操作员立即投入观察。

接收报告将被发送给华盛顿的美国海军研究实验室。这些报告必须包括信号出现和消失的精确时间及其强度、调制和特性（强、弱、稳定、抖动、消退等等）。[87]

数十份接收到斯普特尼克信标的无线电业余爱好者的叙述和照片立即开始充斥在全国性和地方报纸上，从东海岸到夏威夷，热闹非凡。人造卫星升空两天后，马里兰州的一份报纸报道了两个当地操作员的成功尝试。他们声称“我们刚开始听到信号时，算出那是在大约 5000 英里之外”。两人决定整晚不睡跟踪卫星。他们用一份当地的报纸作为草稿纸，计算出了距离和方向，并在放置于接收设备旁边的地球仪上跟踪卫星的轨道。其中一人称斯普特尼克卫星信标的声音很像“小狗的叫声”。他的同事补充道：“坐下来想想，又会觉得毛骨悚然。这是周六的晚上，伴随着它的还有一种奇怪的回声。”[88]

许多人说他们听到斯普特尼克的哔哔信号声时会有不祥或奇怪的感觉。田纳西州的一名业余无线电爱好者在睡觉时把设备开着，而后在早上 5 时 20 分突然被哔哔声惊醒了。他坦言：“一开始，哔哔声几乎听不到。它们越来越响，直到卫星飞过去，然后就消失了。它让我不寒而栗。我似乎能‘感觉’到它从头顶掠过。”[89] 接下来的几个星期，被卫星信标“惊醒”的意象成了新闻界的常见隐喻。它传达了美国民众从深深的“自满的沉睡”中被摇醒的感受。“那一声哔 – 哔 – 哔已经让强者之国的人们有些畏缩了，即便他们可能只是听到了儿童三轮车的喇叭声。”一家纽约报纸写道。“时代的压力沉重地压在人们的心上。斯普特尼克必须唤起我们的公共关切和个人良知。”[90]

随着科学家和公众开始推测卫星信号的含义和用途，对斯普特尼克的哔哔声的焦虑感与日俱增。人们密切关注信号的质量。《国家地理》杂志称斯普特尼克的“超凡脱俗的音乐”就像“一连串高音调的音符，节奏有些微妙变化，每个音符都很清脆，听起来有点像单音木琴”。[91]科学家和业余无线电爱好者在示波器上分析这些神秘信号。一旦脉冲被赋予了个性化的特征，就会产生有关它们携带情报的理论，尽管苏联人一再保证，该卫星只是在播报无线电信号，以便跟踪。[92]

一名来自加利福尼亚的业余电台爱好者猜测，这颗卫星正在向莫斯科发送经过编码的科学情报，而那熟悉的哔哔声实际上是一种掩饰手法——这个说法得到了纽约海顿天象馆首席科学家的支持。还有人甚至

美国业余无线电操作员迪克·奥伯霍尔策和妻子正在收听“斯普特尼克一号”的无线电信号，摘自《生活》杂志，1957 年 10 月

想象有一只老大哥的“天眼”正秘密监视着西半球。[93]一个飘浮在太空中的直径60厘米的金属球变成了最让人魂牵梦萦，也最令人寝食难安的“心灵的灯塔”。

埃德温·马库斯的这幅漫画展示了斯普特尼克的冲击力，人们认为它让美国彻底从“自满”的睡梦中惊醒了

无论是经验丰富的工程师还是学校里的学童，都捕获了斯普特尼克的神秘信号。在加州南部的地震谷沙漠中，加州理工学院的科学家们建立了一个专门的跟踪站，具体地点保密。他们担心会有太多人进入该区域，另外汽车引起的电磁干扰可能会影响信号接收。[94]在美国东海岸，据说新泽西州的一名22岁的业余无线电爱好者和他的母亲在录音带上捕获了斯普特尼克的声音。按一下地下室控制面板上的开关，这个年轻人就能将声音传送到房子的任何角落，从车库到他的卧室。当地一家报纸写道："早年间，在太空旅行还未开始的年代，戴维·韦尔的家里回荡着流行音乐。而这些天，这座房子里充斥着一种全新的音符——斯普特尼克的哔哔声。"[95]

这个信标的怪异声音不再局限于科学实验室、无线电俱乐部和家庭空间之内。斯普特尼克的哔哔声在学校里被接收，在商业无线电和电视上播放，甚至通过大功率放大器和扬声器传送到整个社区。[96]在巴尔的摩，人们拨打一个电话号码就可以收听到斯普特尼克的哔哔声——"还额外赠送一句《圣经》经文"[97]。在俄亥俄州，人们创作了一首特别的歌曲题献给斯普特尼克的哔哔声，圣诞节期间，这声音甚至被孩子们加进了圣诞老人的雪橇铃声中。[98]

来自太空的信号的魔力并没有随着"斯普特尼克一号"的消失而消退。其他斯普特尼克号卫星和美国的人造卫星迅速跟进，两个世界超级大国之间的太空竞赛变得越来越疯狂。正如意大利业余无线电爱好者多梅尼科·马里尼在晚年时回忆的那样，那个时代的每一次发射都是一个非凡的大事件，截获那些来自太空的早期信号可以让整个村庄神魂颠倒。他的话让我们深切地感受到，不过是一声来自太空的哔哔声，居然可以激发出如此持久的兴奋情绪。“1960 年 8 月，”马里尼写道，

> 我住在格拉加诺的一座山丘上，就是那座马卡里奥上校 100 年前建造的有两座垛口塔的别墅。有时候，风会带来海洋的气息，夹杂着在阳光下晾晒新鲜意大利面的味道。从那里可以俯瞰一望无际的绿色平原，它一直延伸到卡斯特拉马雷和那不勒斯。垛口塔顶曾经是上校升起萨伏伊家族旗帜的地方，现在则是我放置短波无线电天线的位置。那些日子，无线电爱好者的想象正以光速追逐着第一颗人造卫星的信号。[99]

美国的“回声一号”人造卫星即将在几周后发射。马里尼从意大利的一本无线电杂志上得知了该信标的频率，又去拜访了当地的一个旧货商。他购买了一台从第二次世界大战期间的美国战斗机上拆下来的接收器，经过多次艰辛尝试，总算为满足自己的需求对它进行了成功改造。在卫星发射后的那个晚上，这名年轻的业余无线电爱好者全神贯注地听着接收器中单调的耳语声，只有偶尔路过的车声会打断它。他的眼皮慢慢变得沉重起来，突然，在寂静的深夜里，一声微弱的嘶嘶声从无线电噪声中钻了出来。

> 它变得越来越强烈。听起来像钟表的嘀嗒声，继而又像遥远的钟声。或许是我的耳朵累了，那信号声只是我的幻听。

但并非如此，仪表的指针开始振动了。信号变得更强也更清晰了……我在暗夜的星空中寻找那颗卫星。我知道我只有几分钟时间寻找它……我站在自己的天线后面。它看起来像张在繁星中织就的巨大的蜘蛛网。我开始盲目地仅凭直觉在那些电缆中寻找。我大叫一声，把我妈都惊醒了。很快，每个人都穿着睡衣来到阳台上，顺着我手指的方向望向星空。[100]

33年后，马里尼回到了格拉加诺，但那些古老的垛口塔已不复存在。它们在1980年的那场地震中倒塌了。

我注视着虚空，脑中再次浮现出它们的样子。我曾在那两座塔之间拉紧了天线的导线，也曾在那两座塔之间满怀希望和梦想。那时我刚刚20岁出头。我突然感到自己老了，疲惫不堪，仿佛失去了根基。我带着青春的回忆离开了那里。我的眼睛湿润了，但我没有回头，为的是不让自己哭出声来。[101]

1 Giovanni Aldini, *Saggio di osservazioni sui mezzi atti a migliorare la costruzione e l'illuminazione dei fari, con appendice sull'illuminazione dei fari col gas* (Milan, 1823), p. 80.

2 John Tyndall, 'The Atmosphere in Relation to Fog-Signalling', *Popular Science Monthly*, VI (1875), p. 541.

3 Mairi Gkikaki and Esthir Lemi, 'The Pharos of Alexandria as a Total Work of Art and a Soundscape', in Proceedings of the International Conference *Archaeoacoustics: The Archaeology of Sound*, Malta, 19–22 February 2014, pp. 156–157.

4 Aldini, *Saggio*, p. 83.

5 Peter Williams, *Beacon on the Rock: The Dramatic History of Lighthouses from Ancient Greece to the Present Day* (Edinburgh, 2004), p. 52.

6 Ray Jones, *The Lighthouse Encyclopaedia:*

The Definitive Reference (Guilford, ct, 2004), p. 87; William Henry Davenport Adams, *Lighthouses and Lightships: A Descriptive and Historical Account of Their Mode of Construction and Organization* (London, 1878), p. 107; Douglas Bland Hague and Rosemary Christie, *Lighthouses: Their Architecture, History and Archaeology* (Llandysul, 1975),p. 190.

7 William John Hardy, *Lighthouses: Their History and Romance* (London, 1895), p. 176.

8 Alain Corbin, *Village Bells: Sound and Meaning in the 19th-Century French Countryside* (New York, 1999), p. 100.

9 Adams, *Lighthouses and Lightships*, p. 275.

10 Henry Wadsworth Longfellow, 'The Inchcape Rock', in *Select Works of the British Poets, from Southey to Croly*, ed. John Aikin (Philadelphia, PA, 1842), p. 50.

11 Ibid., p. 51.

12 Alan Renton, *Lost Sounds: The Story of Coast Fog Signals* (Latheronwheel, 2001), p. 3.

13 Ibid., pp. 4–5; Hague and Christie, *Lighthouses*, p. 189; Lydia Morris, 'Replacing Famous Anglesey Lighthouse Bell with "Soulless Foghorn" Would Be a Disaster, MP Warns', *Daily Post*, 18 October 2019.

14 Renton, *Lost Sounds*, p. 143.

15 Tyndall, 'Atmosphere', p. 541.

16 *The Syren*, 1896, cited in Renton, *Lost Sounds*, p. 21.

17 *Scientific American Supplement*, XIX (470), 3 January 1885.

18 R. G. Grant, *Sentinels of the Sea: A Miscellany of Lighthouses Past* (London, 2018), p. 91.

19 Renton, *Lost Sounds*, p. 21.

20 Hague and Christie, *Lighthouses*, p. 191.

21 Renton, *Lost Sounds*, p. 18.

22 Jennifer Lucy Allan, 'Horn Section: John Tyndall's 1873 Foghorn Testing Sessions', in *From the Lighthouse: Interdisciplinary Reflections on Light*, ed. Veronica Strang et al. (London and New York, 2018), pp. 147–149.

23 Tyndall, 'Atmosphere', pp. 551–552.

24 Ibid.

25 Renton, *Lost Sounds*, p. 43.

26 Patrick Beaver, *A History of Lighthouses* (London, 1971), p. 132; Williams, *Beacon on the Rock*, p. 129.

27 Godfrey Phillips, *Lighthouse and Lightship and the Men Who Man the Trinity House Service* (London, 1949), p. 108.

28 Fred Rogers, *Shipwrecks of British Columbia* (Vancouver, 1973), p. 152.

29 Beaver, *History of Lighthouses*, p. 133.

30 Giulio Raiola, 'Gli eremiti del mare', *Le vie d'Italia*, 10 October 1963, p. 1198.

31 Phōtēs Kontoglou, 'Οι φάροι κ'οι κατάδικοι τους', in *Θάλασσες, καίκια και καραβοκύρηδες*, ed. I. M. Chatzēphōtē (Athens, 1995), pp. 44–45.

32 Nikos Kavvadias, 'Γράμμα στον ποιητή Καίσαρα Εμμανουήλ', in *The Collected Poems of Nikos Kavvadias* (Amsterdam, 1987), p. 54.

33 Ray Bradbury, 'The Foghorn', in *The Golden Apples of the Sun and Other Stories* [1953] (Westport, ct, 1971), p. 18.

34 Ibid., p. 19.

35 见 Jones, *Lighthouse Encyclopaedia*, p. 87; Allan, 'Horn Section', p. 150。

36 Tyndall, 'Atmosphere', p. 551.

37 Renton, *Lost Sounds*, p. 193.

38 Mario Marini, 'Un aneddoto circa la nebbia ed il mare: il cuore é un radar nella nebbia', in *Dalmanùta. La Gloria di Dio* (Milan, 2004), n.p.

39 Hardy, *Lighthouses*, p. 99.

40 George Putnam, 'Beacons of the Sea: Lighting the Coasts of the United States', *National Geographic*, XXVI (1913), p. 51.

41 Cited in Renton, *Lost Sounds*, p. 42.

42 *Cornish Telegraph*, 22 January 1878.

43 Cited in Allan, 'Horn Section', p. 150.

44 Vivian Derusha Quantz, *Foghorns Saved Lives, Too: Lighthouse Living in Michigan's Upper Peninsula* (Skandia, MI, 1999), p. 15.

45 Phillips, *Lighthouse and Lightship*, p. 54.

46 Ibid., p. 58.

47 'Sul porto di Rimini non suona più il "fischione della nebbia"', *Almanacco quotidiano*, 27 December 2012.

48 'Fano avvolta dalla nebbia per dare l'addio alla sirena del porto', *Il Resto del Carlino*, 7 January 2012.

49 Joshua Portway and Lise Autogena, 'Foghorn Requiem', in *From the Lighthouse*, ed. Strang et al., p. 157.

50 Barry Truax, *Acoustic Communication* [1984] (Westport, ct, and London, 2001), pp. 24, 69; Corbin, *Village Bells*, p. x.

51 Truax, *Acoustic Communication*, p. 29.

52 Renton, *Lost Sounds*, p. 195.

53 Portway and Autogena, 'Foghorn Requiem', p. 155.

54 Degna Marconi, *My Father, Marconi* (London, 1962), p. 58.

55 Ibid., pp. 46–47.

56 Guglielmo Marconi, 'La telegrafia senza fili'. Conference delivered to the Institution of Electrical Engineers, London, 2 March 1899, in *Scritti di Guglielmo Marconi* (Rome, 1941), p. 21.

57 Brian Faulkner, *Watchers of the Waves: A History of Maritime Coast Stations in Britain* (Broadstone, 1996), p. 5.

58 *The Times*, 3 April 1899.

59 Marconi, 'La telegrafia senza fili', p. 22.

60 Guglielmo Marconi, 'La telegrafia senza fili (2)'. Conference delivered to the Royal Institution of Great Britain, 2 February 1900, in *Scritti*, p. 30.

61 Marconi, 'La telegrafia senza fili', p. 22.

62 Marconi, *My Father*, p. 68.

63 'Without Wires: New Telegraphic System Is Tested in England', *Topeka Daily Capital*, 30 March 1899.

64 Alasdair Pinkerton, *Radio: Making Waves in Sound* (London, 2019), p. 71.

65 'Wireless Telegraphy', *The Standard,* 10 April 1899.

66 Giovanni Giorgi, 'La vita e l'opera di Guglielmo Marconi', in *Scritti*, p. xlv; Steve Bartlett, 'Struck Iceberg. Send Help Right Away', *The Telegram*, 13 April 2012.

67 George Putnam, *Radiobeacons and Radiobeacon Navigation* (Washington, dc, 1931), p. 1.

68 Ibid.,p. 6.

69 Marconi, 'La telegrafia senza fili', p. 13; Giorgi, 'Vita', p. xlviii; Putnam, *Radiobeacons*, p. 34.

70 Bill Dunn, Sea Girt Lighthouse: *The Community Beacon* (Charleston, sc, 2014), pp. 59, 71.

71 Putnam, *Radiobeacons*, p. 6.

72 Ibid.,pp. 14–15.

73 Renton, *Lost Sounds*, p. 133.

74 'Safety for Ships in Fog', *The Gazette–Montreal*, 23 April 1921; 'Radio Beacon Called Greatest Step since Compass Invention', *Arizonan Republican*, 21 April 1930.

75 Putnam, *Radiobeacons*, p. 23.

76 'Radio Beacon', *Arizonan Republican*, 21 April 1930.

77 'Value of Radio Beacon', *Helena Daily*

Independent, 6 April 1930.

78 'Unable to Keep Bearings, Ships Speed to Disaster', *Los Angeles Daily Times*, 10 September 1923.

79 Ibid.; 'Navy Officer Is Targeted at Quiz', *Los Angeles Daily Times*, 3 October 1923.

80 'How Planes Keep on Road', *Boston Globe*, 2 January 1935.

81 E. Baeumker, F. Schule and Peter Woias, 'A Batteryless vhf-Beacon and Tracker for Mammals', *Journal of Physics: Conf. Series*, MLII (2018), pp. 1–4.

82 Ja. L. Al'pert, 'On Ionospheric Investigations by Coherent Radiowaves Emitted by Earth's Artificial Satellites', in *Research into the Structure of the Ionosphere with the Help of Coherent Radiobeacons and Results of the Experiment ATS–6 Spacecraft.* 国际研讨会论文集，苏联科学院，莫斯科，1974 年 11 月，vol. I, p. 11。

83 Joyce Chaplin, *Round and About the Earth: Circumnavigation from Magellan to Orbit* (New York, 2014), p. 417.

84 Rip Bulkeley, 'Harbingers of Sputnik: The Amateur Radio Preparations in the Soviet Union', *History and Technology*, XVI (1999), p. 82.

85 *Los Angeles Times*, 10 October 1957; Wolfe, *Competing with the Soviets*; Bulkeley, 'Harbingers of Sputnik'; George Reisch, 'When Structure Met Sputnik: On the Cold War Origins of the Structure of Scientific Paradigms', in *Science and Technology in the Global Cold War, ed. Naomi Oreskes and John Krige* (Cambridge, MA, 2016), pp. 371–392.

86 'Williams Sees Threat in Sputnik's Beep, Beep', *Austin American*, 18 October 1957.

87 'Amateurs Assist in Determining Russian Satellite Orbit', QST, November 1957, p. 45; 'What to Do about Satellites', *QST*, December 1957, p. 14.

88 'Salisbury Radio Hams Have Fun Tuning in on Whizzing Sputnik', *Salisbury Times*, 8 October 1957.

89 'Ham Operator Picks Up Beeps from Satellite', *Clarksville Leaf-Chronicle*, 7 October 1957.

90 'We Need a Satellite to Save Our Sanity', *Democrat and Chronicle, Rochester*, NY, 16 October 1957.

91 Joseph Kaplan, 'How Man-Made Satellites Can Affect Our Lives', *National Geographic*, CXII (1957), p. 791.

92 'Whirling Red Satellite Being Visually Traced by Reds and Americans. Gives Off Valuable Data', *State Journal,* 7 October 1957.

93 'Sputnik Beep May Be Code', *Evening Times*, 7 October 1957; 'Russ Moon's Code Sending Analyzed', *Los Angeles Times*, 9 October 1957; 'American Scientists Say Sputnik Not Spying – They Think', *The World*, 16 October 1957.

94 'Station Set Up in Desert Tracks Russ Satellite', *Los Angeles Times*, 9 October 1957.

95 'Pascack Electronics Fan Records Satellite Signal', *Bergen Evening Record*, 17 October 1957.

96 'ftl Amplifies Sputnik's Beep, Better on TV, Listeners Agree', *Herald News*, 11 October 1957.

97 'Sputnik's Beep, Bible on Phone', *Leader Post, Regina*, 16 October 1957.

98 'Sing a Song of Sputnik; Beep, Beep', *Bucyrus Telegraph Forum*, 15 October 1957. 'Sputnik Beep Moves Out Bells', *Dayton Daily News*, 17 December 1957.

99 Domenico Marini, 'Nostalgia tra le rovine', *Radio Rivista*, April 1993, p. 90.

100 Ibid.

101 Ibid., pp. 90–91.

6

记忆的信标

我们必须拯救灯塔，因为它们生动地提醒我们记住那些不能忘怀的东西——我们的过往。[1]

如今，灯塔是怀旧之所。如果说在 1990 年代，灯塔的全自动化和远程控制宣告了灯塔守护者的时代的结束，那么如今，越来越复杂和便利的（通过轨道无线电信标促成的）基于人造卫星的导航系统则时刻威胁着灯塔本身的存在。自从全球定位系统使得船只始终能够非常准确地定位自身，全球各地每年都有几十座灯塔、灯船、雾号和沿海无线电信标被归为冗余之列并继而无人问津。长期来看，正是当年在灯塔上开创出来的无线电技术变成了灯塔衰落的起源，不能不说是个古怪而悲剧的讽刺。如今，伫立在景观中的灯塔成了一个已经消失的导航系统和已经消失的世界的感伤遗骸，让我们想起那段不太遥远的航海史，那段过往被蒙上了一层浪漫的面纱。然而它们垂直高耸的建筑中还有些更深层、几近内在的东西，使得灯塔在其他各个层面上成为强有力的记忆对象。

与任何地标一样，灯塔也有着吸引目光和唤起记忆的强大能力，其

伦敦和东北部铁路公司的惠特利湾海报，远处的背景中有灯塔，英格兰东北部，1939年。弗兰克·纽博尔德的这幅海报是为宣传英格兰海边度假村而设计的

独特的魅力摄人心魄。对许多人而言，灯塔是童年漫长夏日里富有魔力的所在；那些快乐的时光一去不返。在威尼斯利多岛的那些灯塔以及世界各地的许多灯塔周围，那些巨大的混凝土块上有无数涂鸦，标记着人们来过的痕迹和个人记忆。在不列颠群岛，更古老的灯塔被改造成温馨的博物馆。在大西洋对岸，有些美国人认为他们的历史性灯塔有着与欧洲的城堡和大教堂同等的地位，都是“值得保留的永久性建筑，能把不同世代的人连在一起，为人们共同的文化记忆提供一个焦点”[2]。

某些灯塔是特别为纪念目的而建造的，不管是建在危险的礁石上提醒水手这里曾经发生过船难事故，从而起到警示预防的作用；还是建在大陆上，纪念某一场战争的遇难者，抑或赞美某一位著名探险家或作家的一生。还有些灯塔纯粹作为记忆留存下来。作为世上最高的心灵灯塔，亚历山大的法罗斯灯塔在近七个世纪前倒塌了，然而它仍在这座城市的上空投下它看不见的狭长塔影。亚历山大将永远是灯塔之城。

无论是任凭它们在风吹浪打中破败，还是作为历史遗产艰难地保留下来，灯塔始终是首选的当地记忆保存之所，是个人与集体过往的守护者。随着它们作为导航设施的原始功能日渐消退，灯塔如今不再向水手标记陆地的方位，倒似乎越来越多地向陆地游人标记大海的起点。那些出海之人或许仍然主张继续使用灯塔作为备用系统，或者在心理上提供安慰的导航设施；琼斯指出，任何船只，无论多大、设备多完善，它的船长“每次看到灯塔，能够在视觉上确定自己的方位，都会获得一种安全感”[3]。尽管如此，如今许多灯塔似乎注定要从英雄的导航标志变成历史地标。然而这些富有魅力的建筑通过帮助维护当地的身份认同，仍然在行使着它们的基本功能：提供方向感，这一次是在一个日益全球化和碎片化的世界那令人困惑的大海中——在那里，固定参照点和确定性似乎已经消失。新的守护人－保护主义者肩负起了一个艰难的任务：为子孙后代留一盏记忆之灯。

到灯塔去

遥望远方地平线的灯塔总有一种似乎能够超越时空的美好和感伤。灯塔似乎永远都在凝望自己的过往，就像一个老迈的守护人从自己守护的灯塔高处凝视大海，追忆昔日的旅行和冒险生涯。“国家从未曾为灯塔守护人建造纪念碑来赞美他们的牺牲精神，”一位退休的希腊船长在1990年代中期写道，“这样的纪念碑始终是灯塔本身。守护人曾经在那座纪念碑中生活和工作，死后也往往就葬在纪念碑旁。”当希腊那些古老的石头灯塔逐渐被废弃，变成散落在多风海角各处的诡异废墟时，守护人在某一个小小的角落刻下了自己悲伤的墓志铭：“在备受冷落的记忆中无人问津。”[4]

每一座灯塔都沉默地珍藏着那些曾经居住其中之人的故事，其中许多都是普通人及其家人逐渐适应恶劣的环境、孑然独处，且往往逐渐习惯贫苦生活的故事。还有些故事近乎虚构。有一个这样的故事就在克里特岛西南海岸埃拉福尼西灯塔的废墟中久久回响。

这座灯塔在第二次世界大战期间被炸毁。如今它已经彻底沦为废墟，两旁分别是一个朴素的礼拜堂和一个安在金属框架塔上的信标。然而在 1920 年代，这座看上去平淡无奇的地标却是一个非凡人物的家园。此人名叫尼古劳斯 · 菲洛索福夫，是前俄罗斯舰队上尉。世纪之初，一艘原本从的里雅斯特驶往孟买的轮船在距离那个地点不远处的一场冬季风暴中失事，菲洛索福夫的巡洋舰救下了船上 140 名乘客中的 102 人。回国后，他被授予最高荣誉。沙皇尼古拉二世将他的军衔提升至海军上将。他甚至因为促成了俄法关系的改善而受封荣誉军团骑士。

菲洛索福夫精通多国语言，举止优雅，热爱音乐和艺术，在巴黎和家乡圣彼得堡都是沙龙里颇受欢迎的人。他辉煌职业生涯的顶点是 1914 年被任命为黑海灯塔服务处主任，其后不久，又被任命为在该地区及地中海巡逻的一支海军部队的司令官。

然而，随着布尔什维克革命的爆发，菲洛索福夫的人生发生了急剧转向。妻子惨死，长子自杀，幼子死于前线。因为捍卫沙皇而遭到布尔什维克党人迫害的菲洛索福夫徒步从敖德萨逃往伊斯坦布尔，后来又以

克里特岛埃拉福尼西灯塔的废墟

难民身份到达了雅典。他仅有的个人物品就是一本带有插图的机械工程指南《国际灯塔网络世界地图集》、家人和沙皇的照片，还有一本《圣经》。

在雅典期间，菲洛索福夫遇到了第二任妻子，但她在婚后不久也去世了。他万念俱灰，决定放弃与命运的徒劳抗争，便申请了灯塔守护人的职位，从此远离尘嚣。据说，被派往新建的埃拉福尼西灯塔时，他热泪盈眶："我曾在海上救助了那么多船难受害者，如今我的生命之船沉没了，我也将在那里获救。"[5]

菲洛索福夫由见多识广的绅士英雄变成隐士的故事或许是独一无二的，但灯塔的修复力却不乏普世性。1926 年，也就是菲洛索福夫被任命为埃拉福尼西灯塔守护人的最后一年，远在数百英里之外的另一座灯塔为另一个备受摧残的生命提供了避世之所，只不过这一次，是一座远方的灯塔。那座灯塔就是康沃尔郡西北部的戈德雷维灯塔。这座八角形灯塔有很多窗户，坐落在圣艾夫斯湾不远处的一个饱受大风侵袭的岩岛上，对面就是风景如画的同名村庄，在弗吉尼亚·伍尔夫童年时期，全家会在夏季前往那里度假。

1881 年，在一次远足期间，著名的剑桥历史学家、弗吉尼亚的父亲莱斯利·斯蒂芬发现了这座村庄。他还发现了塔兰德别墅，这座世纪中期的正方形平顶建筑带有一座大花园，坐落在村庄边缘的高地上，俯瞰深蓝色的海湾和远处的灯塔；斯蒂芬后来称之为"天堂一隅"[6]。他被这个地方的美深深吸引了，决定从大西部铁路公司手中租下这座别墅。每年，他们全家（包括八个孩子和一群保姆及仆人）都会从伦敦市中心前往英格兰的另一侧，在这座超然世外的小小伊甸园中度过夏日。正如伍尔夫后来回忆时所说:“在我们的童年时代，再没有比赴康沃尔度夏更大、更重要的事件了。”[7]

在这里，小弗吉尼亚和她的兄弟姐妹们尽情享受着孩童时代的自由和欢乐，在到达后的第一个夜晚听着海浪在百叶窗后面一个接一个破碎；在岩石上涂写，在沙滩上挖洞；在海滨探索潮水潭，在夜间出行寻找飞蛾，或者就在他们那小小的眺望之所观看船只在日落时返回海湾。“那是个很大的海湾，有许多弧线，侧身插入一片沙滩，后面是绿色的沙丘。”伍尔夫回忆道。“那些弧线的海水朝着黑色的岩石涌进涌出，岩石尽头就伫立着一座黑白相间的灯塔。”[8]全家人周日前往村庄后面的那座凸起的山丘特伦克罗姆徒步时，会从远处看到同一座灯塔，那里散布着大块石灰岩和灿烂的金雀花。[9]“在伦敦居住数月之后，乡村的景观进一步凸显出来”，“那简直是世间最好的童年景象”。[10]

然而母亲去世之后，那些美好日子的魔力也戛然而止。那是 1895 年 5 月 5 日，伍尔夫年仅 13 岁。斯蒂芬“立即决定此生再也不想重游圣艾夫斯”。别墅的租契被卖掉，“圣艾夫斯永远消失了”，一同消失的还有伍尔夫的童年。[11]灯塔不再是从远方凝视的地标；它变成了一座心灵的灯塔，一座注定会在此后的人生中存留在她的记忆和想象中的强大地标。

伍尔夫成年之后又数次回到康沃尔，通常都是在反复发作的精神崩溃恢复期或者（可能是躁郁症导致的）严重抑郁的时期。1926 年，她与丈夫一起驱车穿过荒野前往兰兹角和“其他边远之地”，重读了她后来最重要的文学杰作之一《到灯塔去》（*To the Lighthouse*, 1927 年）的终稿。[12]

对这样的文学工作来说，这一场景再合适不过了。虽说小说的背景是赫布里底群岛的斯凯岛，但事实上它描写的却是作者在康沃尔郡度过的童年时光和她自己的家人（在书中以拉姆齐一家的身份出场）。《到灯塔去》是一个充满哲学反思的故事，围绕着拉姆齐一家那座俯瞰海湾的避暑别墅展开，那座别墅也是上演各个家庭成员与前来度夏的宾客之间互动和紧张关系的舞台。宾客中还包括试图为别墅创作一幅画作的年轻艺术家莉丽·布里斯库。

小说一开头，拉姆齐夫人安慰幼子詹姆斯说他们第二天一定能到灯塔去。此行的目的是把夫人为灯塔守护人患有痨病的儿子织的一箱毛衣带给他们。然而，她的预言却被拉姆齐先生粗暴地否定了，后者声称因为下雨，他们不可能成行。灯塔之行注定直到十年后才最终实现。其间发生了太多忧伤和死亡的悲剧：战争开始又结束了；一个男孩死于前线；一个女孩在生产时死于并发症。一家人的精神支柱、那个小小世界的支点拉姆齐夫人也去世了。她的逝去彻底改变了故事中其他主角的人生，别墅也被空置和荒废。在那个充满变化、缺席和死亡的时代，唯一永恒不变的存在就是灯塔。

在小说的第一部分，灯塔的灯光以稳定、重复的节奏闪烁着，与大海有节奏的声音融为一体。此外加入这首人与自然交响曲的还有宾客们在长长的夏日晚餐时闲聊的声音，在别墅的各个房间里响起的孩子们的笑声，以及海湾在日落时瞬息万变的色彩。与那口旧钟表一样，灯塔那黄色的灯光有规律地闪烁，也成为这一家人生活的标记；它洞悉他们的亲密无间，也成为这个家庭及其成员生活中不可或缺的组成部分。

“故事讲完了。”她说。她看见，在他的眸子里，对于那故事的兴趣消失了，某种其他的事物取而代之；那是某种犹豫不定的、苍白的东西，就像一束光芒的反射，立即使他凝眸注视，十分惊诧。她回过头来，她的目光越过海湾望去，就在那儿，毫无疑问，穿过波涛汹涌的海面，有规律的灯光先是迅速地闪了两下，然后一道长长的、稳定的光柱直射过来，那是灯塔发出的光芒。塔上的灯已被点亮了。他马上就会问她：“我们将要到灯塔去吗？”她就不得不回答：“不，明天不去；你爸爸说不能去。”[13]

灯塔的光束有一种让人安心的、近乎有形的特质，它安静地掠过整座别墅的每个房间，把它威严的闪动投射在黑夜的地板和墙上；然后再“带着和月光混杂在一起的更为柔和的春光，轻轻地溜进来，好像它在爱抚着万物，悄悄地徘徊观望；它又亲切地回来了”[14]。它用安静的节奏标记着一日四时和一年四季的周而复始，当然也标记着人生的季节。就算在住户已然逝去的岁月里，同样的光束仍以它素常的节奏掠过这建筑里的每一间屋子；人声早已被沉默吞噬；整栋建筑中只剩下时间在缓慢地移动。

经过夏天短暂的夜晚和漫长的白昼，田野里的回声和苍蝇嗡嗡的声响使那些空荡荡的房间似乎在喃喃自语；那长长的纱巾轻柔地迎风飘扬，漫无目的地摇曳；……那幢屋子被留下了，被遗弃了。……不少东西在抽屉里霉烂……那地方已经破败不堪了。只有灯塔的光柱在那些房间里照耀片刻，它在寒冬的黑夜中突然凝视着床铺和墙壁，平静地瞅着那蓟草和燕子，老鼠和稻草。[15]

那曾经让人安心的光束如今变成了一种冷静、冷漠的机械装置，直指人去后的空楼和过往的幽灵。灯塔那不曾移动的目光像以往任何时候一样继续无动于衷地注视着生命的欢喜悲愁。与在岸上破碎的海浪一样，它有节奏的灯光闪烁在标记时间的同时，也超越了时间。

作为一个实体建筑，灯塔还行使着另一项功能。结实地安插在那座小礁石上的塔身构成了一个没影点，小说中诸位主人公的目光就会聚在那个点上。然而，灯塔并不是一个固定的地标和确定性来源，相反，其本身也和主人公自己对过去的看法一样是转瞬即逝的。它在一个被记忆放大和扭曲的空间中，道出了亲近与距离之间的那种神秘的紧张关系。

当家庭中剩下的成员与莉丽·布里斯库一起回到别墅，去完成他们未完成的任务（绘画，以及到灯塔去送拉姆齐夫人的那箱衣服）时，那座地标起初看似“十分遥远”。它有一种如梦似幻的特质，仿佛悬置在一个风平浪静的夏日清晨的薄雾里；这个早晨如此晴朗，以至于“碧海与苍穹连成一片，似乎点点孤帆高悬在空中，或者朵朵白云飘坠于海面”[16]。画家莉丽从高高的封闭花园里眺望大海；拉姆齐一家的那条小船正在海湾的中心。

然而从海上看去，灯塔却是另一番景象。随着小船缓慢而艰难地驶向那座地标，它的轮廓开始变得清晰，新的细节显现出来。詹姆斯还是个孩子时，常常透过别墅的窗户，或者从它那座高耸的明媚花园里远眺那座地标；而今，他头一次近距离地观察它。

> 他记得，有什么东西在他上方逗留，把他笼罩在阴影之中；……他还记得，他的父亲说道：“会下雨的。明天你不能到灯塔去。”当时，那灯塔对他说来，是一座银灰色的、神秘的宝塔，长着一只黄色的眼睛，到了黄昏时分，那眼睛就突然温柔地睁开。现在——詹姆斯望着灯塔。他能够看见那些粉刷成白色的岩石；那座灯塔，僵硬笔直地屹立着；他能看见塔上画着黑白的线条；他能看见塔上有几扇窗户；他甚至还能看见晒在岩石上的衣服。这就是那座朝思暮想的灯塔了，对吗？不，那另外一座也是灯塔。因为，没有任何事物简简单单地就是一件东西。那另外一座灯塔也是真实的。[17]

灯塔不仅吸引了小说中人物凝视的目光，也折射和衍射了他们的目光。伍尔夫笔下的灯塔时而在风暴到来的灰暗海面上鲜明地闪烁着灰白色的光，时而消隐在蓝色的夏日薄雾中，时而近时而远，一直被视为现代主义美学的一个象征，“每一种解读都视之为涌现①的概念”[18]。在写给评论家朋友罗杰·弗赖伊的一封信中，伍尔夫宣称灯塔是支撑和聚拢整

① 指现代主义认为艺术的自我性和意义是涌现的、相对客观的现象。

个小说情节的一个道具。[19] 然而灯塔还包含着更深刻的含义和功能。直到小说结尾，莉丽·布里斯库在为她的画作进行最后的润饰时，它的形状才有了焦点和轮廓。说到底，灯塔是一座纪念碑，纪念的是这一家人真正的灯塔那已经熄灭的灯光：拉姆齐夫人，也就是伍尔夫的母亲。

在意大利哲学家布鲁诺·科波拉的《不可言喻的美》（*Ineffable Beauty*）一书中，他甚至不无激进地指出，“《到灯塔去》中唯一的事实，就是拉姆齐夫人在世时的生活方式”[20]。也就是她摄人心魄的美，她的存在为世界和他人带来的抚慰。她在自己那宁静的小小一隅开辟出一个空间，暂停其他家庭成员造成的混乱状态。她平静的母性存在点亮了周围人的世界——就像灯塔那抚慰人心的灯光让水手们看到了回家的路。在一个正在消失的维多利亚世界中，她被困在传统家务里，成为抹平棱角和令人安心的内在灯塔的守护者。“但是说不定明儿会天晴——我想天气会转晴的。”[21]

听说姐姐瓦妮莎读到小说中的拉姆齐夫人时，一下子就认出了母亲的影子，沃尔夫在一封信中说自己开心极了。不过她把这称为“心理谜题”。

> 孩子又如何能了解她呢，只不过多年来她一直让我魂牵梦萦，我觉得部分原因是她很美；而她又在那一刻去世了，我想她是在我的内心刚刚觉醒，却还没有任何人生经验之时，在那里刻下了一个伟大的形象。只有这样，我有时才会怀疑我制造了一个赝品——一个理想。[22]

一直到四十五六岁，伍尔夫始终因母亲缺席却又无时无刻不在她的生活中而十分困扰。她会看到她，听到她的声音，想象她每天做事时会怎么做怎么说。“她是那种隐形的存在，所以才会在每个人的生活中扮演着如此重要的角色”，而且，像一座心灵的灯塔一样，“让我们始终拥有坚定的位置感”。[23]

写作《到灯塔去》对伍尔夫受伤的心灵有种疗愈作用。“那本书我写得很快。”她在自己的回忆录中回首往昔：

> 而当那本书写完之后，我就不再对母亲魂牵梦萦了。我不再听到她的声音，也看不见她了。我想我自己完成了心理分析师对患者的治疗。我表达了一些很长时间一直压在内心深处的情感。通过表达，我解释了这种情感，也就把它放下了。[24]

灯塔、浪漫与怀旧

《到灯塔去》的成书过程，从伍尔夫的童年到这本书的构思和完成，基本上可以与英国海滨旅游业的发展重叠和交叉在一起，并伴以新浪漫主义新兴的对别有风情的景观和往昔时光的喜爱。斯蒂芬最初探访圣艾夫斯之时，第一条通往那个康沃尔郡村庄的铁路线开通刚刚四年。不难想象，像他和家人这样家境富裕的英国人会被吸引，去往这个国家那些此前很难到达的小角落里寻幽探胜。然而随着时光的流逝，铁路带来了更大的变化。弗吉尼亚的母亲去世前不久就曾抱怨过一个新建的旅馆破坏了他们观赏海湾的视野。“圣艾夫斯会被毁掉的。”她不断重复着这句话。[25] 到伍尔夫 1926 年故地重游之时，那座村庄的确变成了一个度假胜地——而作家也跟丈夫一起“驱车旅行”。

斯蒂芬早期的孤单旅行和家人在康沃尔郡的私密体验都起源于此前就存在的 19 世纪精英阶层海滨旅游的传统，也起源于对美与崇高的深刻的个体体验和热爱。按照英国社会学家约翰·厄里的说法，正是这种个体独特的“浪漫凝视”导致人们日益开始喜爱“海滨的壮观风景”以及其他充满戏剧化的风景。[26] 然而到世纪之交，海滨已不再是富裕或知识精英阶层独享的风景区。如今，英国的每一个城镇都有了自己的火车站，庞大的网络将大城市和工业城镇与沿海地区连接起来。这一点，再加上工人阶级生活水平的改善，包括工资增加、有权每周休息一天及（不带薪）假期，促成了廉价一日游和海滨长假项目的增加，以及沿海度假胜地的快速发展。[27]

无论是为了观赏那山崖嶙峋的海滨在日落时超凡脱俗的美，还是为了追求度假村的庸常享乐，海滨都意味着摆脱日复一日的狭隘束缚。它让人们暂时逃离了过于拥挤的城市和日益工业化的日常生活。度假者和短途旅客将“北方工厂的污垢”留在身后，走进了一个享受和恢复的阈限空间；在这个转瞬即逝的空间里，社会规则和责任义务都被暂时悬置，或者至少没那么紧张了。[28]

由于灯塔标志着海水与陆地的边缘，从一开始，它们就是这一阈限体验的标志性场所。维多利亚时代的古文物收藏家哈迪曾写过一整本书探讨灯塔的“传奇”。探索这一传奇的关键是那些崎岖的地形，以及根植于中世纪传说的过往；那是独具人格魅力的隐士常常造访、邪恶的海难打劫者频频出现的年代。他笔下的灯塔类似于古意盎然的废墟，甚至往往与废墟融为一体。

哈迪当然不是唯一一个对这些孤单建筑的传奇着迷的人。早在1870年，据说就有守护人把房间、有时甚至把整个灯站都出租给夏季游客，虽然这类做法被官方明令禁止。游客们既有好奇，又带着对远方那如画风景的浪漫向往，据说总会反过来悄悄地用“钻石首饰”把自己的名字或首字母刻在灯玻璃上，仿佛试图把旅行的这一非凡时刻固定在那个超脱凡俗的阈限空间里。[29] 前往历史性灯塔的游客也会感觉被神秘地困在某个阈限时间之内。哈迪指出，这些古老建筑的“古文物氛围”将观光者投入过往时光中，其力量强大到足以让他们忘记一切评判，对守护人传达给他们的任何历史信息都信以为真。[30]

到20世纪初，在那些年代久远的高塔阴影中度过的浪漫旅行，还有欢乐暑期假日的短暂记忆，都以色彩明快的风景明信片的形式分享给了亲戚朋友们。在这些明信片中，灯塔的景观特征通常被放大了。用琼斯的话说，这些建筑被描绘出来的“与其说是它们当时的模样，不如说是游人们希望他们的朋友想象的灯塔的样子。每一座灯塔都用富有梦幻色彩的蜡笔描画出来，仿佛它们正在被记住而非被观赏”[31]。

1920年代和1930年代，当游人们成群拥向盛极一时的海滨度假村寻欢作乐时，远方若隐若现的灯塔那优雅而鲜明的剪影成为金色的夕阳、异国风情的沙滩和海岸环境的新意象的组成部分。度假村与铁路公

马恩岛道格拉斯角灯塔的明信片，1911 年

司合作（无论在英国还是其他地方都是如此），后者在色彩绚烂的装饰派艺术海报上为度假村做宣传，那些海报张贴在全国各地的火车站。[32]海报的近景是享受天伦之乐的家庭和你侬我侬的情侣俯瞰拥挤的海滩，作为背景的组成部分，灯塔参与营造了一种新的“享乐美学”[33]。它们标记着广阔的海洋与沙滩上的短暂享乐之间、崇高与庸常之间、未来与怀旧之间的界限。它们安静地伫立在那里，在字面意义上强化了对于海滨度假和度假者记忆而言如此重要的“在边缘”的体验。

灯塔曾经是遥远的、遗世独立的地标，仅存在于城市化的英国人的想象中，如今却变成了他们定期前往的假日风景的一部分，除此之外还有时髦的海滨游乐场、繁忙的海滨人行道、俗丽的海边小屋、长长的码头、漂亮的班轮、长凳以及特别为在高处观赏全景而建造的亭阁。

灯塔还被用于宣传偏远的海滨景色。例如，伦敦和东北部铁路（LNER）利用古老的浪漫凝视，在一系列海报中突出灯塔是“不列颠之美的哨兵”，守护着西部高地和英格兰西北部那些偏远海岸。有时，它们优雅漂亮的建筑本身就是一件件色彩斑斓的收藏品，也是它们宣传的那些地区的象征；还有时，它们有助于将观者凝视的目光推向风景的深处，邀请他们大胆冒险，创造传奇。在字面意义上被用于“突出”那些地方和风景的灯塔于是就进入了一套全新术语的词汇表；它们有助于英国人更好地欣赏本国的美景。

石油和石油产品零售商壳牌麦克斯公司也大力宣传海滨旅行。不过，该公司针对的是全然不同的一类游客：全新的、更成熟老到的中产阶级度假者，他们拥有汽车，追求的是某种特殊的冒险。驱车者被鼓励远离循规蹈矩之地，避开铁路可以到达的热门旅行胜地，前往只有汽车才能到达的更加独特的所在。壳牌公司特别雇用了前卫艺术家为他们设计海报，那些海报上使用鲜明的超现实主义设计，以彰显品位和精致，与“铁路公司所推崇的那种更粗俗、更乏味的享乐”[34]截然相反。到 1930 年代初，随着 200 万辆持牌汽车驶往英国各地的公路，壳牌的确把“产品转变成了生活方式”[35]。

作为营销策略的一部分，该公司还赞助出版了一系列旅行指南，旨在进一步鼓励顾客欣赏英国那些并非热门旅游胜地的所在。壳牌的旅行指南由诗人约翰·贝奇曼和艺术家约翰·派珀编辑，从 1934 年到 1984 年持续出版了 50 年。它们的独特性在于“将文学、古文物研究、艺术和设计结合起来，致力于表现和揭示驱车行驶在无人的小路上穿过小镇

“不列颠之美的哨兵”，LNER 海报，弗兰克·亨利·梅森，苏格兰西部高地，阿德纳默亨角和埃格岛与拉姆岛，1926 年

"游客们偏爱壳牌"，宣传壳牌车用汽油的海报，特里斯特拉姆·希利尔，1936 年

环游全国的乐趣"[36]。那些旅行指南把读者变成了致力于"驱车寻宝探访古迹"的冒险家。[37] 新一代驾车旅行者抛弃了商品化的遗址和大众化旅游胜地，被鼓励去探寻真正的古老过往，那个过往可以通过不为人知的所在、图腾地标、本土建筑以及如画风景的实体性予以评估；那个过往充满着浪漫情怀，它的重新发现将最终会让当下变得更加丰富。

灯塔变成了这种对当地和现场的新浪漫主义热爱的主角和象征物。它们优雅的形状是派珀所谓"航海风"的最佳体现，那是海滨独有的现代风景特质。和其他沿海景观一样，派珀指出，灯塔也是功能性建筑，但它们的魅力也源自他处。"它们有一种力量，设计精美，色彩艳丽，通常与周围环境形成鲜明的对比。灯塔自带一种浮夸的优越感。"[38]

灯塔将人们前往海滨度假时寻找的那种变化感定格了。这位艺术家指出，理想的内陆建筑物大多力图实现与周遭环境的和谐，然而

> 你无法真正与大海“达成和谐”，它一时风平浪静、一碧万顷，一时又天昏地暗、危险重重。你能做的只是把不和谐变得对自己有利。当人们说起“我要去海边换换环境”或者“去呼吸一点新鲜空气”时，所想的就是这样的差异。并非海边的空气有什么乐趣或者变化如此之大，而是海边总会找到各种各样强烈的对比和差异，令人神往。[39]

派珀认为，灯塔以其优雅的剪影和不自知的功能之美，同时还有创造出独特且有利的场所感的能力，矫正了一种缺乏时空坐标的抽象的现代主义。它们所指的现代主义坚实地扎根在过去和此地中。[40] 从温斯坦利那座与设计师一起被风暴吞噬的埃迪斯通灯塔，到拉迪亚德①那座戏剧化地变为灰烬的木质复制品，不列颠的灯塔中发生的故事往往充斥着暴力传奇；那种传奇“让原本只是在风平浪静的日子里伫立在悬崖顶端的一座救命的信号杆变成了人们敬畏的对象”[41]。

然而，灯塔那种如画的魅力大多来自意料之外的并置。在陆地之人看来，派珀指出，灯塔有“一种浪漫的吸引力”，特别是在夜晚，发光点的几何晶体结构投射在海岸那蜿蜒崎岖的地形上之时。“四周一片晦

① 约翰·拉迪亚德（1650—1718年前后），英国丝绸商人和房地产开发商。1703年埃迪斯通灯塔被毁后，他受雇建造一座新塔。

暗，那些光轴在方圆 20 英里的海面和内陆荒原之上形成了一个旋转的光十字架。”此外还有为灯光和雾号接通电流的嘈杂的引擎，碰撞着活塞，呼出废气。“整个的声光效果让人觉得有一头未知的巨兽爬上悬崖，在那里喘息片刻。”[42]

更有代表性的是，灯塔还为一种复杂的阈限暂时性，说到底是很多壳牌旅行指南突出的那种海滨怀旧感定了格。派珀以一种让人想起伍尔夫的文字风格，将灯塔与两次世界大战间的海滨别墅进行了比照。后者经风吹浪打、年久失修，“看上去惨淡而不合时宜，在视野中与那些细铁丝网围栏、电线杆、周围那些为它服务的久未保养的道路上的小水坑

锡利群岛的圣艾格尼丝岛及其灯塔，“不列颠群岛中第二古老的灯塔，如今已弃置不用”，摘自约翰·贝奇曼《康沃尔郡：壳牌旅行指南》（*Cornwall: A Shell Guide*, 1964 年）

融为一体”。前者则相反，“100 年后仍在正常行使功能，看上去仍然崭新、明快而浪漫”。[43]

到 1940 年代末，在未经破坏之地和旅游胜地迅速减少的时代，不列颠的灯塔仍在这些名单中傲立榜首，以至于菲利普斯指出：“如今，许多偏爱大自然中那些未被污染之地，以及那些逃过了商业利益开发魔爪的不列颠偏远之地的度假者，对我们大部分的陆地灯塔都了如指掌。”[44] 参观者通常包括“经过长时间的悬崖徒步突然发现附近有一座灯塔”的人。这些观光者从“认为让守护人带他们参观灯塔是他们赋予他的特权”的高高在上的贵族团队，到用手指轻抚射灯极其光滑的表面的家庭主妇，到假装无所不知的“见多识广的讨厌鬼”，再到通常戴眼镜、总是用最难的技术问题让守护人难堪不已的好学男孩。[45]

灯塔或海港的灯光作为度假者偏远旅行目的地的终极标记出现在宜人步道的尽头，或嵌入如画的风景中作为背景，或者就作为风景的一部分传达出尺度感，偶尔还出现在壳牌的旅行指南中。它有助于表达一种现代的古意，以及一种对于已经不堪当代旅游业压力的不大遥远的过去的怀旧感。这些建筑与孤独的非国教礼拜堂、传统的乡村酒吧、废弃的红砖仓库和其他唤起人们回忆的工业废墟一起，以它们自己的方式，促成人们生发出一种对“真品的消失”的潜在焦虑。[46]

在贝奇曼 1964 年的康沃尔郡旅行指南中，福布斯在诗人出生前不久所画的《灯塔（纽林）》[*The Lighthouse (Newlyn)*, 1893 年] 与奥斯伯特·兰开斯特的素描《傍晚的黑影，波尔泽斯》(“Evening Shadows, Polzeath”) 左右并置在一起。这两幅图片下面有一则忧伤的说明：“康

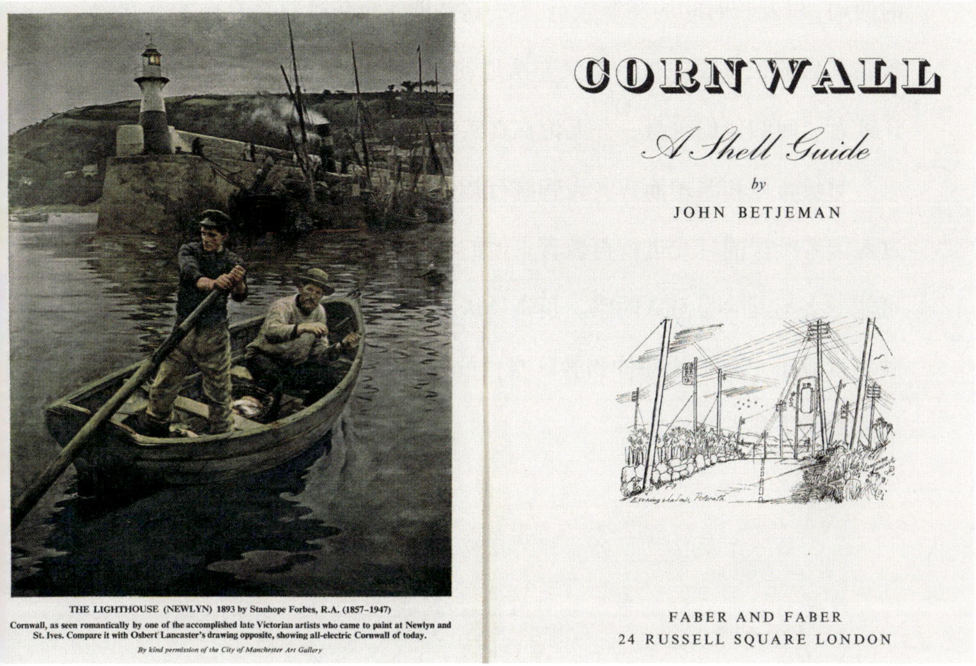

约翰·贝奇曼《康沃尔郡：壳牌旅行指南》（1964年）中有斯坦霍普·福布斯的《灯塔（纽林）》（左）和奥斯伯特·兰开斯特的对“如今全电气化的康沃尔郡”的素描（右）

沃尔郡，在前来为纽林和圣艾夫斯作画的维多利亚时代晚期最有成就的艺术家之一的浪漫凝视下。不妨将它与奥斯伯特·兰开斯特显示如今全电气化的康沃尔郡的素描做一对比。”[47] 高耸在码头边缘的那座小小的石头灯塔所代表的是一个已经消逝的世界，那里有朴素的渔夫、维多利亚时期的画家和日益消失的传统。

壳牌旅行指南的观念背后，是一种童年、记忆和怀旧感。总的来说，那些指南所指的，就是那种随着前往阳光明媚的地中海度假胜地的廉价航班一同消失的假期：“周日驱车、周末出行、复活节期间在海滨度过的两周，以及长时间的驱车旅行。”[48]这些偶尔也包括灯塔在内的基本意象在其后的很多版中被一次又一次地使用，让人们回忆起童年的欢乐，让读者“回归他们自身——无论在真实世界还是在想象中”[49]。

对贝奇曼和派珀而言，壳牌旅行指南归根结底是一个道德项目。通过对读者凝视的目光进行再教育，他们将帮助读者重获一种失落的或有可能一去不返的身份认同感。贝奇曼认为，对自然和传统建筑的无谓的破坏就源于“有神论信仰和教区身份的丧失”，这种丧失最终导致了在地感的丧失和人的异化。[50]

每一个英格兰圣公会神父在被授予圣职时，都承诺每天早晚祷告。弗洛登的教区牧师在过去11年里的每一天都会敲响晨祷钟。没有人听也没关系。他们不来也没关系。村民们知道守护圣徒正在教堂里为他们祈祷。

在某些教堂中一切祷告声都停止了。
诺威奇圣本笃教堂变成了孤零零的
一座塔。
但还是让它伫立在那里吧，
一座对瞬息万变的世界发出召唤的
灯塔。[51]

灯塔、社群与遗产

与教区教堂一样，灯塔也具备在其周围创造一种社群感的独一无二的能力。作为海岸居民热爱的地标，灯塔凝固着集体记忆，也是所在地身份的锚点。它们构建出自己的小小世界。与村庄教堂的钟声一样，灯塔光束和雾信号的固定节奏也是社区时间和各类活动的标记。一个个日夜，当地渔船和游船聚集在它那座色彩鲜明的建筑和令人安心的灯光周围。有时，灯塔把自己仁慈的存在延伸到内陆，为漫步的情侣和孤单的徒步者提供帮助和指路。20 世纪初，在希腊的安德罗斯岛，据说当地农民为避开白天的炎炎烈日，会在夜间去田里干农活，只因当地一座灯塔有着强有力的固定灯光。[52]

坐落在海滨社区之内的灯塔本身就可以成为社区生活的场所。举例而言，在新泽西的赫里福德湾，传统上最初那些正式的宗教仪式是由守护人在灯塔的大厅里主持的。[53] 派珀认为，笼统地说，灯塔曾经（至今仍然）标记着温馨而充满秩序的宜居世界的极限，那是海滨社区一直试图从桀骜不驯的大自然中切割出来的。[54] 当灯塔实现了自动化并最终变成无用之物，对这些建筑和它们那个小小的世界意味着什么呢？

最初，人们曾带着兴高采烈的心情和对伟大科学发现的好奇迎接自动化。1920 年代，随着计时器的发明可以以预先设定的方案开关电灯，自动化应运而生，并在 10 年后由于无线电远程控制的使用而得到了激动人心的巨大发展。[55]1937 年发表在犹他州一份报纸上的一篇文章赞美第一艘全自动化灯船“圣克莱尔号”是现代技术的奇迹，一定会“战胜奸诈邪恶的大海”。这艘灯船完全用无线电远程控制操作，包括一个雾号和一个无线电信标，其信号可以根据天气类型在岸上调控变换。据说它“是一艘绝无仅有的灯船，因为它是自己运行的！……它像一艘鬼船那样抛锚停泊，无人租赁，无人问津，船上没有一个男人、女人或孩子”。新式的无线电控制灯塔当时也刚刚在密歇根湖上和美国其他地方启用，据说“几乎同样令人惊叹”。[56]

然而到1940年代末，新技术带来的副作用就已经显现出来了。正如菲利普斯哀叹的那样，现代的无线电信标，加上“国民经济的巨大需求”，已经造成了不列颠一些著名的历史性灯塔不得不关闭，人员也随之减少。[57]1960年代，美国海岸警卫队发布了《灯塔自动化和现代化计划》，导致全国各地配备人员的灯站的数目大大减少。[58]黑格和克里斯蒂1970年代中期的哀歌与先前几十年的技术乐观主义有着天壤之别：

> 不可避免地，许多陆地灯塔一定会在不久的将来实现全自动化，而随着最后一个守护人离开最后一处住所，一个时代也将结束。这是一小群建筑物得到更好的照顾、男人爱它们胜于最挑剔的主妇、黄铜和玻璃被擦拭得比最受崇拜的坛板还要光亮的时代。除了灯塔守护人充满爱意的守护之外，他们的缺席将导致温度和通风条件的下降，阴湿如坟茔的厄运终将降临。[59]

到1990年，美国有人工值守的灯塔数目已经降至仅有一座。九年后，这个国家最古老的信标波士顿港灯塔也实现了自动化。[60]英国最后一座人工值守的灯塔北福尔兰角灯塔也在前一年实现了自动化。如今，全世界的大多数灯塔都无人守护。“阴湿如坟茔的厄运”的确降临在许多灯塔上，导致它们的内部砖石结构和整个建筑状况日渐衰败。有些灯塔被拆除了，还有些变成了鬼气森森的废墟，任凭风吹浪打，荒废失修。不过还有许多灯塔被非营利组织、当地议会和私人投资者拯救下来，得到了重生。

将历史上的灯塔视为社区遗产因而是应当予以保护的建筑，并不是一个新现象。据哈迪说，被一座更现代的灯塔取代之后，斯米顿的埃迪斯通灯塔“的石头被一块块地拆除了，在普利茅斯的霍伊地区重建起来，作为那里的地标，它仍然对航海者有所助益”[61]。如今步行即可到达这座灯塔，希望看看它的里面是什么样子，包括最初的灯光装置和守护人钟表的“好奇的读者”可以前往参观。贝奇曼 1935 年的德文郡旅行指南中说斯米顿的灯塔是个“有趣的景点，绿树成荫且有华丽舰队装饰的普利茅斯湾气势磅礴的景观既补充又高扬了它的美感”[62]。这座地标塔身呈色彩明快的红白色条纹，如今偶尔也被租用于举办世俗婚礼。

斯米顿的埃迪斯通灯塔在光荣退役之时从海上迁到了海岸，但最近也有不少海岸灯塔（有些仍在运作，另一些已经退役）为躲开海水入侵，迁到了更远的内陆。著名的例子包括北卡罗来纳州的哈特勒斯角灯塔、马萨诸塞州的高地灯塔（因梭罗数次在前往科德角的行程中在此暂住而闻名）以及最近的例子，丹麦的鲁比约角灯塔。从无用冗余到海岸侵蚀，这座丹麦人类学家耶斯·温贝里所谓的“遗产的修辞”所面临的威胁是致命的。正是由于这种毁坏的可能，一种不愿失去社群共同珍视的事物的焦虑，突然把一座建筑物、一个地点甚至一种声音变成了遗产——也证明了重新安置灯塔的合理性。[63]

鲁比约角灯塔之所以能变成旅游景点并最终成为国家遗产，恰恰是因为它已岌岌可危——它的建筑逐渐被沙子吞噬，它所处的位置十分危险，靠近正在退行的陆地边缘，悲惨地命悬一线。这座灯塔的故事正是海滨社区与大自然永不停歇的斗争的精彩例证，这一点令派珀十分着迷。自从它在20世纪初被建造出来，“灯塔与大海之间的一座沙丘不得不年复一年地缩小，以便雾号声和灯光能够到达船只。1953年，喇叭声已经听不到，就被拆除了，到1968年，连灯光也熄灭了”[64]。1980年，

丹麦日德兰北部鲁比约角灯塔的搬迁和重新安置，2019年

一座流沙堆博物馆在相邻的建筑中开幕。讽刺的是，沙丘吞噬了那些建筑，那座博物馆也于2002年关闭。灯塔最近被从不断受到侵蚀的海岸线推走本身就成了一个景观——既是技术的奇迹，也表达了人们对保护遗产的渴望。

希腊安德罗斯的图里提斯灯塔

如果说就这座丹麦灯塔及其远在美国的同类而言，人们动用了大量的技术和财务资源来保护濒危实体建筑，那么其他实例表明，人们还可以从无到有地造出消失已久的建筑。举例而言，安德罗斯岛肖拉的村民从来就不喜欢取代了图里提斯岩石上古老的石头灯塔的那座冷冰冰的框架塔，前者在第二次世界大战期间被炸毁了。因此，他们决定建造一座跟原有灯塔一模一样的复制品。该工程在1990年代初竣工，恰逢灯塔守护人的时代接近尾声，不得不说是一个令人愉快的讽刺（或许也是怀旧的姿态？）。一对当地的夫妇为纪念他们故去的女儿而捐资建造的这座灯塔使用的就是伊庇鲁斯地区的石头。据说这是第一座完全由希腊人建造的灯塔。[65]

无论多么壮观、多么动人，拯救和重建的故事始终只是例外。在大多数情况下，被宣布冗余的灯塔都被非营利组织或私人投资者接手，投入新的用途了。在过去几十年里，灯塔被改造成各种各样的东西：从博物馆和画廊到餐馆、海景露台甚至观鸟站——这倒是有趣，鉴于灯塔的灯光在历史上曾经造成大量鸟类死亡，也算是风水轮流转。

还有很多灯塔变成了旅馆、含早餐的旅社和游人公寓，可说是十分乏味。到 2010 年，全世界已经有逾 100 例，自那以后，这一趋势迅速增加。[66] 2011 年，一个当地的企业家把那时已被推倒的斯帕蒂文托角灯站变成了一个奢侈旅馆，住宿费用高达每晚 400 欧元（350 英镑），那是撒丁岛上最古老的灯站。这次改造是继意大利政府决定公开拍卖（包括灯塔在内的）军事剩余财产之后做出的。有人认为政府的这一策略是个宝贵的财务机会，也是保存原本注定消失的历史建筑的一种方法，但也有批评家认为这是对民族身份的背叛。“在 1500 年前民族统一之时建造的遗产被卖给了房地产投机商，”一名意大利新闻记者哀叹道，“*patria*（家乡）和 *patrimonio*（遗产）来源于同一个拉丁词：*pater*（父亲）。出卖了后者，又如何能够保卫前者？”[67]

美国的情况正好相反：2000 年，随着《国家灯塔保护法案》的颁布，灯塔长期以来被赋予的文化意义被制度化了。该法案规定将不再服役的冗余灯塔转交给地方政府组织和非营利团体，以确保建筑得到维护，并对公众开放参观。该法案标志着数十年的本地灯塔保护运动取得了辉煌成果。这类运动最早可追溯至 1960 年代初，但到 1990 年代，随着大型自动化项目的实施和冗余陆地灯塔数目的增加，它们也开始激增。在大多数情况下，这类活动都是由当地社区发起的，他们认为自己社区灯塔的过去和未来对自己的身份认同至关重要。用文化地理学家凯文·布雷克的说法，灯塔因而重塑了美国人关于如何处理冗余公共财产的想象方式："整个过程不再是一个涉及经济、职能或联邦官僚体系的决策，如今它必须将文化和象征意义考虑在内。"[68]

灯塔既是遗产建筑和博物馆，其中有些也在继续扮演着社区生活焦点的传统角色。一个尤其成功的典范是新泽西州的希格特灯塔（美国第一个使用无线电信标的灯站）。第二次世界大战后，这座灯塔正式退役，它的偶极天线也被拆除。1954 年，一座更高的钢铁框架塔被安装在附近，顶上有自动灯光。"安装完成之后，希格特灯塔的最后一个海岸警卫队员进行了最后一次检查，确保建筑安全，紧锁房门，然后就离开了。希格特变成了一座空的旧灯塔。"[69] 就这样，这座灯塔被重新归类为"冗余资产"，被公开发售。第二年，镇议会通过了一项决议，申请"为娱乐目的和青年组织"购买该资产。灯塔已经变成了一个深受人们热爱的地标和城镇的象征，变成了"社区的信标"。

这座建筑被改造成一个当地娱乐中心，包括一座图书馆，还有童子军和希格特妇女俱乐部等社区团体集会的地方。到 1950 年代末，一条新的道路修建到这里，随后便带来了成群的驾车旅行者、度假者和海滩游客。夏天，每天有多达 50 位游客参观这座小小的灯塔。1981 年，当地居民成立了希格特灯塔居民委员会有限公司，继续保护他们的灯塔，将其"作为被整个社区使用的历史地标"[70]。如今该地标每年吸引 3000 到 4000 名游客。它仍然是当地社区团体定期集会的地方，同时还举办艺术课堂、展览、学校参观甚至业余无线电爱好者活动，他们从那里发送无线电给世界各地的其他爱好者，从而以自己的方式赞美这座最早的无线电信标的历史。[71]

过去30年，这类活动的数量大幅增加，还有特别节日和其他活动，旨在提高公众意识，让他们认识到灯塔本身就是历史遗址。业余无线电爱好者可以在一年一度的国际灯塔周末联络若干被激活的灯塔，他们还可以申请一种特别奖项，而灯塔爱好者也可以在专用的"灯塔护照"上盖章，证明他们的确参观过那些灯塔。还可以从灯塔商店或专门的公司购买可收藏的微缩复制品，支持当地的保护协会。[72]文化人类学家维罗妮卡·斯特朗指出，这些可爱的小复制品的魅力就在于，"它们把灯塔的同源人格及其社会和文化意义包含在一个可方便携带、可拥有的物体中，以纪念品的形式，在字面意义上为购买者提供了一个纪念碑"[73]。

灯塔与这些各式各样的有形和无形的收藏品——从纪念品到无线电联络——之间的关系十分密切。巴雷拉认为，收藏说到底是一种逃避现实的方式。它使收藏者能够在自己的小小宇宙中寻求庇护。"人通过把自己的注意力、愿望或意志投注在某种陌生事物上，去关注它的美、它的秩序、它的分类、它的积累，以此来逃避过失和差距。收藏的行为不断重复，令人安心。"[74]旅行者是最好的收藏者和逃避者，他们总是手拿相机，前往下一个目的地。他们收藏地点，不试图拥有某个实体，而是拥有一种无形的、转瞬即逝的东西，就像无线电联络：一种短暂的体验；一张匆匆拍下、为未来岁月保留那短暂一刻的照片。

作为逃避之所和地方特色的守护者，灯塔成为倍受欢迎的收藏品也就不足为奇了。参观灯塔当然不是什么新奇之事，但系统地、以各种各样的方式收藏灯塔却是在过去几十年里，随着灯塔开始变成它们本身的怀旧遗址才刚刚兴起的。传播学学者肖娜·麦克唐纳指出，灯塔存在于遗产旅游领域，这种旅游方式既是在纪念，也是在赞美一种受到重视的文化过往。遗产旅游项目旨在建立一种场所感，一种“文化要素的连续统一体”[75]。对这些项目，乃至对将灯塔建构为遗产的行动至关重要的，是新的守护者－志愿者保护主义者形象。新的守护者的任务不仅是字面意义上的“守护”灯塔使其不致消失，还有同样重要的，就是将它们的过去展示在游人面前。向导可以帮助游人“看到他们看不到的东西”。他们帮助游人填补想象力的空白。麦克唐纳指出，很少有游人“只依赖观赏对象的表现”；包括灯塔在内的遗址都需要“旅游工作者”。[76]

通过他们的辛勤工作，有时还有他们与该地和前守护人私人的世交关系，这些新的监护人让游客的体验“变得真实可信”了。他们激活了一条与过去相连的纽带，让灯塔的历史变得更加“真实”。同他们 19 世纪的先驱一样，守护者－保护主义者仍然在唤起哈迪提到的那种梦幻般的“古文物氛围”。游客以这种方式体验到的灯塔既是一个充满魅力的实体建筑，归根结底也是心灵的灯塔。

然而，遗产只是这类旅游的众多焦点之一。除了遗产游客追求的历史真实性和怀旧氛围之外，还可以加上富有戏剧性的景观的魔力，以及有可能获得的对自然的沉浸式体验（讽刺之处在于，这种体验本身会被在场的其他旅游者破坏）。退役的灯塔往往位于风光瑰丽的偏远之地，不可避免地吸引了旅游开发者的关注。近年来，地中海地区处于旅游战略核心的那些古老的石头灯塔一直在强调环境可持续性。在克罗地亚，有人建议开发一种新的“灯塔生态旅游”，目标顾客是那些需要在未被污染的海滨环境中远离喧嚣、寻找灵感的精英创意工作者。[77] 在这里，我们可以发现古老的浪漫凝视的回归，只不过灯塔不再是从维多利亚时代的度假村高高远眺的地标，或显现在一张褪色的世纪末明信片上的背景中，而是那种凝视本身所栖息的一座地标。

撒丁岛斯帕蒂文托角灯塔酒店

但仅有风景、独占性和遗世独立够吗？同样的体验难道不能在其他俯瞰同样壮丽风景的旧建筑中获得吗？或者说，灯光有没有为灯塔“增值”？与遗产游客一样，追求浪漫的人最终也是在寻找一种理想（当然也是在寻找一处远离世俗之所）。无论有心还是无意，他或她也在寻找心灵的灯塔。整套旅行体验中还包括两个多世纪的“灯塔传奇”积累下来的故事、形象和记忆所启迪的创意。

作为纪念碑的灯塔

“记忆是个体建立个人意义模式的手段，他或她将人生锚定在这种意义上，从而对抗‘命运的鞭子随机而随意的击打’。”[78] 作为人类经验的一个基本维度，记忆深深地扎根于具体地点，坚实地锚定在各种地标上。虽然作为遗址和集体过往的守护者，已经有越来越多的灯塔获得了纪念碑的地位，但某些灯塔从一开始就被认为是纪念碑。

这些灯塔建筑的外表朴素庄严，通常是赞美某个名人的一生，或纪念某些不知名的生命的逝去。纪念性灯塔独属于一个类别，即为了在大地上永远留下英雄和悲剧的记忆而设计的持久的纪念性地标。它们构成了美国历史学家肯尼思·富特所谓“神圣化”的集体纪念过程，也就是“建造一个跟周围环境截然不同的场所，专用于纪念某个时间、个人或团体”[79]。纪念性灯塔是过去和现在之间在形式上的紧固点。

大多数纪念性灯塔都是在 20 世纪前几十年建造的，当时灯塔仍然被视为技术奇观（因而是人类进步的象征），同时也是富有魅力的浪漫地标。举例来说，在内赫布里底群岛的马尔岛上的杜阿特角，有一座威廉·布莱克爵士纪念灯塔，这座 1900 年问世的城堡形哥特式小灯塔就是由这位苏格兰小说家的一群朋友倡议建造的。它坐落在曾经是布莱克最喜欢的地点，像作家生前一样，眺望着闪闪发光的大海和远处幽暗的海岸线。[80] 这座纪念碑同时也提供航海辅助，被归类为次级灯光，它投射在海上的灯光照射范围远达 3 海里。

不过也有些纪念性灯塔从未迎接过船只或水手。1915 年为纪念极地探险家斯科特和他不走运的探险队而建造的斯科特纪念钟塔，就竖立在威尔士加的夫的罗斯公园湖中央，而马克·吐温纪念灯塔坐落在俯瞰汉尼拔和密西西比河的一座山丘上，那里是汤姆·索亚和作家笔下的其他主人公最喜欢游玩的地方。还有一座伏特灯塔位于内陆伦巴第大区的三十字峰顶上，是由意大利邮政电报员们为纪念那位伟大的物理学家诞辰 100 周年，于 1927 年捐资建造的，这座纪念信标交替发出绿色、白色和红色的光（意大利国旗的颜色）。

更令人费解的是，有一座灯塔就建在曼哈顿中心的高楼大厦中间。“泰坦尼克号”纪念灯塔（1913 年）最初竖立在纽约港对面的海员教会协会高达 12 层的总部大楼顶上。它发出的绿光远照至 19 公里处，一直到新泽西州的桑迪胡克都可以看到。在半个世纪的岁月中，这座灯塔俯瞰着海港，如果当年“泰坦尼克号”安全抵达目的地，它本该在那里入港。1950 年代，该协会总部迁往他处，那座大楼计划被拆除。1968 年，这座纪念地标被拆卸下来捐给了一座博物馆。近十年后，它被迁至如今这个熙来攘往的地点。[81]

意大利西北部三十字峰的伏特灯塔，1927 年

纽约曼哈顿的“泰坦尼克号”纪念灯塔，1913 年

然而并非所有的纪念性灯塔迁址都能毫无争议地顺利进行。原因就在于，记忆深深地扎根于现在；它本来就是主观的、选择性的。与力图固化记忆的纪念碑的磐石不同，记忆本身是流动的。它可能引发争议，也会被利用，甚至被消除。它绝不仅仅是保存过去，反而始终都在“为满足当前需要而调整回忆”[82]。作为公共记忆的实物表达和介质，纪念性灯塔不可避免地卷入这类调整中，还有记忆那复杂而不断变化的政治活动。今天我们在世界上各个地区都可以看到这样的例子。

举例来说，近年来，加利福尼亚州北部的特立尼达岬纪念灯塔就被卷入了有争议的记忆、土著人的土地权利和气候变化权力的复杂形势中。该建筑是仍在运转的同名灯塔（自 1871 年起一直伫立在附近的海角顶端）的混凝土复制品，是那座古老的灯塔变成全自动化电气信标之后，当地的公民俱乐部在1949年为保存和展示灯塔的菲涅耳透镜和雾钟而建的。1970年代，还在该复制品近旁建造了一座纪念碑，纪念那些葬身海底的人。这座漂亮别致的小地标顶部呈樱桃红色，塔身有鲜亮的白墙，从那以后迎接过不计其数的游人、画家和摄影师。“它是特立尼达岬的重要支柱，甚至被纳入了该市的城市标志。”[83]然而后来海岸开始消失。2016年到2017年的冬天，一场大洪水之后的大旱导致悬崖出现裂缝，突然间，这座小小的樱桃红色灯塔随时都有可能随悬崖一起坠入大海。

地标被迅速移动到更安全的地方，却引发了当地美国土著部落的抗议，他们认为搬迁亵渎了古老的墓地。部落成员抗议说，那个地点是在淘金潮中被白人殖民者杀害的尤罗克人被土葬的地方。在他们看来，特立尼达岬纪念灯塔不过是“那个悲惨时代的纪念碑”[84]。抗议者占领了灯塔，要求把它安置在别处。于是在2018年初，这座小灯塔又一次被迅速移动，双方达成协议，先把它暂时搬迁到海港地区，直到多方最终能达成协议，为这座纪念碑确定一个永久地点。[85]

在意大利，纪念性灯塔也是近期一场争议的焦点。2017年，一项重新启用普雷达皮奥灯塔吸引游客的决定引发了激烈的争议。这座灯塔坐落在贝尼托·墨索里尼的出生地和度假别墅的顶上，那是弗利附近的一座俯瞰村庄的雄伟城堡，它的灯光曾被用于通知市民们，领袖正在罗马涅地区暂住。它强大的光束据说可以在60公里的范围内看到。支持重新启用的人认为该信标是这座城堡上千年历史的有机组成部分，因而是一项文化资产；相反，包括党派联合会和犹太人社区在内的反对者则

意大利弗利附近的普雷达皮奥灯塔（卡米纳特岩石城堡），1927 年后

称这项提议是“为法西斯主义辩护”[86]。他们担心，重新点亮信标会唤起人们不愉快的回忆。类似的争议也发生在比萨省圣米尼亚托的沃提沃灯塔上，只不过在这里，其三色光束原本是为了纪念第一次世界大战的遇难者，而不是领袖。[87]

这些有争议的地标是宏大的国家记忆网络的一部分。例如，罗马的贾尼科洛灯塔是 1911 年为庆祝国家统一 50 周年，由阿根廷的意大利人捐赠的。然而意大利的大多数纪念性灯塔都是在 1920 年代和 1930 年代初（也就是法西斯掌权时期）建造的，通常是为了纪念战争受害者。比方说，港口城市的里雅斯特（1927 年）和内陆城市都灵（1928 年）都有“胜利灯塔”。前者至今仍被用于辅助航海，纪念的是在第一次世界大战期间死于海上的人；后者刻有加布里埃尔·邓南遮[①]较为通用的铭文：

致纯粹的记忆
致崇高的典范
成千上万的战斗者兄弟
为了让故乡的灯光更加明亮
献出了自己的生命

其他还愿灯塔（*fari votivi*）所纪念的受害者明确与法西斯政权有关。意大利历史学家帕特里齐亚·多利亚尼指出，死去的意大利法西斯党党员仍保持着某种特殊性，被葬在公墓中特殊的墓地区域。然而在 1930 年代，意大利掀起了保存政治殉道者的故事的运动，包括新的纪念性灯塔在内的有形的纪念碑被建造出来。例如在 1932 年，法西斯党出资在米内尔维诺建造了献给“普利亚的法西斯殉道者”的内陆还愿灯塔。这座纪念性灯塔旨在“将它的光洒向广阔的穆尔杰平原，十年前，那里的农业法西斯主义曾光荣地镇压了农民社会主义”[88]。

法西斯的纪念性灯塔情结大概在一定程度上与灯塔的概念本身就包含的现代性与进步有关，另外也在一定程度上与向其光束所及的整座村庄和区域彰显其存在感的能力有关；光束本身的象征意义也是一个

① 加布里埃尔·邓南遮（1863—1938），意大利诗人、记者、小说家、戏剧家和冒险者，主要作品有《玫瑰三部曲》。1914 年至 1924 年期间，邓南遮活跃于政坛。他常被视作墨索里尼的先驱者，在政治上颇受争议。

因素，意大利语的这个词就是“fascio”。束棒形状的瓜达富伊角灯塔本身就是一座纪念碑。在《索马里纪事》中，维奥拉写到了在灯塔上看到自己已故父亲的名字如何令她动容。它就镌刻在入口处旁边的一块石头上,那是为纪念苏伊士运河开通之后头两艘意大利船航行穿过运河。“‘马达洛尼号’上的第四官员就是我敬爱的父亲卡洛·维奥拉上尉。民众爱他如子……直到他在异国他乡，在苏门答腊的遥远水域光荣地牺牲。”[89]

虽然纪念性灯塔的功能在上述所有实例中都是纯粹象征性和纪念性的，但还有一些被用作陵墓，甚至就是为此目的而专门建造的。举例而言，英格兰普利茅斯的斯米顿灯塔至今仍是它倍受尊敬的建造人的遗体安放地。更令人向往的是，1931 年，在多米尼加共和国的圣多明各，有一座巨大的建筑被设计成斜十字形，同时也是一座灯塔，用来安放克里斯托弗·哥伦布的遗体。建造这座巨大的灯塔的目的不仅仅是为了纪念那位伟大的热那亚航海家，也是“颂扬一种理想……那是内心对未知一端的无尽渴望；我们称之为进步，而在基督教世界，所谓的未知就是上帝，其象征物就是十字架”[90]。

这座建筑起初的构想是新大陆上所有国家的协作项目，最终却是由多米尼加共和国独立完成的。它直到 1992 年才竣工，正值哥伦布登陆美洲 500 周年。然而，纪念活动却也倍受争议，因为为了给这座巨型建筑物腾地方，成千上万的家庭被驱逐，国民抱怨该项目的费用过度高昂，让一个正在经济危机中挣扎的国家尤其难以承受。讽刺的是，就连哥伦布遗体的真实性也存疑。[91] 如今，那座奢侈的灯塔 – 纪念馆不仅存放着可疑的遗体，还是一座博物馆。更独特的是，它与传统灯塔不同，不仅

俄勒冈州的蒂拉穆克岩石灯塔骨灰瓮

把光沿水平方向洒向海面，还垂直地投向天空。在特殊的日子里，150多束光向上投射，构成一个十字架，可以从太空看到；当天空云层较厚时，从地上也可以看到。

在光谱的另一端，是位于俄勒冈海岸附近的如今已被废弃的蒂拉穆克岩石灯塔，它与巨型建筑的壮观和强大光束无关，它的灯光已经熄灭半个多世纪了。在大海的一个咆哮的角落，这座灯塔位于一块终日被海浪拍打的黑色玄武岩上，1957年退役，原因是它太危险，操作起来也太昂贵——事实上，那是整个国家操作成本最高的灯塔。1981年，这座建筑被一群地产商买下。它被宣传为等待着“光荣的灯塔守护人”的骨灰安置所，只要付1000到2500美元，就可以为自己买下一个永恒的葬身地。大约30个骨灰瓮被放置在灯塔内，但其执照于1999年被吊销，并拒绝重新申请，原因是记录保存不善，骨灰瓮的保管不当，其中两个在破坏公物者破门而入时丢失了。“门还没修好，鸟儿们很快就飞进来，建造了它们自己的窝。”[92]

如今的蒂拉穆克是一个被人遗忘的怪异废墟，到处都是鸟粪，或许与潜在的光荣的灯塔守护人在支付保证金时心中所想的浪漫意象有着云泥之别。然而，他们的愿望仍然映射着一个古老的传统，那就是心灵的灯塔乃是生死之界，是最终的安息地和通往永恒的门户——从萨索斯岛的阿克拉托斯的信标坟墓到浮夸的罗马人假棺。毕竟托勒密本人最初建造法罗斯灯塔的构想也是将其作为他最后的安息之所，以及让他的名字镌刻在人类历史上千秋万代的纪念碑。[93]他成功了。正如 E. M. 福斯特在 1920 年初所写的，法罗斯灯塔不仅是海上航船的信标，也是人类想象力的信标。“在建筑史上，从来没有哪一个世俗建筑得到过这么多的崇拜敬仰，拥有了它自己的精神生活……在它的灯光熄灭之后很久，关于它的记忆仍然在人们的心中闪烁着光芒。”[94]

1950 年代，当民族主义在埃及高奏凯歌，开始驱逐欧洲人，那座光荣的、世界大同的世纪末亚历山大城也衰落了。而那座神秘的灯塔，其本身就是一个巨大的鬼魂，也变成了过去的“记忆之都”（劳伦斯·达雷尔①喜欢如此称呼这座城市）的象征符号。“同样的街道和广场将在我的想象中点亮，正如法罗斯曾在历史中点亮。”诗人离开埃及尘土飞扬的海岸之后，在一个多风的冬夜里如此写道。[95]

---

① 劳伦斯·乔治·达雷尔（1912—1990）是英裔侨民小说家、剧作家、诗人、旅行作家。生于英属印度贾朗达尔，逝于法国。代表作有《亚历山大四部曲》《苦柠檬之岛》等。

那座“有着五个种族、五种语言和数十种信仰”的城市，那座半维多利亚风、半腐朽堕落的殖民地富庶的残破中心就这样消失在历史的尘埃里。一同消失的还有说希腊语的犹太人和说意大利语的亚美尼亚人；法式西装和英式圆顶帽；昂贵的皮草和奢华的晚礼服；时髦的店铺和迷人的聚会。[96]亚历山大突然间变成了一座遥远的记忆之城。然而灯塔的鬼魂仍然、至今依然悬浮在城市的上空——一座或许从未存在的城，但它存在于它此前那些四海为家的居民以及阅读他们回忆录的读者的想象中。

在达雷尔的《亚历山大四部曲》的最后一部《克丽》（*Clea*，1960 年）中，叙述者回想自己看到法罗斯灯塔的碎片漂浮在浅滩上——然后又消失了，那是被人类记忆的猛烈潮水、最终也被遗忘的黑暗深渊吞噬的遥远过去的遗体。

> 我记得托比·曼纳林曾经想要做古玩生意，售卖法罗斯灯塔的碎片作为镇纸。斯科比负责用锤子把它们分开，他把它们出售给全世界各地的零售商。这个计划怎么流产了？我不记得了。或许斯科比觉得任务太繁重了？也可能是跟另一个以便宜的价格向科普特人出售约旦水的计划发生了冲撞。[97]

1 Timothy Harrison (president of the u.s.Lighthouse Foundation), 引自 Ray Jones, *The Lighthouse Encyclopaedia: The Definitive Reference* (Guilford, ct, 2004), p. 52。

2 Kevin Blake, 'Lighthouse Symbolism in the American Landscape', focus *on Geography* (2007), pp. 9–15.

3 Jones, *The Lighthouse Encyclopaedia*, p. 51.

4 Gēsēs Papageōrgiou, 'Οι Έλληνες φαροφύλακες', in *Αφιέωμα 'Το φαρικό δίκτυο',Η καθιμερινή Επτά Μέρες*, 13 August 1995, p. 14.

5 Nikolas Zērganou, 'Νικολάος Ν. Φιλοσόφοφ', in *Αφιέρωμα*, pp. 28–29; Elinor De Wire and Dolores Reyes-Pergioudakis, *The Lighthouses of Greece* (Sarasota, FL, 2010), p. 144.

6 To Mrs. Clifford, St Ives, 25 July 1884, in *The Life and Letters of Leslie Stephen*, ed. Frederic William Maitland (Cambridge, 2012), p. 384.

7 Virginia Woolf, *Moments of Being* (San Diego, CA, 1985), p. 127.

8 Ibid., p. 129.

9 Ibid., p. 134.

10 Ibid., p. 128.

11 Ibid., p. 136.

12 To Angus Davidson, Christmas 1926, in *The Letters of Virginia Woolf*, ed. Nigel Nicolson and Joanne Trautmann, vol. III (New York, 1975), p. 310.

13 Virginia Woolf, *To the Lighthouse* [1927] (Richmond, Surrey, 2012), p. 58.

14 Ibid., p. 124.

15 Ibid., pp. 124, 128–129.

16 Ibid., p. 170.

17 Ibid., pp. 173–174.

18 Patricia Waugh, '"There'll Be No Landing at the Lighthouse Tomorrow": Virginia Woolf and the Godrevy Lighthouse', in *From the Lighthouse: Interdisciplinary Reflections on Light*, ed. Veronica Strang et al. (London and New York, 2018), p. 211.

19 To Roger Fry, 17 May 1927, in *Letters*, p. 385.

20 Bruno Coppola, *L'ineffabile bellezza. Filosofia e narrazione* (Milan, 1996), p. 73.

21 Woolf, *To the Lighthouse*, p. 6.

22 Woolf, letter to Vanessa Bell, 25 May 1927, in *Letters*, p. 383.

23 Woolf, *Moments of Being*, p. 80.

24 Ibid., p. 81.

25 Woolf, *Moments of Being*, p. 135.

26 John Urry, *The Tourist Gaze: Leisure and Travel in Contemporary Societies* (London, 1990), p. 20.

27 Lara Feigel and Alexandra Harris, 'Introduction', in *Modernism on Sea: Art and Culture at the British Seaside*, ed. Lara Feigel and Alexandra Harris (Oxford, 2011), pp. 1–12.

28 Lara Feigel, 'Kiss Me Quick: The Aesthetics of Excess in 1930s Literature and Film', in *Modernism on Sea*, ed. Feigel and Harris, pp. 15–33.

29 Patrick Beaver, *A History of Lighthouses* (London, 1971), p. 131.

30 William John Hardy, *Lighthouses: Their History and Romance* (London, 1895), p. 163.

31 Jones, *The Lighthouse Encyclopaedia*, p. 108.

32 V&A, *Vintage Travel Posters: A Journey to the Sea in 30 Posters* (London, 2018), n.p.

33 Feigel, 'Kiss Me Quick', p. 16.

34 V&A, *Vintage Travel Posters*, n.p.

35 David Heathcote, *A Shell Eye on England: The Shell County Guides*, 1934–1984 (Faringdon, Oxfordshire, 2011), p. 14.

36 Ibid., p. 4.

37 Desdemona McCannon, 'The TimeTravelling Antiquarian: Illustrated Tourist Guides to North Wales from Pennant to Piper', *Journal of Illustration*, V (2018), p. 50.

38 John Piper, 'The Nautical Style', in John Piper, *Buildings and Prospects* (London, 1948), p. 11.

39 Ibid., p. 12.

40 Alan Powers, 'The Destructive Element: Benjamin Britten and Aldeburgh', in *Modernism on Sea*, ed. Feigel and Harris, p. 217.

41 Piper, 'The Nautical Style', p. 13.

42 Ibid., p. 17.

43 Ibid., p. 13.

44 Godfrey Phillips, *Lighthouse and Lightship and the Men Who Man the Trinity House Service* (London, 1949), p. 52.

45 Ibid., pp. 70–72.

46 Heathcote, *A Shell Eye*, p. 112.

47 John Betjeman, *Cornwall: A Shell Guide* (London, 1964), n.p.

48 Heathcote, *A Shell Eye*, p. 4.

49 Ibid., p. 28.

50 Philip Irving Mitchell, '"Love is Greater than Taste": The Moral Architecture of John Betjeman and John Piper', *Christianity and Literature*, LXIII (2014), p. 267.

51 John Betjeman, *Coming Home, ed.* Candida Lycett Green (London, 1998), p. 516.

52 Dēmētrios Polemēs, 'Το φανάρι της Φάσσας', in *Αφιέρωμα*, p. 21.

53 Steve Murray, *Guardians of the Hereford Inlet* (Rio Grande, NJ, 2010), p. 30.

54 Piper, 'The Nautical Style', p. 13; Alexandra Harris, 'Seaside Ceremonies: Coastal Rites in Twentieth-Century Art', in *Modernism on Sea,* ed. Feigel and Harris, p. 230.

55 Jones, *The Lighthouse Encyclopaedia*, p. 42.

56 C. S. van Dresser, 'Science to Thwart Ol' Debbil Sea', *Deseret News*, Saturday 3 April 1937.

57 Phillips, *Lighthouse and Lightship*, p. 45.

58 Jones, *The Lighthouse Encyclopaedia*, p. 51.

59 Douglas Bland Hague and Rosemary Christie, *Lighthouses: Their Architecture, History and Archaeology* (Llandysul, 1975), p. 114.

60 Jones, *The Lighthouse Encyclopaedia*, p. 60.

61 Hardy, *Lighthouses*, p. 161.

62 John Betjeman, *Devon Shell Guide* (London, 1935), p. 33.

63 Jes Wienberg, 'Four Churches and a Lighthouse: Preservation, "Creative Dismantling", or Destruction?', *Danish Journal of Archaeology,* III (2014), p. 70.

64 Ibid., p. 71.

65 Basilēs Tsogka, 'Ο Τουρλίτης της Άνδρου', in *Αφιέρωμα*, pp. 22–23.

66 María Gómez y Patiño, 'Recycling Seaside Tourism: The New Social Use of Lighthouses', *TILTAI*, III (2010), p. 44.

67 Gianni Boscolo, *Breve storia dei fari, da Omero a Internet* (Milan, 2018), p. 73.

68 Blake, 'Lighthouse Symbolism', p. 13.

69 Bill Dunn, *Sea Girt Lighthouse: The Community Beacon* (Charleston, SC, 2014), p. 102.

70 Ibid., p. 111.

71 Ibid., pp. 131–134.

72 Ibid., pp. 134–136; Jones, *The Lighthouse Encyclopaedia*, p. 50.

73 Veronica Strang, 'The Lighthouse at Cape Reinga', in *From the Lighthouse*, ed. Strang et al., p. 144.

74 Jazmina Barrera, *Cuaderno de faros* (Logroño, 2019), p. 82.

75 Shauna MacDonald, 'Sentinels by the Sea: Keeping as an Alternative Tourism

Performance', *Text and Performance Quarterly*, XXXVIII (2018), p. 23.

76 Ibid., p. 28.

77 Gómez y Patiño, 'Recycling Seaside Tourism', 46; Ioanna Papayanni and Vasiliki Pachta, 'Revitalization and Exploitation of Historic Lighthouses: The Case Study of the Aegean Sea', *Fresenius Environmental Bulletin*, XXII (2013), pp. 2197–2202.

78 Jeanne Schulkind, 'Introduction', in Woolf, *Moments of Being*, p. 21.

79 Kenneth Foote, *Shadowed Ground: America's Landscape of Violence and Tragedy* (Austin, TX, 2003), p. 8.

80 Hague and Christie, *Lighthouses*, p. 99.

81 Bryan Penberthy, 'History of the Titanic Memorial Lighthouse', www.us-lighthouses.com, 2020 年 6 月 12 日访问。

82 David Lowenthal, 'Past Time, Present Place: Landscape and Memory', *Geographical Review*, LXV (1975), p. 27.

83 Hailey Branson-Potts, 'A Trinidad Lighthouse Must Move for Climate Change. Where It Will Go Is a Battle', *Los Angeles Times*, 29 November 2019.

84 Ibid.

85 'Trinidad Head Memorial Lighthouse', www.lighthousefriends.com, accessed 12 June 2020.

86 Gabriele Martini, 'La guerra sul faro di Mussolini: "Non riaccendete quella ferita"', *La Stampa*, 24 February 2017.

87 Giacomo Pelfer, 'No al ritorno del faro votivo sulla Rocca', *Il Tirreno*, 17 June 2012.

88 Patrizia Dogliani, 'Constructing Memory and Anti-memory: The Monumental Representation of Fascism and Its Denial in Republican Italy', in *Italian Fascism: History, Memory and Representation*, ed. R.J.B. Bowsworth and Patrizia Dogliani (Basingstoke and London, 1999), p. 19.

89 Augusta Perricone Violà, *Ricordi somali* (Bologna, 1935), p. 46.

90 Beaver, *A History of Lighthouses*, p. 140.

91 Michael Tarr, 'Extravagant Columbus Lighthouse Mired in Dominican Controversy', *Christian Science Monitor*, 9 October 1992; Douglas Farah, 'Light for Columbus Dims', *Washington Post*, 1 September 1992.

92 William Yardley, 'Terrible Tillie, Where the Departed Rest Not Quite in Peace', *New York Times*, 24 October 2007.

93 Baldassarre Giardina, *Navigare necesse est: Lighthouses from Antiquity to the Middle Ages; History, Architecture, Iconography and Archaeological Remains* (Oxford, 2010), p. 34.

94 E. M. Forster, *Alexandria: A History and a Guide* [1922] (New York, 1974), p. 145.

95 Lawrence Durrell, *Justine* [1957] (London, 1963), p. 201.

96 André Aciman, *False Papers* (New York, 2000), pp. 3–4.

97 Lawrence Durrell, *Clea* (New York, 1960), p. 243.

结语：沙漠中的一座灯塔

> 请在荒野中留一盏灯光
> 因为我有些辨不清方向。
> 我梦到森林里有一座灯塔
> 闪着小小的微光带我们回家。
> ——帕特里克·沃特森，《灯塔》

虽然大多数灯塔在二十多年前就已经实现了自动化，在数字化的世界看似已是落伍过时的存在，然而如今，“灯塔观念”却要比以往任何时候都更加令人神往。过去几年，灯塔书籍和灯塔电影的数目大大增加；单是在澳大利亚，短短几年就出版了至少 15 部新的灯塔小说，从生态小说到历史叙事到守护人回忆录。[1] 各个大陆的灯塔协会也繁荣发展。灯塔爱好者努力在世界各地“收藏”仍在服役的灯塔，可与芒罗峰登临者媲美；而另一方面，每年都有越来越多的退役灯站以酒店或早餐旅馆等形式重获新生。在当今这一特定历史时刻，灯塔为何竟有如此巨大的吸引力？是它们安静地伫立在周遭景观中，被视为应对这个前所未有地瞬息万变的世界的一剂良方？还是它们尊贵从容的魅力足以应对晚期现代性的各种跃动？抑或如帕特里克·沃特森的歌中所唱，我们就是需要“小小的微光带我们回家”？

《沙漠灯塔》，日落之后不久拍摄，加利福尼亚州莫哈韦沙漠
2017 年，丹尼尔·霍金斯摄

灯塔扎根于“无所遮蔽又与世隔绝”的地理学，在人类的想象中，它们归根结底是希望的信标。[2] 虽说在流行文化中，灯塔是某种将光照投向黑暗虚空的遥远站点，是离奇可怕之所，是恐怖电影的舞台，但它也是一盏召唤我们回归属地的灯光。灯塔和它们所启迪并继续启迪的许多故事能够帮助我们找到文化认同感，让它们在动荡世界的汹涌海水

中浮出水面。更有深意者，正如沃特森所说，灯塔能帮助每个人“回到这个世界中来”。它能教会我们稍停片刻，用新的眼光观察一下周遭；在熟悉的日常中寻找非凡之物；珍视自家后院里的奇花异草；换句话说，忙碌的生活早已让我们脱离现实，我们要重新与之建立联系。

灯塔是坚固地锚定在陆地上的实体建筑。然而正如本书所述，它们也是一种观念。借用沃特森的话：它们“更是一种情感而非地点”[3]。引导之灯的观念为人类存在提供了一个锚点，这正是丹尼尔·霍金斯的《沙漠灯塔》（*Desert Lighthouse*，2017年）的基本主题，那座安装有菲涅耳透镜的全尺寸太阳能信标将它的光照射在加利福尼亚州莫哈韦沙漠的一个阴暗的角落。

艺术家最初是在驱车从科罗拉多州到加利福尼亚州那漫长的22小时中想到这一装置的，当时他经历了类似于海洋崇高的体验。“有一种绝望感排山倒海而来，”霍金斯回忆道，

> 我想那种绝望源于我觉得自己即将被这黑暗的虚空吞噬……我还能走得出去吗？我觉得我与自己的生命、与世上其他人都断

了连接。我有种彻底的失联感，甚至不知自己身在何处，只是被吸入这真空，这黑暗的虚空。我害怕极了。[4]

霍金斯于是开始练习在地平线上寻找灯光。一度，或许是出于求生本能，他开始在想象中看到那遥远的灯光。“它一直都在地平线上。它一直是我可以抓住的东西，好让我鼓起勇气，再往前走一点儿。”[5]

他想象中的那个灯光点，那心灵的灯塔闪烁的微光，让霍金斯在穿越黑暗的旅途中获得了安慰，帮助他安全到达了目的地。然而，这次经历在艺术家心中留下了如此深刻的印记，他最终决定把那种幻象变成一座真实存在的灯塔。

我知道我必须复原这个信标。它是帮我安全度过这次经历的那一点灯光，但它是我想象的灯光。看起来非常有必要把那一点灯光变成那个空间里的真实建筑，以便我可以回到那个空间，带着一种连接感旅行；带着一种在地感旅行；在穿越那片沙漠时不会被那片虚空压倒。我把那作为我生命中下一个十年的一项使命。[6]

这位艺术家在虚空中做出标记的行为在评论家看来是一种有着深层哲学意味的行为，也是一则人类存在的寓言。一方面，《沙漠灯塔》所表达的是在一个动荡的世界里寻找一个锚点的渴望；另一方面，它也是人类建立关联的天性的纪念碑。归根结底，它认识到没有人能够彻底与世隔绝；我们永远需要地平线上的一盏灯光。[7]

在极端气候条件下运作的《沙漠灯塔》总是会受到一连串毁灭性风暴的破坏和沙漠清道夫的无数击打，因而也是一座人类韧性的纪念碑——类似于过去那些著名的孑然独立的岩石灯塔，总是受到大风和怒海惊涛的袭击。然而这一次，这座信标要为之引路的不是面临危险的船只，而是在象征意义上引导的人类理性本身。“在一个地标受到破坏、环境剧烈变化、经济动荡、私人太空旅行还有日益超现实的局部战争的时代”，霍金斯指出，我们需要“一座稳定的灯塔”。[8] 我们需要一盏灯指引我们回家。

有人指出，霍金斯的装置引发共鸣的能力大多源于它逆转了风景，源于它是一种创意性的错位行为。[9] 虽然有不少纪念性灯塔和钟塔，但灯塔通常与海景形象有着密切联系。正如巴雷拉所写的那样，想起灯塔，不可能不想到大海，“因为它们是一体的，与此同时却又是全然相反的”[10]。海洋一直延伸到平坦的地平线之外，灯塔垂直地指向天空。大海广袤无边，灯塔却是沉入广袤中的一个局部物体。大海始终都在运动，是一个“情感的战场”；灯塔却是凝固的地标，是坚定不移、不为情所动的哨兵。大海是液态的原始王国，灯塔是固态的终极实现。如沃特森的歌里所唱的“森林里有一座灯塔”一样，《沙漠灯塔》既接纳也颠覆了大多这类假设，与此同时，它还促成了新的理解方式。

然而错位不仅仅是地理上的，建筑的实体性也被“逆转了”。与坚固地高耸在多彩海面上的传统石头或混凝土灯塔不同，《沙漠灯塔》是在幽暗而贫瘠的大地上闪烁的纯粹的微光。塔身用钢和半透明的树脂玻

黄昏时的《沙漠灯塔》，加利福尼亚州莫哈韦沙漠
2017 年，丹尼尔·霍金斯摄

璃建造，在夜间通体光明，拥有一种超凡脱俗的魔幻特质；它几乎是景观中超然物外的存在。沙漠和灯塔加在一起，让人想起经典的大海灯塔景观的照相负片。不出意外，果然有人把它解读为“戏剧化地预言了即将到来的全球大干旱景观——每一座灯塔都将是沙漠灯塔”[11]。

《沙漠灯塔》的外观虽然缥缈脱俗，但它本身却是有着物质实体的非常真实的存在。的确，它实现了类似传统海上灯塔的一种实用的功能：用霍金斯的话说，它“为那些在这美丽却极富挑战性的景观中深陷广袤空间中的人”提供了“一种可视的地标和稳定的信标”。[12]然而，这座装置所嵌入的景观并不是虚空的空间，也不是原始的沙海。它不是传统灯塔突出并以它们的存在为之加分的未经污染的浪漫景观。相反，它是一片多面向的反乌托邦荒野，“地下变形毒气、附近的军事试验场、废弃的城镇、流浪者，还有每天把成千上万的人引导到莫哈韦沙漠腹地的15号州际公路”，都让它深受其害。[13]霍金斯的灯塔既反抗又接纳了这复杂的生死地形。它突出了人类的失败和对环境的不负责任。它质疑了荒野乃无可争议的非人类领域的观念。更重要的是，和每一座灯塔一样，它也创造了它自己的小小的周遭世界。

与海上灯塔一样，这座地标也强有力地吸引着人们的凝视和实践。在它问世后的短短三年里，它几乎被一连串毁灭性风暴和沙漠清道夫的无数击打毁灭，但它也变成了沙漠越野车及露营者的熟悉景观和中途站、当地射手的靶子、某个当地会众的崇拜之所，以及越来越多的当地传说和阴谋的素材等等。最初的报道说沙漠中那盏神秘的灯被认为是个遇险信标或不明飞行物，后来人们有了越来越多的其他猜测，包括这座装置是一个试验性军事项目，或者“由当地政客散布的谣言，为的是把人们的注意力从最近发现的饮用水中有高含量火箭燃料的新闻引开”[14]。于是，除了作为一盏希望之灯，引导和安慰疲惫的沙漠旅人的友好存在之外，我们还可以这么解读：这个地标映射出当代的社会和环境焦虑，同时也映射出一种更深的关涉存在的恐惧——被虚空所吞噬；猝不及防地直面死亡。

2018 年，来到这座灯塔的当地游人在那里留下了一个小小的临时纪念点。它纪念的是一名新近死于吸毒过量的年轻妇女。她的骨灰被撒在灯塔周围。“我在那里四处走动时，被一个白色的十字架和各种短时收藏物打动了，它们表明那是一个死亡现场纪念馆或墓葬纪念馆。死者的名字用锐意记号笔写在两英尺高的十字架上。”霍金斯写道。年轻妇女有亲戚住在欣克利，那座附近的沙漠定居点自从发现饮用水被污染之后就变成了一座鬼城。“他们碰巧是仍然留在废墟里的一些人。”后来，在一次前往灯塔进行定期维修时，霍金斯遇到了年轻女人的母亲。

> 2019 年母亲节那天，我看到她在纪念馆里加上了一棵小小的假树，一根木质旗杆，阿斯特罗草皮，还有其他东西。她向我解释说，她们总喜欢在夜晚望向沙漠灯塔，知道［她们深爱的那个人］就在附近。那是一次动人的、充满感伤的邂逅。[15]

1 见 Bianca Millroy, 'Liminal Spaces, Solitary Places: The Stories That Shape Our Homeland', www.austlit.edu.au, 2020 年 7 月 27 日访问。

2 Ibid.

3 Kim Bellware, 'Interview: Patrick Watson on Why You're the Best Part of His Show', *Arts and Entertainment*, 1 June 2012.

4 Daniel Hawkins, 'Desert Lighthouse: A Point of Origin' (2018), documentary film, www.youtube.com.

5 Ibid.

6 Ibid.

7 Ibid.

8 Daniel Hawkins, 引自 Tanja Laden, 'Meet the Artist Building a Lighthouse in the Desert', in Daniel Hawkins, *Desert Lighthouse Prospectus* (Los Angeles, ca, 2017), p. 30。

9 Doug Harvey, 'A Storm in Any Port: Daniel Hawkins Fails His Way to the Top!', in Hawkins, *Prospectus*, p. 37.

10 Jazmina Barrera, *Cuaderno de faros* (Logroño, 2019), p. 22.

11 Harvey, 'A Storm', p. 38.

12 Hawkins, *Prospectus,* p. 1.

13 Hawkins, 引自 Laden 'Meet the Artist', p. 29。

14 Ibid.

15 与艺术家的私人通信，2020 年 7 月 22 日。

附录：灯塔的构成与运作方式

塔　身

灯塔由支撑灯室的塔身建筑构成，灯室内安置着光源。塔内往往还包括灯塔的操作室，即放置燃料和发电机的地方。灯塔可以建在陆地上，也可以建在海上。海上（或岩石）灯塔常常建在海上的岩石或暗礁上。著名的例子包括埃迪斯通和贝尔岩石灯塔，这些灯塔的建造采用了斜钉法和楔入式建造技术。

埃迪斯通灯塔位于英格兰普利茅斯沿岸附近危险的埃迪斯通岩上，是世上第一座完全曝露在开放海面上的灯塔。共有四座不同的塔身先后矗立在这些岩石上。第一座由亨利·温斯坦利在17世纪末建造，不久就被一场大风摧毁。第二座由约翰·拉迪亚德设计，是一个围绕砖石混凝土核心建造的锥形木结构，通过36根熟铁螺栓固定在礁石上。1755年，因灯房顶部起火，这座灯塔也被烧毁。

约翰·斯米顿（于次年开始修建）的埃迪斯通灯塔在灯塔设计上取

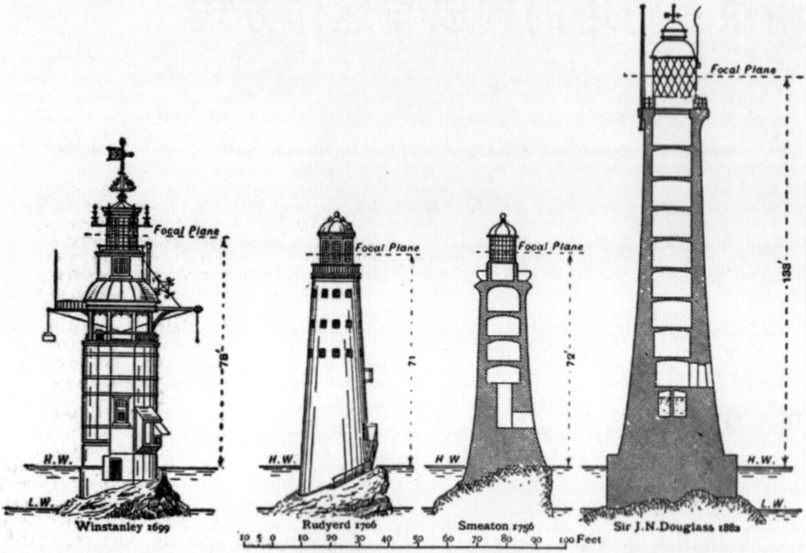

FIG. 2. FIG. 3. FIG. 4. FIG. 5.

Lighthouses on the Eddystone.

温斯坦利、拉迪亚德、斯米顿和道格拉斯的埃迪斯通灯塔，摘自《大英百科全书》第 11 版，第 16 卷（1911 年）

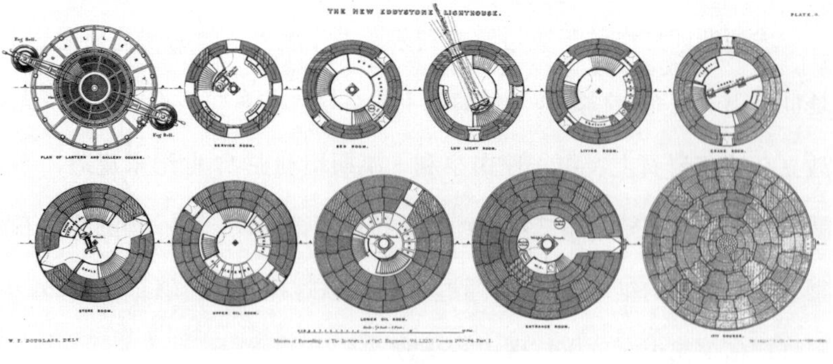

新的埃迪斯通灯塔的鸠尾接合，摘自《英国土木工程师学会会议记录》（*Minutes of Proceedings of the Institution of Civil Engineers*），第 75 卷（1884 年）

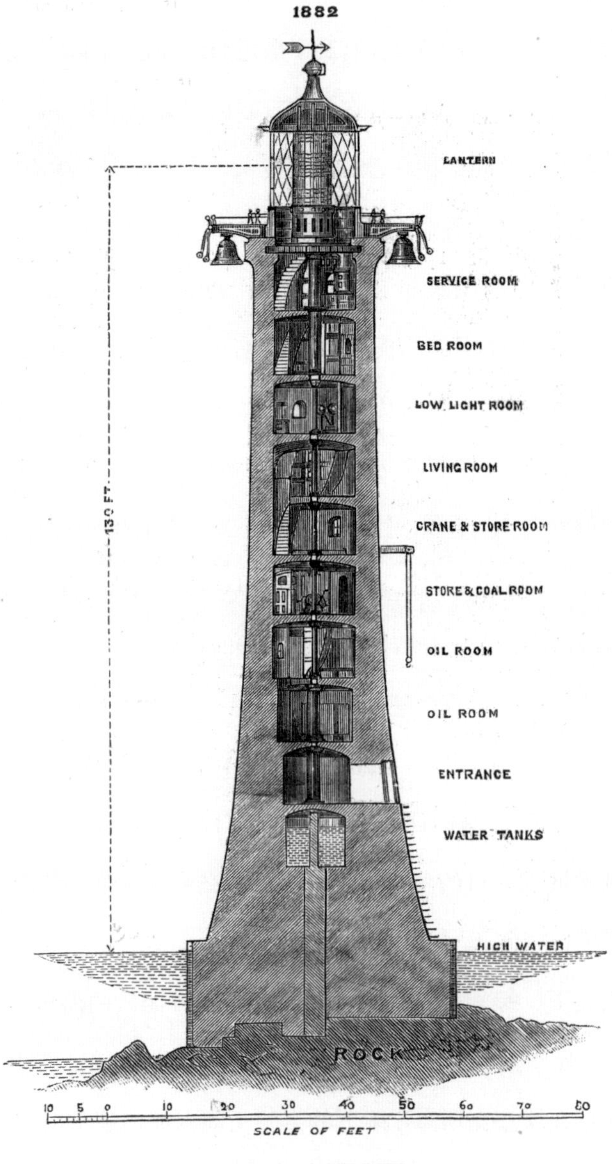

SECTION OF THE NEW TOWER.

詹姆斯·道格拉斯设计的新的埃迪斯通灯塔，摘自《伦敦新闻画报》（*Illustrated London News*），1882 年 5 月 27 日

得了重大进展，成为现代灯塔的原型。斯米顿以橡树的形状为蓝本，使用花岗岩石块建造。这种设计有利于散逸海浪撞击墙体的部分能量。斯米顿采用了水硬石灰，即一种在水中凝固的混凝土，并开创了使用鸠尾接合和大理石销钉固定花岗岩石块的技术，从而提高了结构稳定性。今天我们看到的灯塔是詹姆斯·道格拉斯于 1882 年建造的。

建成于 1810 年的贝尔岩石灯塔位于苏格兰的五月岛附近，是世界上最古老的仍在运作的海上灯塔。它的建造由罗伯特·史蒂文森（1772—1850）承担，他是历史上最著名的灯塔工程师家族的大家长。这座 35 米高的花岗岩塔矗立在一个危险的暗礁上，每次涨潮时这座暗礁会被淹没到约 3.7 米深，建造耗时三年多，共有 110 名工人参与。它由 3835 块巨大的石块组成，重量超过 2000 吨，被认为是当时最举世瞩目的工程成就之一。塔身结构基于斯米顿的设计。

灯塔塔身也可以直接建在海床上。这在 19 世纪中叶发展起来的沉箱法中得到了最好的体现。沉箱（由重型轧制铁板制成的中空壳体）沉入海床并填充沙子、砾石或混凝土，形成灯塔的坚实基底。实例包括德国海岸威悉河入海口的罗瑟桑德灯塔（1885 年）和英吉利海峡的王室主权灯塔（1971 年）。

相比之下，螺旋桩灯塔建立在插入沙质或泥质的海床或河底的桩基上。第一座螺旋桩灯塔，马普林沙洲灯塔，是由爱尔兰工程师亚历山大·米切尔在埃塞克斯海岸附近的泰晤士河入海口建造的，于 1841 年初次点亮。

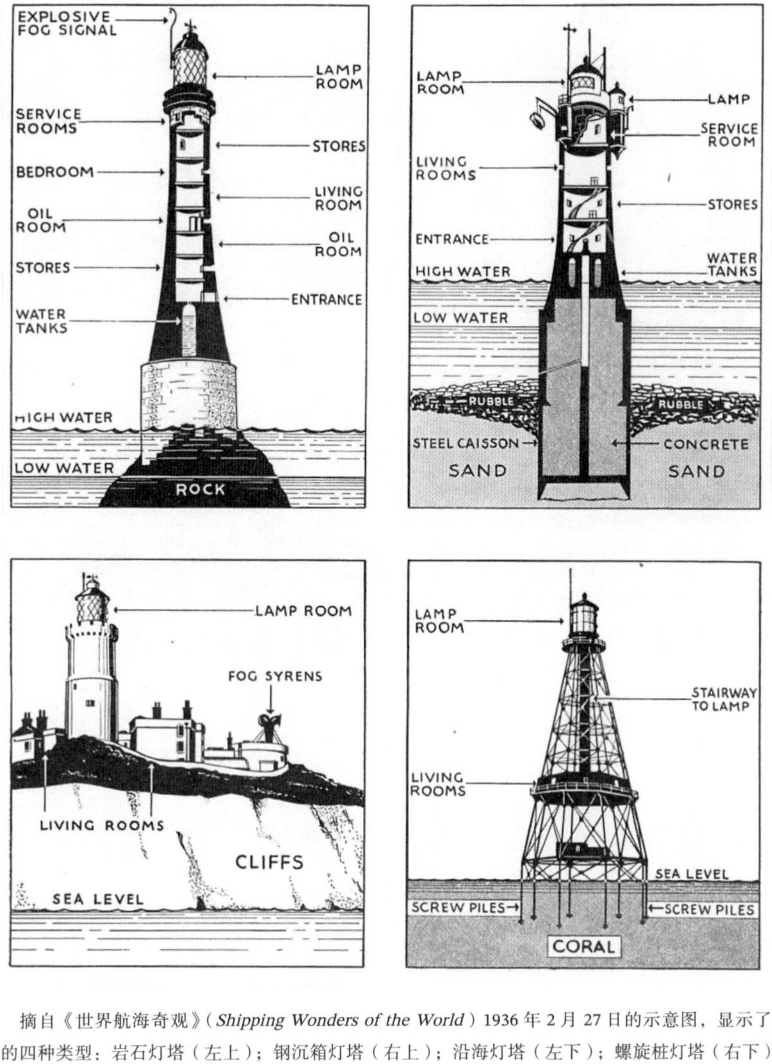

摘自《世界航海奇观》(*Shipping Wonders of the World*) 1936 年 2 月 27 日的示意图，显示了灯塔的四种类型：岩石灯塔（左上）；钢沉箱灯塔（右上）；沿海灯塔（左下）；螺旋桩灯塔（右下）

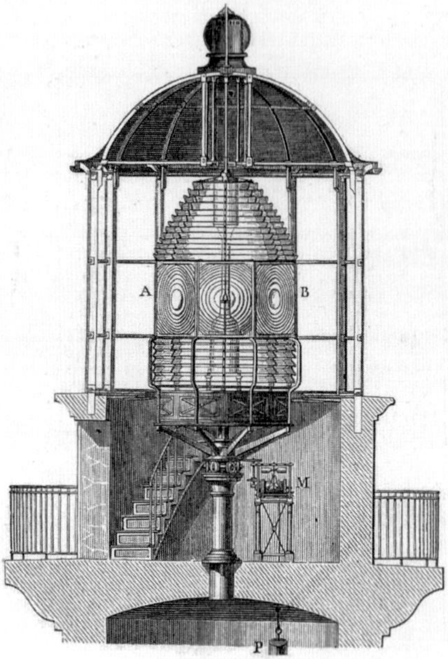

Fig. 292.

1800 年代中期一座灯塔的灯室剖面图，显示了菲涅耳透镜，摘自阿道夫·加诺《写给普罗大众和年轻读者的自然哲学》（*Natural Philosophy for General Readers and Young Persons*，1872 年）

灯　室

灯塔的灯室是位于塔顶的玻璃封闭结构，内部安装有灯和透镜。灯室通常配有防风玻璃和垂直或斜向铁条，以抵御恶劣天气。灯室顶部有一个通风口，旨在排除玻璃罩造成的热量，在电力引入之前，也用于排除灯产生的任何烟雾。灯室周围通常环绕着一条廊道。

动　力

灯塔的照明最初采用简单的木柴明火，经过数个世纪，发展出各种更为复杂的照明方法。早期的烽火是在炉篦或铁制篮子（火盆）里点燃的，因放置在海岸的高处，可以从远处看到。不过，风雨等大气因素让这些早期的明火信标很不可靠。后来，这些明火被封闭在灯塔的顶部玻璃箱中，但明火产生的大量烟雾会使灯房变暗，从而影响信标的效率。因此，木柴或煤炭的明火通常要放在露天环境下。这些早期的信标通常在白天也会点燃，烟柱可作为航海者的昼标。英国第一座使用开采煤炭的灯塔是位于肯特郡的邓杰内斯角灯塔，建于 1616 年。它的煤炭火盆每年消耗的煤炭不少于 400 吨。已知最早的装有灯房的煤火灯塔位于康沃尔郡海岸附近锡利群岛的圣艾格尼丝岛上（1680 年）。相比之下，蜡烛（至少在 16 世纪已经使用）被放在封闭的灯笼中，但信号一直十分微弱。

后来，火盆和蜡烛被大型油灯取代，从而解决了烟雾问题。在现代时期，燃烧动物油脂的灯很常见。北美第一座灯塔，即波士顿港灯塔（1716 年），使用鲸脂，而位于非洲最南端的厄加勒斯角灯塔（1848 年）最初使用的燃料是羊脂。相反，在遍地种植橄榄树的地中海沿岸则通常使用橄榄油。

对现代灯塔的效率至关重要的是由瑞士物理学家艾梅・阿尔冈于 1784 年设计的一种油灯模型。这种灯有一个中空灯芯，周围是玻璃烟囱，增加了灯芯上方的气流，从而改善了燃烧效率，并保护火焰免受外部气流的影响。由此产生的火焰比以前的油灯更亮、更稳定，还消除了黑烟。

1870 年代，煤油变得流行起来，并在 20 世纪初开始被电力和乙炔气取代。那时，几乎所有的航海信标仍然通过油灯或煤油灯运行。大多数这些灯具的灯芯需要不断维护和修剪。后来引入的电力使得灯塔工作变得更加清洁和简单了。英格兰第一个与商业电力相连的灯塔是南福兰岛灯塔，它在 1922 年成为不列颠群岛中第一座使用白炽灯照明的灯塔。

1960 年代，核能开始在一些灯塔中投入使用。1964 年，巴尔的摩灯塔安装了一台放射性同位素热电发生器，使它成为美国第一座也是唯一的一座核动力灯塔。十年后，拉斯林欧本岛灯塔成为爱尔兰的第一座核动力灯塔。不过到 1987 年，其发电机的输出功率已经下降到不足的水平，该灯塔改为风力发电，一直使用到 1991 年，而后改为太阳能发电。苏联在偏远的北极地区建造了几座由放射性同位素热电发生器供电的自动化灯塔，这些灯塔具有长时间自主运行的优点。然而，其中许多设施已经老化或被破坏，因而变成了严重的环境危害。如今，许多灯塔使用节能的发光二极管灯，由电力网络或太阳能电池板供电。

类型	燃料	年代
明火	木柴	?—1700
火盆	木柴 / 煤炭	?—1850
天秤灯塔	木柴 / 煤炭	1624—1905
蜡烛	动物油脂 / 蜡	1540—1790
油灯	动物 / 植物油	1500—1910
蜘蛛灯	动物 / 植物油	1760—1855
阿尔冈灯	动物 / 植物油	1782—1880
菲涅耳 – 阿拉戈灯	动物 / 植物油	1819—1880
多蒂灯	煤油	1870—1910
乙炔气灯	乙炔气	1896—现在
白炽油蒸汽灯	煤油	1898—现在
电弧灯	电	1857—1920
电白炽灯泡	电	1899—现在

不同年代的照明方式（年代均为大致时段）

反射镜与透镜

为了增加灯塔的效力，从古代就开始使用镜子来反射火焰发出的光，并将其指向所需的方向。据说亚历山大的法罗斯灯塔就配备了这样的镜子。前现代时期的灯塔使用过各种反射器。球面反射器将光线反射回火焰，因而对航海者几乎没有帮助。这种技术在 18 世纪末得到改进，引入了金属抛物面反射器。这些装置聚焦火焰之光的效率比镜子高得多。它们将落在其上的所有光线集中并引向海面，从而发出亮度数倍于蜡烛的集中光束。

对于现代灯塔发展和运作至关重要的，也是法国物理学家奥古斯坦·菲涅耳发明并于 1823 年在科尔迪昂首次测试的透镜（至今仍在使用）。牛顿错误地认为光是一种粒子流，但菲涅耳的结论是，光实际上是以波的形式传播的纯能量。于是他对光通过透明固体的传播方式产生了兴趣，并发现棱镜可以用来弯曲和引导光波。他对光的研究使他于

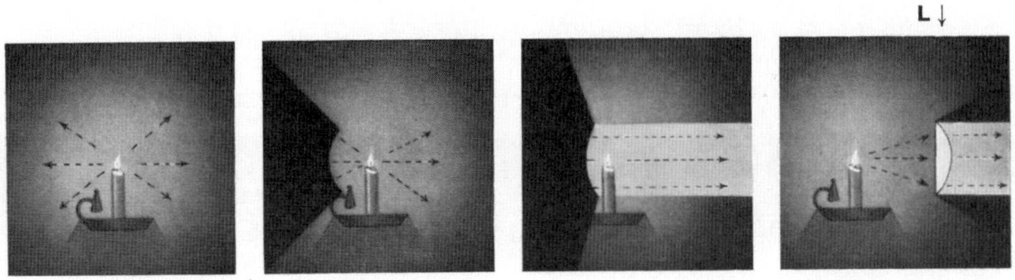

反射镜和透镜收集和引导光线的过程，引自 D. 艾伦·史蒂文森《1820 年前世界的灯塔》（*The World's Lighthouses before 1820*，1959 年）

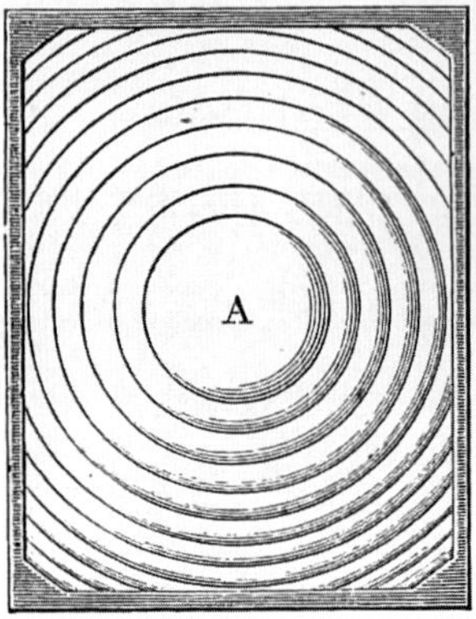

Fig. 290.

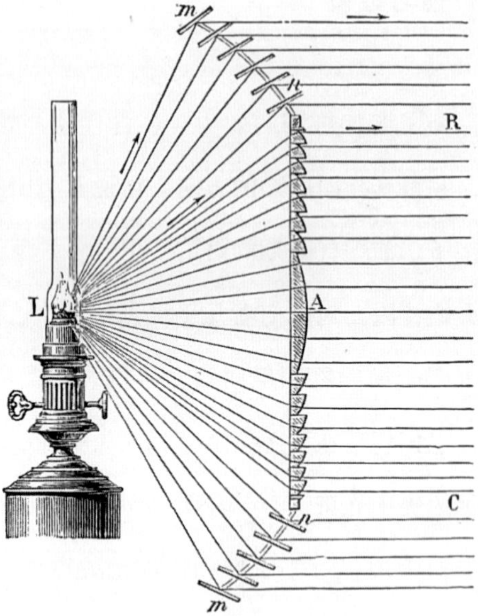

Fig. 291.

球面菲涅耳透镜平行光束的原理，摘自阿道夫·加诺《写给普罗大众和年轻读者的自然哲学》(1872 年)

1819 年获得了法兰西科学院的一个重要奖项。之后不久，他发明了著名的灯塔透镜。

与常见的透镜不同，菲涅耳透镜没有光滑的表面，而是分成若干同心环状的部分。光波通过排列成这种环状阵列的一连串棱镜进行重新定向，边缘处的棱镜更陡直，中心附近的棱镜更平坦。与传统透镜相比，菲涅耳透镜能够捕捉到更多来自光源的斜入射光。通过这种方式，光源在某个特定方向上的亮度被放大至远远超过其标准能力（早期抛物面反射器可以集中 20% 的光，相比之下，菲涅耳透镜的这一数字可达 85%）。

将光束集中到某一特定方向是通过灯具革命，即旋转机制实现的。第一个这样的系统由瑞典数学家和工程师约纳斯·努尔贝里在18世纪开创出来。在早期的灯塔中，透镜是由灯塔守护人用一种重力驱动的发条装置旋转的。在更现代化的灯塔中，电灯和电动机通常由柴油发电机供电，它同时也为守护人提供电力。在当代的自动化灯塔中，旋转透镜系统通常被高强度的光所取代，这种光会发出短暂的全向闪光，通过时间而非方向集中来增强光的效果。

光特征

观察灯塔运行时，人们看到的不是连续的光，而是间隔较短的亮光。这些亮光的瞬间被安排成单个灯塔所特有的光模式（称为“光标志”或“光特征”）。这种模式便于人们区分不同的灯塔。光的宽度和类型是由位于巴黎的国际灯塔管理局协会确定的，大多数海洋国家都是该协会的成员。

如何“解读”灯塔

官方的灯光和雾信号清单通常通过参号、名称、位置、建筑的简要特征描述和地理坐标来识别灯塔。其他数据则以缩写格式提供：

- **灯光的类型**　例如：“Fl”表示“flashing”（闪光，在每个周期内，光的总持续时间明显短于黑暗的总持续时间，每次闪光的持续时间相等）；“F”表示“fixed”（固定，稳定持续的发光）；“Oc”表示“occulting”（明灭，一种有节奏的发光，在每个周期内，光的持续时间长于黑暗的总持续时间）；“Iso”表示“isophase”（等相位，光与暗的持续时间相等的光）；等等。

描述	特征	图表缩写
交替		Alt R.W.G.
固定		F.
闪光		Fl.
联闪		Gp Fl. (2)
明灭		Oc.
联明灭		Gp Oc. (3)
快闪		Qk.Fl.
甚急闪		V.Qk.Fl.
等相位		Iso.
摩尔斯		Mo. (letter)

光特征的符号和缩写

- **灯光的颜色**　例如：“W”代表白色，“G”代表绿色，“R”代表红色，“Y”代表黄色。如果没有给出颜色，一般表明为白色光。
- **循环周期**　例如：“10s”代表10秒。
- **灯光的高度**　例如：“15m”代表15米。
- **灯光的范围**　例如：“10M”代表10海里。

一个表示光特征的完整示例是“Oc(2) W 6s 84m 21M”，其中：Oc 表示灯光是明灭光；(2) 表示灯光消失的次数；W 表示灯光为白色；6s 表示灯塔呈现其光特征和消失的周期为 6 秒；灯塔高度为 84 米；在正常天气条件下可见距离为 21 海里（1 海里 = 1852 米）。

精选参考书目

Adams, William Henry Davenport, *Lighthouses and Lightships: A Descriptive and Historical Account of Their Mode of Construction and Organization* (London, 1878)

Aldini, Giovanni, *Saggio di osservazioni sui mezzi atti a migliorare la costruzione e l'illuminazione dei fari, con appendice sull'illuminazione dei fari col gas* (Milan, 1823)

Alpozzi, Alberto, *Il faro di Mussolini: Il colonialismo italiano in Somalia oltre il sogno imperiale* (Massa, 2015)

Αφιέωμα 'Το φαρικό δίκτυο', *Η καθιμερινή Επτά Μέρες*, 13 August 1995

Barrera, Jazmina, *Cuaderno de faros* (Logroño, 2019)

Beaver, Patrick, *A History of Lighthouses* (London, 1971)

Blake, Kevin, 'Lighthouse Symbolism in the American Landscape', focus *on Geography* (2007), pp. 9–15

Boscolo, Gianni, *Breve storia dei fari, da Omero a Internet* (Milan, 2018)

Bradbury, Ray, 'The Foghorn', in *The Golden Apples of the Sun and Other Stories* [1953] (Westport, CT, 1971), pp. 15–24

Bulkeley, Rip, 'Harbingers of Sputnik: The Amateur Radio Preparations in the Soviet Union', *History and Technology*, XVI (1999), pp. 67–102

Cobb, James Francis, *Watchers on the Longships: A Tale of Cornwall in the Last Century* (New York, 1882)

Costa, Teresa, 'To the Lighthouse: Sentinels at the Water's Edge', in *Art and Identity at the Water's Edge*, ed. Tricia Cusack (Aldershot, 2012), pp. 87–103

De Wire, Elinor, *Guardians of the Lights: Stories of* U.S.*Lighthouse Keepers* (Sarasota, FL, 1995)

—, and Dolores Reyes-Pergioudakis, *The Lighthouses of Greece* (Sarasota, FL, 2010)

Dunn, Bill, *Sea Girt Lighthouse: The Community Beacon* (Charleston, SC, 2014)

Faulkner, Brian, *Watchers of the Waves: A History of Maritime Coast Stations in Britain* (Broadstone, 1996)

Feigel, Lara and Alexandra Harris, eds, *Modernism on Sea: Art and Culture at the British Seaside* (Oxford, 2011)

Findlay, Alexander, *A Description and List of the Lighthouses of the World* (London, 1861)

Forster, E. M., *Alexandria: A History and a Guide* [1922] (New York, 1974)

Giardina, Baldassarre, *Navigare necesse est: Lighthouses from Antiquity to the Middle Ages; History, Architecture, Iconography and Archaeological Remains* (Oxford, 2010)

Grant, R. G., *Sentinels of the Sea: A Miscellany of Lighthouses Past* (London, 2018)

Guichard, Jean, *Phares* (Paris, 2005)

Hague, Douglas Bland, and Rosemary Christie, *Lighthouses: Their Architecture, History and Archaeology* (Llandysul, 1975)

Hardy, William John, *Lighthouses: Their History and Romance* (London, 1895)

Hawkins, Daniel, *Desert Lighthouse Prospectus* (Los Angeles, ca, 2017)

Isham, Howard, *Image of the Sea: Oceanic Consciousness in the Romantic Century* (Oxford, 2004)

Jones, Ray, *The Lighthouse Encyclopaedia: The Definitive Reference* (Guilford, CT, 2004)

Kinkade, Thomas, *Beacons of Light* (Kansas City, MO, 2004)

Kontoglou, Phōtēs, 'Οι φάροι κ'οι κατάδικοι τους', in *Θάλασσες, καίκια και καραβοκύρηδες*, ed. I. M. Chatzēphōtē (Athens, 1995)

Lehrer, Henry, *Flying the Beam: Navigating the Early* u.s. *Airmail Airways*, 1917–1941 (West Lafayette, IN, 2014)

MacDonald, Shauna, 'Sentinels by the Sea: Keeping as an Alternative Tourism Performance', *Text and Performance Quarterly*, XXXVIII (2018), pp. 19–37

Phillips, Godfrey, *Lighthouse and Lightship and the Men Who Man the Trinity House Service* (London, 1949)

Piper, John, 'The Nautical Style', in John Piper, *Buildings and Prospects* (London, 1948), pp. 11–34

Poe, Edgar Allan, 'The Lighthouse', in *The Life of Edgar Allan Poe*, ed. George Woodberry, vol. II (Boston, MA, and New York, 1909), pp. 397–399

Putnam, George, *Radiobeacons and Radiobeacon Navigation* (Washington, DC, 1931)

Quantz, Vivian Derusha, *Foghorns Saved Lives, Too: Lighthouse Living in Michigan's Upper Peninsula* (Skandia, MI, 1999)

Raiola, Giulio, 'Gli eremiti del mare', *Le vie d'Italia*, 10 October 1963, pp. 1195–1206

Renton, Alan, *Lost Sounds: The Story of Coast Fog Signals* (Latheronwheel, 2001)

Rogers, Fred, *Shipwrecks of British Columbia* (Vancouver, 1973)

Skaggs, Jimmy, *Clipperton: A History of the Island the World Forgot* (New York, 1989)

Skomal, Leonore, *Lighthouse Keeper's Daughter: The Remarkable Story of American Heroine Ida Lewis* (Guilford, CT, 2010)

Steinberg, Philip, *The Social Construction of the Ocean* (Cambridge, 2001)

Stevenson, David Alan, *The World Lighthouses before 1820* (Oxford, 1959)

Stevenson, Thomas, *Lighthouse Construction and Illumination* (London and New York, 1881)

Strang, Veronica, et al., eds, *From the Lighthouse: Interdisciplinary Reflections on Light* (London and New York, 2018)

Taylor, Patrick Gordon, *Forgotten Island* (London, 1948)

Treanor, Thomas Stanley, *Heroes of the Goodwin Sands* (London, 1900)

Verne, Jules, *The Lighthouse at the End of the World* [1905] (London, 1923)

Williams, Peter, *Beacon on the Rock: The Dramatic History of Lighthouses from Ancient Greece to the Present Day* (Edinburgh, 2004)

Woolf, Virginia, *To the Lighthouse* [1927] (Richmond, Surrey, 2012)

协会与网站

Amateur Radio Lighthouse Society
https://arlhs.com

American Lighthouse Foundation
www.lighthousefoundation.org

Association of Lighthouse Keepers
https://alk.org.uk

Cyberlights Lighthouses
www.cyberlights.com/lh/index.htm

Desert Lighthouse
http://desertlighthouse.org

International Association of Marine Aids to Navigation and Lighthouse Authorities (iala)
www.iala–aism.org

Lighthouses of Australia Inc.
https://lighthouses.org.au

Nantucket Lightship/lv–112
www.nantucketlightshiplv–112.org

Northern Lighthouse Board
www.nlb.org.uk

Nova Scotia Lighthouse Preservation Society
www.nslps.com

The Lighthouse Preservation Society
https://lighthousepreservation.org

Trinity House
www.trinityhouse.co.uk

United States Lighthouse Society
https://uslhs.org

致　谢

许多人以各自不同的方式为本书做出了贡献。首先最重要的，我要感谢迈克尔·利曼接受我的写书计划，感谢他自始至终的编辑指导，以及亚历克斯·乔巴努、埃米·索尔特和雷克申图书公司的制作团队出色的工作和宝贵支持。

深深感谢马克西莫斯·康斯塔斯神父跟我进行了许多有趣的谈话和交流，启迪也影响了这本书的许多内容；感谢克劳斯·多兹、费利克斯·德赖弗、纳蒂·戈卢博夫、马克斯·劳森、拉腊·尼尔塔、乔治·佩利德斯和塔尼亚·罗塞托以及我的弟弟卢卡提出很多远远超出我的视野之外的灯塔观念；感谢丹尼尔·霍金斯让我熟悉了他的《沙漠灯塔》，并慷慨地跟我分享了他的照片档案和迷人的故事。

我还要感谢所有友好地给予我许可，使用本书中所包含的图片或帮助我获得它们的个人和机构。特别感谢帕特里克·沃特森给予我许可使用他那首很棒的歌曲《灯塔》开头的几句歌词，以及他的团队提供的所有帮助；感谢吉纳维芙·麦科克代尔拍摄的开普雷斯的精彩照片和她的热情友好；感谢汤姆·罗斯科提供一份珍贵的斯普特尼克收信确认卡的复印件，以及他精彩的线上图片库（HamGallery.com）。

最后但同样重要的，感谢我的父母建议我写一本关于灯塔的书，以及他们热情的鼓励。还有最重要的，感谢我已故的精神之父，佐希亚里奥斯修道院的阿波罗修士，我把这本书题献给他，他是我人生和记忆中的灯塔。

许　可

照片致谢

本书作者和出版人希望对以下插图资料来源和／或使用许可表示感谢。为简洁起见，有些艺术作品的地点也提供如下：

From W. H. Davenport Adams, *Lighthouses and Lightships: A Descriptive and Historical Account of their Mode of Construction and Organization* (New York, 1870), photo University of California Libraries: p. 107; Enrique Alaez Perez/Alamy Stock Photo: p. 78; Archivio Fotografico della Procuratoria di San Marco, per gentile concessione della Procuratoria di San Marco, Venice: p. 36; Basilica Cattedrale Patriarcale di San Marco, Venice: p. 42; from John Betjeman, *Cornwall: A Shell Guide* (London, 1964): pp. 202, 203 (© Osbert Lancaster, reproduced with kind permission of Clare Hastings); British Library Album/Alamy Stock Photo: p. 24; photo William Britten/Getty Images: pp. 14–15; Cannon Beach History Center and Museum, or: p. 221; Chiesa di Sant'Agostino di Sciacca, Agrigento: p. 40; photo Thekla Clark/© Summerfield Press/Corbis via Getty Images: p. 67 (Galleria degli Uffizi, Florence); Cobb Archive, Truro Historical Society, ma: p. 138; from James Cobb, *The Watchers on the Longships* (New York, 1882), photo Library of Congress, Washington, dc: p. 85; photo Coleção Decq Mota: p. 32; collection of the author: pp. 28, 41, 47, 151, 171; Luis Dafos/ Alamy Stock Photo: pp. 50–51; David Rumsey Map Collection, David Rumsey Map Center, Stanford Libraries, ca: p. 105; from the *Encyclopaedia Britannica: A Dictionary of Arts, Sciences, Literature and General Information,* 11th edn, vol. XVI (Cambridge and New York, 1911): p. 234 (top); from James Forrest, ed., *Minutes of Proceedings of the Institution of Civil Engineers,* vol. LXXV (London, 1884): p. 234 (*bottom*); photo Roger Forster: p. 18; from Adolphe Ganot and E. Atkinson, trans. and ed., *Natural Philosophy for General Readers and Young Persons,* 3rd edn (New York, 1872), photo Wellcome Library, London: pp. 237, 241; courtesy Jean Guichard: p. 82; Hamburger Kunsthalle: p. 77; courtesy Daniel Hawkins: pp. 224–225, 228–229; Imaginechina Limited/Alamy Stock Photo: p. 48; The J. Paul Getty Museum, Los Angeles: p. 76; Kechinyuan (CC BY-SA 4.0): p. 130; Lanmas/Alamy Stock Photo: p. 53 (Museo Pio Cristiano, Vatican City); Library of Congress, Prints and Photographs Division, Washington, DC: pp. 146 (*bottom*), 180 (reproduced by permission of the Marcus family); Lifestyle Pictures/Alamy Stock Photo: p. 97; photo Dimitry Ljasuk/Unsplash: pp. 148–9; Mariusz Lopusiewicz/Shutterstock.com: p. 217; photo Fr. Maximos Constas: p. 10; photo Ad Meskens: p. 43; photo Francis Miller/The life Picture Collection via Getty Images: p. 179; Tuul and Bruno Morandi/Alamy Stock Photo: pp. 38–39; courtesy Museo di Antichità, Turin:

p. 52; Museum of the City of New York: p. 100; Nantucket Shipwreck & Lifesaving Museum, ma, photo courtesy u.s. Coast Guard: p. 152; The National Gallery, London: p. 68; National Galleries of Scotland, Edinburgh: p. 75; from the *National Geographic Magazine,* xxiv/1 (January 1913), photo Smithsonian Libraries, Washington, dc: p. 146 (*top*); © National Maritime Museum, Greenwich, London: pp. 83, 110, 111, 143; Nationalmuseum, Stockholm: p. 64; Naval History and Heritage Command, Washington, dc: p. 175; The Newberry Library, Chicago, il: p. 197; photo Oast House Archive (CC BY-SA 2.0): p. 21; Österreichische Nationalbibliothek (ÖNB), Vienna (Cod. 324, Segm. IV): p. 103; pa Images/ Andrew Parsons/Alamy Stock Photo: p. 136; Pictorial Press Ltd/Alamy Stock Photo: p. 184; PJ Mode Collection of Persuasive Cartography, Cornell University Library, Ithaca, NY: pp. 57, 61; private collection: p. 104; from George R. Putnam, *Radiobeacons and Radiobeacon Navigation* (Washington, DC, 1931): pp. 168, 170; photo Hans Ravn/Ritzau Scanpix/AFP via Getty Images: p. 208; Rawf8/iStock.com: p. 46; reda & co srl/Luca Picciau/Alamy Stock Photo: p. 213; Mathias Rhode/Alamy Stock Photo: pp. 30–31; Rijksmuseum, Amsterdam: p. 54; photo Dr Alexandros Roniotis: p. 186; Science Photo Library: p. 165; photo Alexander Sekkas: p. 209; courtesy Shell Brands International: p. 200; Southern Vietnam Maritime Safety Corporation (VMS-South), Vũng Tàu: p. 128; from D. Alan Stevenson, *The World's Lighthouses before 1820* (London, 1959): p. 240; photo Timlash (cc by 3.0): p. 116; photo Genevieve Tina/Patchwork Media, Trepassey, NL: pp. 166–167; Ufficio Storico della Marina Militare, Rome: pp. 25, 26; University of St Andrews Libraries and Museums, Special Collections (rff qe523.v5h3 (SR)): pp. 70–71; after u.s. Lighthouse Society, Hansville, wa: p. 239; photo Valerio Carletto Aerial e-Motion Studio (CC by-sa 4.0): p. 216; from Jules Verne, *Le Phare du bout du monde* (Paris, 1901), photo Bibliothèque nationale de France, Paris: p. 113; Victoria and Albert Museum, London: p. 199; The Walters Art Museum, Baltimore, MD: p. 27; photo Luisa Zennaro: p. 6; Zoonar GmbH/Boris Breytman/ Alamy Stock Photo: p. 44.

译名对照表

acoustic clouds 声反射云
Adriatic coast 亚得里亚海沿岸
Adriatic Sea 亚得里亚海
Aegean Sea 爱琴海
Aegina island, Greece 埃伊纳岛，希腊
Aeolian isles, Sicily 伊奥利亚群岛，西西里
aeronautical navigation 航空导航
Aeschylus 埃斯库罗斯
Alexandria, Egypt 亚历山大，埃及
Alexandria, pharos of 亚历山大的法罗斯灯塔
Alexandroupoli lighthouse, Greece 亚历山德鲁波利灯塔，希腊
Alguada Reef lighthouse, Myanmar 阿尔瓜达礁灯塔，缅甸
Al-Jadida minaret, Morocco 杰迪代光塔，摩洛哥
Ambrose Channel lightship “安布罗斯海峡号”灯船
American Coast Guard 美国海岸警卫队
American War of Independence 美国独立战争
Andros island, Greece 安德罗斯岛，希腊
Angel island, San Francisco Bay 天使岛，旧金山湾
Antarctica 南极洲
Anthropocene 人类世
Arbroath, Scotland 阿布罗斯，苏格兰
Arctic 北极
Argand, Aimè 艾梅 · 阿尔冈
Arnold, Matthew 马修 · 阿诺德
Athanasius, Bishop of Alexandria 亚历山大主教亚他那修
Atlantic Ocean 大西洋
automation 自动化

Bacon, Francis 弗朗西斯 · 培根
Baltimore Light, Maryland 巴尔的摩灯塔，马里兰州
Basil the Great 大巴西流
beacon fires 烽火
beacons 信标
beams, light 光束
belfries 钟塔
Bell Rock lighthouse, Scotland 贝尔岩石灯塔，苏格兰
bell towers 钟楼
bells 钟
  church 教堂钟
  fog 雾钟
  submarine 潜艇钟
Betjeman, John 约翰 · 贝奇曼
Biarritz lighthouse, France 比亚里茨灯塔，法国
Bible《圣经》
Blair, Tony 托尼 · 布莱尔
bonfires 篝火
Booth, William 威廉 · 布思
Bosphorus 博斯普鲁斯海峡
Boston Harbor Light, Massachusetts 波士顿港灯塔，马萨诸塞州
Boulogne, France 布洛涅，法国
Boulting, Roy, *Thunder Rock* (film) 罗伊 · 博尔廷，《雷霆岩石》（电影）
Bradbury, Ray 雷 · 布拉德伯里

Point Arguello, California, disaster at 加利福尼亚州阿圭洛角灾难
Point d'Ally, France 阿利角，法国
Ponta dos Capelhinos lighthouse, Azores 卡佩利纽什角灯塔，亚速尔群岛
portolani 航海日志
Poseidon 波塞冬
Powell, Michael, *The Phantom Light* (film) 迈克尔·鲍威尔，《灯塔魅影》（电影）
Primero de Mayo beacon, Antarctica "五月一日"信标，南极洲
promontories, templed 建有神庙的海角
propagation, of radio waves 无线电波的传播
propagation, of sound 声音的传播
Punta Sabbioni, Venice, Italy 蓬塔萨比奥尼，意大利威尼斯
Putnam, George Rockwell 乔治·罗克韦尔·帕特南

Rachilde 拉希尔德
radio amateurs 业余无线电爱好者
radio beacons 无线电信标
radio compass 无线电罗盘
radio control 无线电控制
radio stations, coastal 沿海无线电台
railway 铁路
Rame Head, Cornwall 雷姆角，康沃尔郡
Rathlin O'Birne lighthouse, Ireland 拉斯林欧本岛灯塔，爱尔兰
Ravenna, ancient lighthouse of 拉韦纳的古代灯塔
Ravenna cathedral, Italy 拉韦纳主教座堂，意大利
Reagan, Ronald 罗纳德·里根
reflectors 反射镜
Reformation 宗教改革
remote controlling 遥控
Renaissance 文艺复兴
resorts, coastal 海滨度假村
Rimini, Italy 里米尼，意大利
Rocchetta lighthouse, Venice's Lido 罗凯塔灯塔，威尼斯利多岛
Rockall, North Atlantic 罗考尔岛，北大西洋
Roman Empire 罗马帝国
romance 浪漫
Romantic gaze 浪漫凝视
Romanticism 浪漫主义
rotating system 旋转系统
Rother Sand lighthouse, Germany 罗瑟桑德灯塔，德国
Royal Sovereign lighthouse, England 王室主权灯塔，英格兰
Rubjerg Knude lighthouse, Denmark 鲁比约角灯塔，丹麦
Rudyerd, John 约翰·拉迪亚德
Ruskin, John 约翰·拉斯金

San Nicolò lighthouse, Venice's Lido 圣尼科洛灯塔，威尼斯利多岛
sanctuaries, coastal 海岸圣所
satellites 卫星
Scott memorial clock tower, Roath Park Lake, Cardiff 斯科特纪念钟塔，加的夫罗斯公园湖
Scottish Board of the Northern Lights 苏格兰北方灯塔委员会
Scripture《圣经》
Sea Girt lighthouse, New Jersey 希格特灯塔，新泽西
seabirds 海鸟
Seaman's Church Institute 海员教会协会
seamarks 导航标志
seaside 海边
Second World War 第二次世界大战
sense of place 在地感
Shanghai 上海
Shell-Mex 壳牌麦克斯公司
shipwrecks 海难
shoals 浅滩
Siberia 西伯利亚

United Nations Convention on the Law of the Sea (UNCLOS)《联合国海洋法公约》
U.S. Bureau of Lighthouses 美国灯塔管理局
U.S. Lighthouse Board 美国灯塔委员会
U.S. Lighthouse Service 美国灯塔服务处
USS *Delphy* 美国海军“德尔菲号”

Veneziano, Paolo, *The Healing of Anian* 保罗·维内齐亚诺,《为阿尼安治病》
Venus Point lighthouse, Tahiti 维纳斯角灯塔,塔西提岛
vernacular 术语
Verne, Jules 儒勒·凡尔纳
Vernet, Claude-Joseph, *A Shipwreck in Stormy Seas* 克洛德-约瑟夫·韦尔内,《惊涛骇浪中的一场海难》
Very High Frequencies (VHF) 甚高频
Virgin Mary 圣母玛利亚
voyage of life 人生的旅程

Washington, George 乔治·华盛顿
watchtowers 瞭望塔
Watson, Patrick, 'Lighthouse' (song) 帕特里克·沃特森,《灯塔》(歌曲)
waves 波
Wenzhou pagoda, China 温州塔,中国
whistles as fog signals 作为雾信号的汽笛
Whitefish Point Lighthouse, Michigan 怀特菲什角灯塔,密歇根州
William Black Memorial Lighthouse, Inner Hebrides 威廉·布莱克纪念灯塔,内赫布里底群岛
Winstanley, Henry 亨利·温斯坦利
Winthrop, John 约翰·温思罗普
wireless 无线
Wolf's Crag, Cornwall 沃尔夫崖,康沃尔郡
Woolf, Virginia 弗吉尼亚·伍尔夫
Wordsworth, William 威廉·华兹华斯
wreckers 海难打劫者
wrecks 海难

Yurok Native American tribe 尤罗克美国原住民部落

“方尖碑”书系

第三帝国的兴亡：纳粹德国史

[美国] 威廉・夏伊勒

柏林日记：二战驻德记者见闻，1934—1941

[美国] 威廉・夏伊勒

第三共和国的崩溃：一九四〇年法国沦陷之研究

[美国] 威廉・夏伊勒

新月与蔷薇：波斯五千年

[伊朗] 霍马・卡图赞

海德里希传：从音乐家之子到希特勒的刽子手

[德国] 罗伯特・格瓦特

威尼斯史：向海而生的城市共和国

[英国] 约翰・朱利叶斯・诺里奇

巴黎传：法兰西的缩影

[英国] 科林・琼斯

末代沙皇：尼古拉二世的最后 503 天

[英国] 罗伯特・瑟维斯

巴巴罗萨行动：1941，绝对战争

[法国] 让・洛佩　[格鲁吉亚] 拉沙・奥特赫梅祖里

帝国的铸就：1861—1871：改革三巨人与他们塑造的世界

[美国] 迈克尔・贝兰

罗马：一座城市的兴衰史

[英国] 克里斯托弗・希伯特

1914：世界终结之年

[澳大利亚] 保罗・哈姆

刺杀斐迪南：1914 年的萨拉热窝与一桩改变世界的罗曼史

［美国］格雷格·金　［英国］休·伍尔曼斯

极北之地：西伯利亚史诗

［瑞士］埃里克·厄斯利

空中花园：追踪一座扑朔迷离的世界奇迹

［英国］斯蒂芬妮·达利

俄罗斯帝国史：从留里克到尼古拉二世

［法国］米歇尔·埃莱尔

魏玛共和国的兴亡：1918—1933

［德国］汉斯·蒙森

独立战争与世界重启：一部新的十八世纪晚期全球史

［美国］马修·洛克伍德

港口城市与解锁世界：一部新的蒸汽时代全球史

［英国］约翰·达尔文

战败者：1917—1923 年欧洲的革命与暴力

［德国］罗伯特·格瓦特

盎格鲁-撒克逊人：英格兰的形成，400—1066

［英国］马克·莫里斯

巴比伦城：神话与奇迹之地

［英国］斯蒂芬妮·达利

吴哥王朝兴亡史

［日本］石泽良昭

伟大民族：从路易十五到拿破仑的法国史

［英国］科林·琼斯

穿破黑暗：灯塔的故事

［意大利］维罗妮卡·德拉·多拉

苏美尔文明

拱玉书

（更多资讯请关注新浪微博@译林方尖碑，

微信公众号“方尖碑书系”）

方尖碑微博　　方尖碑微信

the reason is that memory is deeply anchored
it is inherently subjective and selective. Unlike the
monuments that strive to crystallize it, memory is
be contested, manipulated, even ~~obit~~ obliterated.

Simply conserving the past, memory constantly 'adj

corrent needs'.